BENS PÚBLICOS EM REDE

O DOMÍNIO PÚBLICO NO SÉCULO XXI

FABIO PAULO REIS DE SANTANA

BENS PÚBLICOS EM REDE

O DOMÍNIO PÚBLICO NO SÉCULO XXI

Prefácio: Clovis Beznos
Apresentação: Carolina Zancaner Zockun
Posfácio: Ricardo Marcondes Martins

Belo Horizonte
FORUM
CONHECIMENTO
2025

FÓRUM
CONHECIMENTO

Luís Cláudio Rodrigues Ferreira
Presidente e Editor

Coordenação editorial: Leonardo Eustáquio Siqueira Araújo
Thaynara Faleiro Malta
Revisão: Cida Ribeiro
Capa, projeto gráfico e diagramação: Walter Santos

Rua Paulo Ribeiro Bastos, 211 – Jardim Atlântico – CEP 31710-430
Belo Horizonte – Minas Gerais – Tel.: (31) 99412.0131
www.editoraforum.com.br – editoraforum@editoraforum.com.br

Técnica. Empenho. Zelo. Esses foram alguns dos cuidados aplicados na edição desta obra. No entanto, podem ocorrer erros de impressão, digitação ou mesmo restar alguma dúvida conceitual. Caso se constate algo assim, solicitamos a gentileza de nos comunicar através do *e-mail* editorial@editoraforum.com.br para que possamos esclarecer, no que couber. A sua contribuição é muito importante para mantermos a excelência editorial. A Editora Fórum agradece a sua contribuição.

Dados Internacionais de Catalogação na Publicação (CIP) de acordo com ISBD

S232b Santana, Fabio Paulo Reis de

Bens públicos em rede: o domínio público no século XXI / Fabio Paulo Reis de Santana. Belo Horizonte: Fórum, 2025.

240 p. 14,5x21,5cm
ISBN impresso 978-85-450-0856-9
ISBN digital 978-85-450-0855-2

1. Bens públicos. 2. Função social. 3. Compartilhamento. I. Título.

CDD: 342
CDU: 342

Ficha catalográfica elaborada por Lissandra Ruas Lima – CRB/6 – 2851

Informação bibliográfica deste livro, conforme a NBR 6023:2018 da Associação Brasileira de Normas Técnicas (ABNT):

SANTANA, Fabio Paulo Reis de. *Bens públicos em rede*: o domínio público no século XXI. Belo Horizonte: Fórum, 2025. 240 p. ISBN 978-85-450-0856-9.

AGRADECIMENTOS

Nas *Cartas a Lucílio*, Sêneca nos diz: "Os progressos obtidos por meio do ensino são lentos; já os obtidos por meio de exemplos são mais imediatos e eficazes".

Tive a sorte de ter bons professores, mas sobretudo bons exemplos.

Agradeço ao meu orientador Professor Clovis Beznos, pelo exemplo de dedicação à docência, rigor metodológico e profundidade do conhecimento. Muito grato pelas lições e por todo o período em que pude ser seu assistente na graduação em direito da PUC-SP.

À Professora Carolina Zancaner Zockun e ao Professor Ricardo Marcondes Martins, pelas contribuições absolutamente fundamentais em momentos importantes da trajetória da pesquisa, que forneceram subsídios indispensáveis ao aperfeiçoamento do trabalho.

À Professora Maria Sylvia Zanella Di Pietro e ao Professor Flávio Unes, pelas refinadas arguições na defesa de doutorado, que colaboraram imensamente para o aprimoramento da pesquisa.

Aos Professores Vidal Serrano Nunes Jr., Marcos de Lima Porta, Márcio Cammarosano e Lafayette Pozzoli, pela acolhida na nossa querida PUC-SP, e aos demais docentes do Departamento de Direito Público da Faculdade de Direito.

Agradeço em especial à Fernanda Fritoli, pela amizade, pelo estímulo à superação dos desafios que se apresentaram ao longo desta caminhada, pelas contribuições muito enriquecedoras ao trabalho e pelas pertinentes indicações de textos.

Também e especialmente, à Ana Paula, minha querida irmã, que sem o seu fundamental suporte este trabalho não teria chegado a seu termo.

À Professora Juliana Bastos, pela amizade e pelas trocas de ideias sempre muito profícuas.

Ao Rogério Feitosa, pela amizade.

À Dione Almeida, pela amizade e pela importante companhia na luta por um sistema de justiça melhor.

Ao Gabriel Rampini, pela amizade e pelas conversas muito profícuas.

Aos membros da Comissão de Direito Constitucional da OAB-SP, gestão 2022-2024, pela convivência amistosa e muito valiosa.

À Procuradoria Geral do Município de São Paulo, pelo constante aprendizado prático e pela oportunidade de poder contribuir, em alguma medida, para o desenvolvimento da dessa cidade.

Aos amigos, que nos impulsionam a sempre alcançar o nosso melhor.

A minha família, que, naturalmente, é parte intrínseca do meu ser.

Em qualquer estado normal da humanidade, cada cidadão constitui realmente um funcionário público, cujas atribuições mais ou menos definidas determinam tanto as obrigações como as reivindicações. Este princípio universal deve certamente estender-se à propriedade, em que o positivismo vê acima de tudo uma função social indispensável, destinada a formar e administrar o capital pelo qual cada geração prepara o trabalho da seguinte. Sabiamente concebida, esta apreciação normal enfraquece a posse, sem restringir a justa liberdade, e até mesmo torná-la mais respeitada.

Augusto Comte

SUMÁRIO

PREFÁCIO

Ao prefaciar a obra de Fabio Paulo Reis de Santana, com lastro na "função social da propriedade", forte no pensamento de Duguit, ou ainda de Augusto Comte, inspirador de Leon Duguit, provoca-me uma primeira observação, quanto a que, a função social de que se trata não se confunde com os direitos sociais que o artigo 6º da Constituição da República de 1988 refere nos seguintes termos: direito à educação e à saúde, direito à alimentação, ao trabalho, à moradia, ao transporte, ao lazer, à segurança, à previdência social, à proteção à maternidade e à infância, à assistência aos desamparados, na forma da Constituição.

Esses direitos, por mais relevantes que sejam, não se confundem com a função social da propriedade, seja privada seja pública, ainda que, como leciona Carolina Zankaner Zockun, por figurarem no Título II da Carta Constitucional, alocando-se entre os "Direitos e Garantias Fundamentais", a teor do §1º do artigo 5º, quanto às normas que os definem, "têm aplicação imediata", além de, nos termos do artigo 60, §4º, inciso IV, da Carta Constitucional, configurarem cláusulas pétreas, não podendo ser suprimidos por Emenda à Constituição, e finalmente, ostentarem dignidade tal, que se inserem na previsão constitucional do artigo 85, III, quanto ao crime de responsabilidade do Presidente da República, por ato atentatório ao exercício dos direitos sociais, como se confere de seu precioso artigo: "Intervenção do Estado na ordem social" (*Enciclopédia Jurídica da PUC-SP* – Tomo de Direito Administrativo e Constitucional, Edição 2, abril de 2022).

Com efeito, o autor, após efetivar uma interessante introdução sobre o patrimônio estatal, sua escassez e, contraditoriamente, a sua subutilização, formula a conclusão de que tal subutilização, "na acepção jurídica, faz com que ocorra a ruptura do nexo de causalidade que estabelecia uma relação direta entre o exercício da função pública e o atendimento da função social dos bens públicos".

E com isso lança a premissa que consiste na tese por ele defendida.

Vê-se, desde logo, que não procura extrair o autor da função social da propriedade pública, algo que se assemelhe aos direitos sociais, como equivocadamente, alguma doutrina pensa. Ou seja: a função social da propriedade pública não se efetiva pela transformação de um bem de uso comum, em habitat de moradores de rua, muito embora o direito à moradia, à dignidade da pessoa humana, seja um direto social expressamente assegurado no artigo 6º da Carta da República, como expressamente afirma o autor.

Com efeito, como disse nosso grande poeta Castro Alves, "A praça é do povo como o céu é do condor, é o antro onde a liberdade cria águias em seu calor".

Então, como suprimir-se do condor a liberdade do voo? Como privar-se o povo da praça, transformando-a em moradias de mal-aventurados, credores da ação positiva do Estado, dando-lhes o abrigo a que têm direito?

Vale lembrar que tanto a função social da propriedade urbana, como a função social da propriedade rural, nos termos de nossa Constituição, não conduzem à realização dos direitos sociais previstos no artigo 6º, senão indiretamente.

Destarte, também o nosso autor não se propõe a fórmulas do alcance dos direitos sociais, diretamente, pelas transformações dos bens públicos.

Ou seja: adequadamente não propugna pelas transformações do uso dos bens públicos, sejam de que categoria for.

Volta-se o trabalho a propugnar pelo resultado social, decorrente da eliminação do desperdício, da incúria com as propriedades, vazias e sem destinação, com custo altíssimo ao Poder Público, com o atingimento do interesse público e social.

Propõe a eliminação da subutilização, voando alto, quando sustenta a possibilidade do compartilhamento dos bens, inclusive por iniciativa de uma pessoa pública, em face de outra, sustentando o direito ao compartilhamento, a ser exercitado em sede judicial.

Permito-me reservar-me quanto a essa ideia, sem qualquer desdouro ao trabalho elaborado, ao qual manifesto meu aplauso caloroso.

Clovis Beznos
Professor Doutor de Direito Administrativo da PUC-SP.

APRESENTAÇÃO

Foi com grande alegria que recebi o honroso convite para apresentar a obra *Bens públicos em rede: o domínio público no século XXI*, fruto da tese de doutoramento, defendida com maestria na PUC-SP, por Fabio Paulo Reis de Santana, cujos predicados acadêmicos e profissionais já são conhecidos pelos amantes de Direito Público e estão destacados no prefácio feito pelo seu orientador e professor de todos nós, Clovis Beznos.

O trabalho, cuja tese central diz respeito ao instituto do compartilhamento de bens, conta com várias subteses, que são engenhosamente construídas ao longo do texto.

Coube-me, pois, a agradabilíssima tarefa de apresentar esta obra, que se inicia com aprofundado estudo sobre o domínio público, os bens públicos, suas características e a outorga do uso privativo dos bens públicos.

A seguir, Fabio Paulo disserta sobre as transformações sofridas pela propriedade ao longo das décadas. Ao tratar da desmaterialização da propriedade, apoiado em dados concretos e no avanço da tecnologia, demonstra haver o deslocamento do centro do capitalismo para atividades econômicas que não envolvem a produção de bens. Veja-se a sagacidade do autor ao concluir: "a capacidade de troca perde percepção de valor em favor de atividades econômicas que envolvam ativos intangíveis, revelando, assim, o fenômeno da desmaterialização da riqueza".

Com relação à função social da propriedade, o autor discorre com primor sobre sua origem e sua aplicabilidade à propriedade pública, defendendo sua posição sobre a necessidade de os bens públicos cumprirem sua função social, ilustrando seu entendimento com exemplos didáticos e situações concretas, vivenciadas em sua larga experiência como Procurador Municipal.

Com domínio absoluto do tema e capacidade ímpar de síntese, o autor trata do dever de gestão eficiente dos bens públicos, dando a tônica da obra: o gestor deve buscar alternativas para cessar a subutilização antijurídica do bem público, considerando as experiências e a realidade do órgão ou da entidade.

A subutilização dos bens públicos é uma realidade, e o autor se propõe a qualificá-la e investigá-la, enfrentando os limites de sua sindicabilidade.

Por fim, no capítulo no qual se aborda a tese central — o uso compartilhado de bens públicos —, Fabio Paulo mostra invulgar desenvoltura ao discorrer sobre um tema inovador e pouquíssimo abordado na doutrina pátria ou alienígena.

Diferenciando o uso compartilhado das demais formas de outorgas existentes, o autor traça o regime jurídico do compartilhamento, inserindo-o como mandado de otimização.

Ademais, elenca as vantagens desse regime e as potencialidades para a Administração Pública, inclusive sob a ótica da Nova Lei de Licitações e Contratos (Lei nº 14.133/21).

Vê-se, pois, que, além de inovador e afinado com as novas tendências, o trabalho é de grande utilidade para a Administração Pública, que, cada vez mais, depende do compartilhamento dos mais diversos bens, para tornar eficiente a gestão dos bens públicos.

Discordar ou concordar com a tese (e subteses) esposada(s) é irrelevante diante da qualidade dos fundamentos jurídicos trazidos pelo autor, todos expostos de forma clara, agradável e convincente. Esta obra, que versa sobre tema inédito na academia pátria, vem, em boa hora, ocupar lugar de supino destaque nas estantes de todos aqueles que estudam Direito Administrativo.

Aproveitemos esta rica e prazerosa leitura!

Carolina Zancaner Zockun

Procuradora da Fazenda Nacional. Doutora e Mestre em Direito Administrativo pela PUC-SP. Pós-doutora em Democracia e Direitos Humanos pela Universidade de Coimbra-Portugal. Professora de Direito Administrativo dos cursos de graduação e pós-graduação *stricto sensu* da PUC-SP.

INTRODUÇÃO

Um dos mais importantes meios para o exercício da atividade administrativa,[1] os bens públicos nem sempre têm recebido estudos mais aprofundados quando comparado com outros ramos do direito administrativo. O que não passa de uma injustiça.

As diversas formas de atuação administrativa na quadra histórica atual exigem uma revisitação da teoria dos bens públicos, a fim de buscar fornecer o substrato teórico para as necessidades práticas de ampliação dos meios para a disponibilização de serviços públicos em prol de uma população com demandas crescentes e prementes.

Como sustenta Gaston Jèze,[2] "a missão do teórico vem a completar a do prático". Uma teoria que não dialoga com a prática traz em si mesma sua condenação, "seu germe da morte".

Este estudo busca apresentar contribuições para a perspectiva moderna do governo em rede, cujo modelo de gestão leva em consideração as diferentes Administrações Públicas e as entidades privadas atuando de forma integrada e colaborativa para a implementação das políticas públicas.

---

1 CAETANO, Marcello. *Manual de Direito Administrativo*. v. II. 10. ed. Coimbra: Almedina, 1991, p. 879.

2 JÈZE, Gaston. *Los principios generales del derecho administrativo*. 2. ed. t. I. Madri: Editorial Reus, 1928, p. 21. No original: "la misión del teórico viene a completar la del práctico. Sin duda, la teoría es, ante todo, la sistematización de los datos de la práctica. No hay ni puede existir oposición entre la teoria y la práctica: digamos una vez más que toda teoría que no se acomoda a los hechos lleva en sí misma su condenación, su germen de muerte". Em tradução live: "a missão do teórico vem a completar a do prático. Sem dúvida, a teoria é, antes de tudo, a sistematização dos dados da prática. Não há nem pode existir oposição entre a teoria e a prática: digamos uma vez mais que toda teoria que não se acomoda aos fatos leva em si mesma sua condenação, seu germe da morte".

Com base nas informações constantes desta pesquisa, atualmente existem 724 consórcios públicos em todo o país, sendo 276 no Sudeste, 192 no Sul, 163 no Nordeste, 68 no Centro-Oeste e 25 no Norte do Brasil.

No tocante ao terceiro setor, a União registrou mais de 10 mil repasses a entidades sem fins lucrativos, em todos os estados da federação, totalizando aproximadamente R$1,07 bilhão, no período de janeiro a dezembro de 2024. O Estado de São Paulo, por sua vez, possui atualmente mais de 1.640 parcerias em andamento na Administração Direta, estabelecidas mediante termos de colaboração, de fomento e acordos de cooperação.

Em relação aos contratos administrativos, o portal de transparência da União aponta, ainda, que, no ano de 2024, o valor total dos contratos firmados, envolvendo serviços, obras, compras, bens, materiais e outros, atingiu a marca de R$124,62 bilhões.

Nas concessões de serviços públicos, o setor de energia elétrica conta atualmente com 52 concessionárias e 52 permissionárias. No segmento do petróleo, existem mais de 86 concessionárias operando nas etapas de produção e de exploração. No que diz respeito às telecomunicações, a Anatel indica a existência de mais de 218 mil entidades prestadoras de serviço nas telefonias fixa e móvel e via rádio.

Assim, no século XXI, a Administração Pública tem se tornado cada vez mais dependente de outras Administrações Públicas e de entidades privadas na prestação dos serviços públicos, seja por meio de relações contratuais seja pelas parcerias, constituindo uma *relação de interdependência* na prestação do serviço público.

Nesse cenário, como aponta Donald Kettl, em que "grande parte do trabalho ocorre por meio de complexos vínculos entre múltiplas organizações (públicas e privadas)",[3] a Administração, no desempenho da função pública, deve agir de maneira coordenada com os demais entes e entidades públicas e privadas.

Essa dinâmica de trabalho coordenado impacta significativamente a gestão dos bens públicos, pois as formas tradicionais de uso dos bens com exclusividade, pela própria Administração ou cedidos a terceiros, não dá conta de viabilizar a máxima utilidade por todos os atores envolvidos na teia administrativa.

Com isso, o estudo buscou construir um caminho que atualizasse a teoria dos bens públicos para lhe permitir ser atravessada por essa

[3] GOLDSMITH, Stephen; EGGERS, William D. *Governar em rede:* o novo formato do setor público. Brasília/São Paulo: ENAP/Unesp, 2006, p. 13 (prefácio).

nova dinâmica de ampliação da disponibilidade de fruição do bem, sem a perda tanto da proteção patrimonial (evitando os casos de alienação) quanto do proveito econômico pelo seu titular (distanciando-se das hipóteses de transferência do uso com exclusividade).

A par da existência de iniciativas específicas de compartilhamento de bens, como nas atividades de telecomunicações e de energia elétrica, carece na doutrina um regime geral do compartilhamento de bens públicos, móveis e imóveis, permitindo a adoção mais abrangente do instituto.

Para isso, foi necessário traçar, com precisão, os contornos do conceito, a fim de evitar a sobreposição a outros existentes e apresentar seus fundamentos, princípios e regras, de modo a permitir seu manejo prático.

No trajeto da investigação, fez-se fundamental a análise da teoria dos bens públicos, por meio do estudo de autores clássicos e modernos, seus conceitos e classificações, da legislação brasileira e da jurisprudência, acompanhada do exame dos bens digitais, da primazia contemporânea do uso sobre a propriedade e da função social dos bens públicos.

A propriedade, analisada a partir da noção de função social apresentada por Duguit, deixa de ser caracterizada pela ideia de liberdade do direito subjetivo para ser substituída pela liberdade para o cumprimento da função social, isto é, o proprietário não é livre para fazer o que bem entende, mas é livre para atender certos objetivos coletivamente definidos.

Esses objetivos coletivamente definidos variam conforme o objeto. A propriedade imobiliária urbana, pública ou privada, deve atender ao plano diretor. A propriedade rural, ao estatuto da terra e à Lei nº 8.629/93. As estatais, à Lei nº 13.303/2016.

Acontece que, diferentemente dos bens privados, os bens públicos não se submetem apenas aos objetivos do Direito Urbanístico, mas também aos objetivos do Direito Administrativo, qual seja, o exercício da função pública, pois não se encontram à livre disposição do Estado. Como defende Ducrocq, a ideia de domínio público surge como contrapeso à onipotência real, protegendo os bens públicos contra os atos de disposição ou de usurpação.[4]

---

[4] DUCROCQ, Théophiple. *Cours de Droit Administratif.* 6. ed. Paris: Ernest Thorin Éditeur, 1881, p. 155. Para o autor, "Cette règle avait été péniblement introduite pour servir de contre-poids à l'omnipotence Royale et prevenir, em les frappant de nullité, les actes de

Assim, o exame da função social dos bens públicos deve perquirir se todos os bens móveis e imóveis que guarnecem o equipamento público estão contribuindo adequadamente para o cumprimento da função pública. Isso porque o conceito de bens públicos abrange tanto os bens móveis quanto os bens imóveis de titularidade estatal afetados ao serviço público.

Dessa maneira, a noção de subutilização exsurge para identificar os bens públicos, móveis e imóveis, que não estejam cumprindo o mínimo razoável de sua função para o atingimento das finalidades institucionais e sociais de determinado serviço público. Essa constatação caracteriza uma situação de antijuridicidade que exige do gestor a tomada de providências, porque a este não é dada a liberdade de subutilizar os recursos públicos.

Some-se a isso a incompatibilidade jurídica entre a determinação constitucional de eficiência administrativa e a convivência com bens públicos subutilizados. A máxima exploração dos recursos públicos é o ideal, um mandado de otimização à Administração, mas a subutilização é vedada.

Nesse contexto, o compartilhamento se apresenta como alternativa para solução do ilícito administrativo caracterizado pelo subaproveitamento do patrimônio público. Portanto, todos os bens públicos, a princípio, são passíveis de compartilhamento, salvo demonstrada incompatibilidade técnica ou jurídica.

Com lastro nesses fundamentos, buscou-se apresentar uma teoria geral do compartilhamento de bens públicos, de modo a impedir a subutilização e a conferir maior dinamismo à gestão dos bens públicos.

O compartilhamento, então, viabiliza o uso do bem público, em caráter simultâneo, por órgãos e entidades públicas e privadas, de maneira individualizada ou individualizável, para a mesma destinação, com vistas ao atendimento do interesse público.

Assim, com a profusão do compartilhamento na Administração, busca-se permitir a utilização dos *bens públicos em rede*, em que os bens compartilhados constituem os nós dessa teia de interdependência e as linhas compõem as relações jurídicas formadas pelos diversos órgãos e entidades da Administração e pelas instituições privadas.

---

disposition ou d'ursupation dont le domaine étai l'objet". Em tradução livre: "essa regra foi dolorosamente introduzida para servir de contrapeso à onipotência real e impedir, tornando nulos, os atos de disposição ou de usurpação de que o domínio público era objeto".

Com isso, acreditamos que os bens públicos podem fornecer um importante suporte de rede de ampliação da prestação de serviços públicos, contribuindo para a promoção do bem de todos e a redução das desigualdades sociais, pois, como assinala Ignacio Ramonet, amplamente difundido no Brasil por Celso Antônio Bandeira de Mello, "os serviços públicos são o patrimônio dos que não têm patrimônio".[5]

Ainda, como nos lembra Paulino José Soares de Sousa, o Visconde do Uruguay,[6] "se a liberdade política é essencial para a felicidade de uma nação, boas instituições administrativas apropriadas às suas circunstâncias, e convenientemente desenvolvidas não o são menos".

Tentamos com este estudo contribuir para o desenvolvimento das instituições administrativas, que precisam se adaptar aos novos tempos. Não sei se conseguimos. Erros foram cometidos, aperfeiçoamentos são necessários. É pela correção dos erros e pelo aprimoramento contínuo que nos aproximamos da verdade. Nas palavras de José Antônio Pimenta Bueno, o Marquês de São Vicente, "levemos nossa pedra, segundo nossas forças, à pirâmide da pátria".[7]

São Paulo, em 5 de maio de 2025

Fabio Paulo Reis de Santana

---

5 RAMONET, Ignacio. *O mercado contra o Estado*. Disponível em: https://vermelho.org.br/2007/01/28/ignacio-ramonet-o-que-e-a-globalizacao/. Acesso em: 05 maio 2025.

6 URUGUAY, Visconde do. *Ensaio sobre o direito administrativo*. t. I. Rio de Janeiro: Thypographia Nacional, 1862, p. IV.

7 BUENO, José Antônio Pimenta. *Direito público brasileiro e análise da constituição do império*. Rio de Janeiro: Thypographia J. Villeneuve, 1857, p. V.

CAPÍTULO 1

O REGIME JURÍDICO DOS BENS PÚBLICOS

1.1 A origem da ideia de domínio público

A ideia de domínio público é central no estudo do Direito Administrativo. Ao introduzir o tema, Otto Mayer afirma que "ciertas cosas corporales manifestan, por su misma configuración exterior, un destino especial de servir a la comunidad, al interés público",[8] como, por exemplo, as vias públicas, os rios e as fortificações.

Esse destino próprio de determinadas coisas, que é objeto de interesse público, coloca-as em uma posição de dependência especial do Poder Público. Essa dependência, prossegue o autor alemão, "puede encontrar su expresión en la forma de la propiedad pública o del domínio público".[9]

O ponto de partida histórico para o estudo dos bens públicos se assenta em uma sociedade em que já existiam coisas públicas, mas não sob a condição de dependência com o Estado, pois não havia ainda a figura de uma pessoa jurídica de direito público.[10]

Assim, nas *sociedades primitivas*, as ruas e as praças, por exemplo, eram coisas comuns, isto é, não pertenciam a nenhum indivíduo em particular, mas à totalidade deles e estavam destinadas ao *uso de todos*.

---

8 MAYER, Otto. *Derecho administrativo alemán*. t. III. parte especial: el derecho público de las cosas. Buenos Aires: Depalma, 1982, p. 91. Em tradução livre: "Certas coisas corpóreas manifestam, por sua própria configuração exterior, um destino especial de servir à comunidade, ao interesse público".

9 *Ibid.*, p. 91. Em tradução livre: "pode encontrar sua expressão na forma da propriedade pública ou do domínio público".

10 *Ibid.*, p. 92.

Dessa forma, à autoridade local somente cabia a tarefa de conservação e de vigilância para a boa ordenação do uso por todos.[11]

Como aponta Valcir Gassen, "a propriedade coletiva das comunidades gentílicas foi a forma de propriedade que predominou nas antigas civilizações", as quais eram organizadas em grupos familiares, clãs e tribos e "tinham em sua base o entendimento de que a comunidade predominava sobre o indivíduo".[12]

Posteriormente, acima das comunidades locais, constituiu-se o poder dos *príncipes*. Não se tratava ainda de um poder do Estado, mas de uma coleção de direitos na pessoa do príncipe, dentre eles, a proteção de rios e de estradas.[13]

Com o tempo, o soberano passou a reclamar para si a propriedade das coisas sem proprietário. Dessa maneira, mesmo subsistindo o uso de todos, o príncipe passou a deter o direito de supremacia sobre as coisas comuns, compreendendo, por exemplo, o direito de construir e de suprimir caminhos, de regular o curso de rios e de regulamentar seu uso, bem como de conceder direitos e de impor taxas a pessoas que fizerem uso deles.[14]

Como afirma Théophile Ducrocq, a ideia de domínio público serviu como contrapeso à onipotência real, protegendo os bens públicos contra os atos de disposição ou de usurpação.[15]

A partir da formação dos *estados modernos* na Europa, surgiram teorias que tentaram ainda manter o *status quo* em favor da propriedade

---

11 *Ibid.*, p. 92.

12 GASSEN, Valcir. *A natureza histórica da instituição do direito de propriedade*. *In:* WOLKMER, Antonio Carlos. *Fundamentos de história do direito.* 10. ed. Belo Horizonte: Del Rey Editora, 2019, p. 171.

13 MAYER, Otto. *Derecho administrativo alemán.* t. III. parte especial: el derecho público de las cosas. Buenos Aires: Depalma, 1982, p. 93.

14 *Ibid.*, p. 93. Odete Medauar, ao explicar sobre a origem do termo "domínio público" (*domanium*), aponta que "na Idade Média desaparece o tipo *res extra commercium*, fruto do obscurecimento da distinção entre o público e o privado e da concentração nas mãos do príncipe e senhores feudais de todos os direitos e relações atribuídos ao ente público. Os bens públicos eram todos bens do domínio próprio do príncipe, mesmo os de uso geral; o príncipe cobrava pedágio sobre tais bens. Vem dessa época o termo *domanium*". (MEDAUAR, Odete. *Direito administrativo moderno*. 21. ed. Belo Horizonte: Fórum. 2018, p. 244).

15 DUCROCQ, Théophiple. *Cours de Droit Administratif.* 6. ed. Paris: Ernest Thorin Éditeur, 1881, p. 155. Para o autor, "Cette règle avait été péniblement introduite pour servir de contre-poids à l'omnipotence Royale et prevenir, em les frappant de nullité, les actes de disposition ou d'ursupation dont le domaine étai l'objet". Em tradução livre: "essa regra foi dolorosamente introduzida para servir de contrapeso à onipotência real e impedir, tornando nulos, os atos de disposição ou de usurpação de que o domínio público era objeto".

do príncipe, porém o entendimento que inicialmente ganhou mais força retomava o modelo do direito romano no sentido de que as coisas públicas pertenciam ao povo, cujo direito se manifestava pelo uso de todos.[16]

Nesse sentido, atribuir a propriedade das coisas públicas ao povo criava uma dificuldade jurídica, pois o povo, despido de personalidade autônoma, não configurava um proprietário sério, passível de exercer seus direitos e obrigações. Por essa razão, reconheceu-se a natureza de *res nullius* para caracterizar as coisas públicas.[17]

Em decorrência do resgate da aplicação do direito romano, as coisas públicas eram consideradas *res extra commercium*, submetidas, portanto, ao princípio da inalienabilidade.

Todavia, foi com o desenvolvimento da ideia de um *Estado com personalidade jurídica* distinta da figura do governante que o tratamento jurídico dos bens públicos sofreu importantes modificações, pois este ser abstrato, que representava a coisa comum mediante atos de vontade cumpridos em seu nome, transformou-se no centro natural de todos os direitos e poderes que deviam ser exercidos no interesse da coisa pública.

A partir daí, o Estado, então, substituiu a pessoa do príncipe na qualidade de proprietário das coisas públicas, deixando, progressivamente, de lado a ideia de *res nullius*.

Segundo Gassen, "nasce o Estado, que inverte, ao privilegiar juridicamente o indivíduo, as relações existentes, ou seja, já não mais conta a coletividade em relação ao indivíduo, mas o inverso, o indivíduo singular agora é o centro referencial". Nesse momento, estabelece-se a divisão entre a propriedade pública e a propriedade privada.[18]

Finalmente, as *legislações positivas*, sobretudo as codificações civis do começo do século XIX e, no Brasil, do início do século XX, passaram a declarar que as *coisas públicas são propriedade geral do Estado*.[19]

---

16 MAYER, Otto. *Derecho administrativo alemán*. t. III. parte especial: el derecho público de las cosas. Buenos Aires: Depalma, 1982, p. 94.

17 *Ibid.*, p. 95.

18 GASSEN, Valcir. *A natureza histórica da instituição do direito de propriedade*. *In:* WOLKMER, Antonio Carlos. *Fundamentos de história do direito*. 10. ed. Belo Horizonte: Del Rey Editora, 2019, p. 172.

19 Nesse sentido, verifique-se o teor dos arts. 538, 539 e 549 do Código Civil francês de 1808: Article 538. Les chemins, routes et rues à la charge de l'Etat, les fleuves et rivières navigables ou flottables, les rivages, lais et relais de la mer, les ports, les havres, les rades, et généralement toutes les portions du territoire français qui ne sont pas susceptibles d'une propriété privée, sont considérés comme des dépendances du domaine public. Em tradução livre: Art. 538. Os caminhos, estradas e ruas a cargo do Estado, as nascentes e os rios navegáveis ou flutuantes, as margens, lagos e terrenos

Dessa forma, passou-se a reconhecer aos bens do Estado um *regime jurídico especial* em relação à aplicação do direito civil, protegido pela *imprescritibilidade, impenhorabilidade* e *inalienabilidade*.

1.2 A caracterização do domínio público

1.2.1 Noção geral de coisa

A ideia de *coisa* está atrelada à distinção em relação à *pessoa*. José Cretella Júnior afirma que "em sentido abstrato ou filosófico, coisa é toda entidade estranha ao sujeito cognoscente [...] entidade separada do sujeito".[20]

Na perspectiva do direito civil, o conceito jurídico de coisa é "todo objeto do mundo externo suscetível de apropriação".[21] Por isso, San Tiago Dantas sustenta que o mar e o ar, por exemplo, não são considerados coisas, porque não são suscetíveis de apropriação, de modo que não interessam ao estudo do direito civil.[22]

No entanto, interessam ao estudo do direito administrativo, pois este ramo do direito lida justamente com as *res extracommercium*, que não fornecem utilidade *econômica*. Assim, ainda que esses objetos

---

marginais, os portos e, em geral, todas as porções do território francês que não são passíveis de propriedade privada, são considerados dependências do domínio público. Article 539. Tous les biens vacants et sans maître, et ceux des personnes qui décèdent sans héritiers, ou dont les successions sont abandonnées, appartiennent au domaine public. Em tradução livre: Art. 539. Todos os bens vagos e sem dono, e os de pessoas que morrem sem herdeiros, ou cujos bens são abandonados, pertencem ao domínio público. Article 540. Les portes, murs, fossés, remparts des places de guerre et des forteresses font aussi partie du domaine public. Em tradução livre: Art. 540. Portões, muros, valas, muralhas de locais de guerra e fortalezas também fazem parte do domínio público.
No Brasil, confira o art. 64 da Constituição 1891 e o art. 66 do Código Civil de 1916. Art. 64. Pertencem aos Estados as minas e terras devolutas situadas nos seus respectivos territórios, cabendo à União somente a porção do território que for indispensável para a defesa das fronteiras, fortificações, construções militares e estradas de ferro federais.
Parágrafo único – Os próprios nacionais, que não forem necessários para o serviço da União, passarão ao domínio dos Estados, em cujo território estiverem situados.
Art. 66 do Código Civil de 1916. Os bens públicos são:
I. Os de uso comum do povo, tais como os mares, rios, estradas, ruas e praças.
II. Os de uso especial, tais como os edifícios ou terrenos aplicados a serviço ou estabelecimento federal, estadual ou municipal.
III. Os dominicais, isto é, os que constituem o patrimônio da União, dos Estados, ou Municípios, como objeto de direito pessoal, ou real de cada uma dessas entidades.

[20] CRETELLA JÚNIOR, José. *Curso de Direito Administrativo*. 5. ed. Rio de Janeiro: Forense, 1977, p. 613.

[21] DANTAS, San Tiago. *Programa de Direito Civil*: parte geral. Rio de Janeiro: Editora Rio, 1979, p. 226.

[22] *Ibid.*, p. 226.

materiais, que fornecem utilidade *pública*, não sejam considerados coisas no sentido atribuído pelo direito civil, para o direito administrativo "nada impede que o sejam",[23] razão pela qual passam a ser denominados de *coisas públicas* ou de *bens públicos*.[24]

1.2.2 Coisa pública e propriedade pública

Como afirma Ducrocq, é pelo fato de apresentarem uma utilidade pública que os bens públicos demandam *proteção contra os atos de disposição ou de usurpação* pelo titular do poder,[25] atraindo para si as características da imprescritibilidade, da impenhorabilidade e da inalienabilidade, conforme se verá mais adiante.

No entanto, essa utilidade pública se apresenta de formas distintas.

A *coisa pública*, segundo Otto Mayer, caracteriza-se pela qualidade de "prestar directamente, y por sí mismas, la utilidad que satisface al interés público".[26]

Ocorre que essa destinação à utilidade pública também pode se dar, ou se manter, por obra da vontade do proprietário, de modo que, como afirma o autor alemão, "el uso de todos no es ya la forma única por la cual se puede afirmar el carácter especial de una cosa pública".[27]

Assim, para o autor alemão, "cosa pública no es todavía propiedad pública; ésta supone que la cosa dependa, de alguna manera, de un sujeto de Administración pública que la debe utilizar para realizar administración pública".[28]

Dessa maneira, propriedade pública e coisa pública não se confundem, pois *propriedade pública* implica uma relação de dependência com a Administração que, no uso da coisa, promoverá a utilidade pública. Dito de outro modo, na propriedade pública, a utilidade pública

---

23 CRETELLA JÚNIOR, José. *Curso de Direito Administrativo*. 5. ed. Rio de Janeiro: Forense, 1977, p. 614.

24 *Ibid*., p. 614.

25 DUCROCQ, Théophiple. *Cours de Droit Administratif*. 6. ed. Paris: Ernest Thorin Éditeur, 1881, p. 155.

26 MAYER, Otto. *Derecho administrativo alemán*. t. III. parte especial: el derecho público de las cosas. Buenos Aires: Depalma, 1982, p. 129.

27 *Ibid*., p. 97. Em tradução livre: "o uso de todos não é mais a única forma pela qual se pode afirmar o caráter especial de uma coisa pública".

28 *Ibid*., p. 146. Em tradução livre: "coisa pública não é, todavia, propriedade pública; esta supõe que a coisa dependa, de alguma maneira, de um sujeito de Administração pública que a deve utilizar para realizar administração pública".

não deriva da coisa em si mesma e diretamente, mas depende da ação dos agentes da Administração.

Nesse sentido, desde o advento da noção de Estado como uma entidade impessoal e permanente, o uso de todos não se apresenta mais como a única forma de configuração do bem público, permitindo, conforme anota o autor, "que el fin de interés público se realice de manera equivalente; pouco importa que se haya excluído el uso de todos".[29]

Portanto, a distinção entre coisa pública e propriedade pública é indispensável, pois mesmo estando ambas "fuera del derecho civil",[30] há implicações importantes na determinação do "campo de la actividad propia de la policía [administrativa]",[31] pois a atividade de polícia inerente às *coisas públicas* difere da tutela da propriedade e da posse dos *seus próprios* bens.

1.2.2.1 A coisa pública ou a coisa de uso de todos

A coisa pública, segundo Otto Mayer, "representa, en sí misma y diretamente, la utilidad pública de la cual se trata en esta rama de la Administración. En efecto, aquí el propietario sólo tiene que mantenerla y protegerla para que la cosa produzca su utilidad".[32]

Nas *coisas públicas*, a própria coisa, *em si mesma e diretamente*, já representa a utilidade pública, isto é, não depende do exercício da função administrativa para que se possa extrair seu proveito, de modo que à Administração somente compete o dever de mantê-la e de protegê-la.

Para o autor alemão, são exemplos: "los caminos, plazas, puentes, canales de navegación, puertos y playas del mar son los ejemplos principales de las cosas que dependen del derecho público".[33]

Como se percebe, as coisas públicas estão submetidas ao livre *uso de todos*. Assim, a fórmula "uso de todos" nos remete à essência das coisas públicas. Aqui, *pouco importa a sua titularidade, a própria característica da coisa atrai as regras de direito público*. As coisas públicas não

---

29 *Ibid.*, p. 97. Em tradução livre: "que o fim de interesse público se realize de maneira equivalente; pouco importa que se haja excluído o uso de todos".

30 *Ibid.*, p. 155. Em tradução livre: "fora do direito civil".

31 *Ibid.*, p. 152. Em tradução livre: "campo da atividade própria da polícia administrativa".

32 *Ibid.*, p. 123. Em tradução livre: "representa, em si mesma e diretamente, a utilidade pública da qual se trata neste ramo da Administração. De fato, aqui o proprietário só tem que mantê-la e protegê-la para que a coisa produza sua utilidade".

33 *Ibid.*, p. 123. Em tradução livre: "as estradas, praças, pontes, canais de navegação, portos e praias são os exemplos principais das coisas que dependem do direito público".

dependem do exercício da função administrativa para lhes conferir utilidade pública, ficando a cargo da Administração somente as tarefas de proteção e manutenção.

Porém, *a coisa pública pode ser também propriedade pública,* quando a ela se acrescenta a propriedade do Estado. Essa coincidência pode ocorrer, por exemplo, quando o Poder Público ocupa irregularmente um imóvel e constrói uma praça, mas só em momento posterior realiza a desapropriação. O mesmo ocorre em relação às coisas públicas naturais que se tornam propriedades públicas por força das constituições e das leis. Vejamos:

> las cosas públicas naturales nos ofrecen el ejemplo de la coincidencia de los dos elementos. Todo aquello que es río navegable o playa está destinado al uso de todos; está reconocido como cosa pública cuyo dueño debe ser el Estado. Y la ley ha decidido que lo es en calidad de propietario. Por lo tanto, a los hechos materiales se agrega aquí de pleno derecho la propiedad pública.[34]

Para Renato Alessi, no entanto, os bens de livre uso de todos são "incondicionalmente dominiales", podendo-se afirmar que integram o "dominio público necesario",[35] de modo que não dependem do reconhecimento da propriedade do Estado.

Por essa razão, dirá Ducrocq que relativamente a esses bens "l'acte officiel la declare, mais ne la crée pas",[36] isto é, não são criadas pelo Estado, mas são apenas por ele *declaradas*. São exemplos: rios, mares.

Assim, para o autor francês, essa categoria de bens é caracterizada pela afetação a uma *utilidade pública,* decorrente da característica *intrínseca do bem,* e não a afetação a um *serviço público* como se verifica na maioria dos edifícios públicos.[37]

---

34 *Ibid.,* p. 148. Em tradução livre: "as coisas públicas naturais nos oferecem o exemplo da coincidência dos dois elementos. Tudo aquilo que é rio navegável ou praia está destinado ao uso de todos; está reconhecido como coisa pública cujo dono deve ser o Estado. E a lei decidiu que o é na qualidade de proprietário. Portanto, aos fatos materiais se acrescenta aqui de pleno direito a propriedade pública".

35 ALESSI, Renato. *Instituciones de Derecho Administrativo.* 3. ed. t. II. Barcelona: Bosch, 1970, p. 399. Em tradução livre das expressões mencionadas: "incondicionalmente dominiais" e "domínio público necessário".

36 DUCROCQ, Théophiple. *Cours de Droit Administratif.* 6. ed. Paris: Ernest Thorin Éditeur, 1881, p. 110. Em tradução livre: "o ato oficial a declara, mas não a cria".

37 *Ibid.,* p. 111. No original: "Être affecté à l'usage public, et non pas seculement à un service public comme la plupart de édifices publics".

Por isso, somente incumbe à autoridade administrativa o dever de guarda e de conservação dessa parcela do território do Estado declarada de livre uso de todos. E, como consequência do seu dever de "garde et conservation", detém o poder de delimitar os limites do domínio público, sem exceder os limites naturais do bem.[38]

Tal não ocorre, todavia, com a *propriedade pública*.

1.2.2.2 A propriedade pública ou a coisa de titularidade do Estado

Como visto, a propriedade das coisas em geral é regida pelo direito civil. No entanto, com o advento do Estado como pessoa jurídica autônoma, que reúne em si os direitos e as obrigações referentes ao interesse coletivo, tornou-se possível a atribuição da propriedade de coisas não mais apenas aos indivíduos, mas também ao Estado.[39]

A partir de então, o Estado, ao se tornar titular dessas coisas a ele conferidas pela legislação positiva, passa à condição de *dono* de certas propriedades, que, por estarem vinculadas ao Estado e sujeitas a um direito especial que afasta as regras do direito civil (direito público), recebem a denominação de *propriedade pública*.

Para Renato Alessi, essa categoria de bens compreende "los bienes cuya dominialidad está subordinada, condicionada, a la pertenencia al Estado de cada uno en concreto de los bienes", pelo que se pode denominar de "*dominio* público eventual".[40]

Otto Mayer traz como exemplo o uso de vias férreas para o transporte de pessoas, em que afirma que o uso da via férrea não se dá de

---

[38] *Ibid.*, p. 143-144. No original: "De la mission de garde et de conservation que l'autorité administrative a le droit et le devoir d'exercer sur les dépendancer du domaine public, découle por l'administration le pouvoir de déterminer les limites du domaine public [...] le pouvoir de reconnaître et de constater les limites *naturelles* des dépendances du domanie public". Em tradução livre: "Da missão de cuidado e conservação que a autoridade administrativa tem o direito e o dever de exercer sobre as dependências do domínio público, a administração tem o poder de determinar os limites do domínio público [...] o poder de reconhecer e observar os limites *naturais* das dependências do domínio público".

[39] O processo de transferência das coisas para o patrimônio do Estado variou conforme a experiência histórica. Na França revolucionária, por exemplo, com o fim da monarquia os bens do príncipe foram transferidos ao patrimônio estatal. Em países que conservaram o sistema de monarquias constitucionais, como Reino Unido, Espanha e Suécia, os bens da coroa foram integrados ao patrimônio do Estado, mas com percepção de usufruto ou de parte da renda pela família real.

[40] ALESSI, Renato. *Instituciones de Derecho Administrativo*. 3. ed. t. II. Barcelona: Bosch, 1970, p. 399. Em tradução livre: "os bens cuja dominialidade está subordinada, condicionada, ao pertencimento ao Estado de cada um em concreto dos bens".

forma livre e aberta ao público, mas somente pode ocorrer por meio dos vagões existentes e sob a direção dos agentes públicos que administram o serviço.[41] Nesse ponto, o autor aduz que "la vía férrea sirve para la comunicación pública con la ayuda de los agentes ferroviarios, pero jamás se permitirá ver ahí el uso de todos, el uso libre de la cosa por sí misma, según su naturaleza".[42]

Para o autor alemão, a ferrovia para transporte de passageiros consiste em uma propriedade pública, porque não está aberta ao uso de todos conforme a sua própria natureza, dado que não é permitido que as pessoas transitem livremente pela via ou mesmo utilizem seus próprios trens, mas somente é permitido o uso por meio dos vagões administrados pelos agentes estatais.

Na doutrina brasileira, no entanto, Celso Antônio Bandeira de Mello unifica sob a nomenclatura de *bens públicos* todas as coisas sujeitas ao regime de direito público, sustentando que "todos os bens que estiverem sujeitos ao mesmo regime público deverão ser havidos como bens públicos".[43]

1.2.2.2.1 Requisito da gravidade do interesse público

Para Otto Mayer, a caracterização de uma coisa sujeita ao regime de direito público depende, ainda, da adição de um requisito: *gravidade* do interesse público em questão.[44]

Como regra, as coisas estão submetidas à disciplina do direito civil, de modo que a aplicação das normas de direito público somente se justifica por uma *excepcional necessidade de proteção do bem*.

---

[41] MAYER, Otto. *Derecho administrativo alemán*. t. III. parte especial: el derecho público de las cosas. Buenos Aires: Depalma, 1982, p. 124. No original: "este camino tiene de particular que naide puede hacer uso de él de otro modo que no sea con los medios de trasporte que le son propios y bajo la dirección de funcionarios y empleados destinados para ello. [...] Lo que está abierto directamente al público sólo son los coches, pero no están abiertos al público según las reglas del uso de todos; no lo están como cosas públicas". Em tradução livre: "este caminho tem de particular que ninguém pode fazer uso dele de outro modo que não seja com os meios de transporte que lhe são próprios e de acordo com a direção de funcionários e empregados destinados para ele. [...] O que está aberto diretamente ao público só são os vagões, mas não estão abertos ao público segundo as regras de uso de todos; não o estão como coisas públicas".

[42] *Ibid.*, p. 124. Em tradução livre: "a via férrea serve para a comunicação pública com a ajuda dos agentes ferroviários, mas jamais se permitirá ver aí o uso de todos, o uso livre da coisa por si mesma, segundo sua natureza".

[43] MELLO, Celso Antônio Bandeira de. *Curso de Direito Administrativo*. 37. ed. Belo Horizonte: Fórum, 2024, p. 787.

[44] *Ibid.*, p. 129.

Segundo o doutrinador alemão, nem tudo que serve à utilidade pública deve receber a tutela jurídica aplicável às propriedades públicas, ainda que mereçam a nossa maior simpatia. Dessa forma, seriam propriedades públicas apenas aquelas que encerram um grande interesse público, um severo valor para a nossa civilização.[45] Estariam excluídos das regras de direito público, por exemplo, os monumentos, as ruínas, as estátuas.[46]

Mayer afirma, ainda, que esse requisito também justifica a exclusão dos *edifícios públicos*, pois não se pode confundir as funções públicas de grande interesse público desempenhadas no interior de palácios da justiça ou estabelecimentos de ensino com as suas próprias instalações. Assim, afirma que "no es un inconveniente grave si, a consecuencia de los derechos que un tercero hace valer sobre la cosa, es necesario reemplazar un edificio escolar o un cuartel, por otro".[47]

Nesse aspecto, ousamos discordar do doutrinador alemão.

Inicialmente, cabe estabelecer uma distinção prévia para facilitar o entendimento pelo leitor. Basicamente, a Administração Pública pode utilizar um edifício para o desempenho de função pública na qualidade de *proprietária* (*edifício público*) ou na qualidade de *locatária* de bem imóvel de propriedade de terceiros particulares (*edifício privado*).

No caso de edifícios *privados*, não se está diante de coisa pública, porque a função pública desenvolvida no interior do prédio não se confunde com a propriedade do imóvel.

No tocante aos edifícios *públicos*, todavia, a situação não é a mesma. De fato, o edifício público, como regra, é um meio para o exercício da função pública, mas traduz um *meio indispensável* à atividade de interesse público. Assim, mesmo que um edifício pudesse ser substituído por outro, a necessidade de um local adequado para o desenvolvimento da função pública relevante persiste, o que demonstra o *caráter acessório* do equipamento público, ensejando, pelo princípio da gravitação jurídica, o recebimento do mesmo destino do principal, isto é, a natureza de propriedade pública.

Ademais, a ausência das normas de direito público para proteger tanto o edifício público quanto a função pública nele desenvolvida

---

[45] *Ibid.*, p. 131.

[46] *Ibid.*, p. 131.

[47] *Ibid.*, p. 132. Em tradução livre: "não é um inconveniente grave se, por consequência dos direitos que um terceiro faz valer sobre a coisa, for necessário substituir um edifício escolar ou um quartel, por outro".

gera, na prática, inúmeros embaraços não apenas para a Administração, mas também para a população que depende do serviço público prestado, pois a escolha do local da atividade, como regra, não é aleatória.

Imagine que uma escola de ensino infantil em um determinado bairro tenha que mudar de endereço em razão de uma ação reivindicatória. Em primeiro lugar, a Administração terá que encontrar outro local com condições adequadas para a continuidade do serviço público, o que não é exatamente uma providência trivial, sobretudo em cidades pequenas. Além disso, o novo imóvel obtido pela Administração pode ficar muito distante da residência das famílias das crianças atendidas anteriormente. Somado a isso, os custos de desmobilização, de adequação das novas instalações e de retomada das atividades podem não estar previstos no orçamento público, o que levará à paralisação do serviço, gerando graves danos à educação das crianças.

Inúmeros fatores poderiam ser somados a essa lista de modo a demonstrar que a *afetação* do imóvel público ao serviço público deve ser suficiente para caracterizar o edifício público como propriedade pública.

Dessa forma, na prática, a inaplicação do direito público aos edifícios públicos afetados subjugará a Administração a uma insegurança jurídica incompatível com a *característica permanente da função pública desempenhada* no imóvel.

Além disso, *discordamos do requisito de gravidade* do interesse público apontado por Otto Mayer por entendermos que *carece de fundamento objetivo de legitimidade a imposição de graus de interesse público.* Dito de outro modo, a aferição do grau de importância do interesse público de uma propriedade pública pressupõe a existência prévia de critérios objetivos, sob pena de ficar ao alvedrio da mera subjetividade do administrador.

A análise da prevalência de um interesse sobre outro somente seria possível, em nossa opinião, no momento da colisão dos interesses no caso concreto, mas não caberia ao legislador, nos moldes de uma prova tarifada, estabelecer que certos bens de propriedade do Estado e *afetados a uma finalidade pública* seriam menos importantes e, portanto, não merecedores da tutela dos bens públicos do que outros tidos como mais importantes, pois isso implicaria dizer que os interesses dos cidadãos atendidos por um serviço público, por exemplo, poderiam ser menos importantes do que os interesses de outros.

1.2.2.2.2 Bens móveis

O requisito da gravidade do interesse público trazido por Otto Mayer também exclui do regime de direito público as *coisas móveis* de titularidade do Estado, de maneira que apenas albergaria coisas imóveis. Por isso, aduz o autor: "La cosa pública es un *inmueble* tan íntimamente ligado al interés público que hasta el derecho subjetivo que la Administración tendrá que ejercer sobre esta cosa se sustrae al régimen ordinario del derecho civil, sometiéndose a las reglas del derecho público".[48]

No entanto, a generalização nos parece indevida, pois há bens móveis, por vezes infungíveis, muito mais valiosos do que os imóveis no interior dos quais se encontram expostos. Por exemplo, obras de arte de valor histórico incomensurável pertencentes a um museu público, documentos históricos pertencentes à biblioteca pública. Assim, a afetação de um bem móvel a uma utilidade pública deve ser suficiente para a configuração da coisa pública.

Nessa esteira, Roberto Dromi sustenta que "si las cosas muebles, pertenecientes a personas jurídicas públicas tienen aptitud para el uso directo o indirecto del público, integran el dominio público".[49]

O autor argentino, todavia, exclui do rol de coisas públicas as coisas móveis consumíveis e fungíveis, exigindo que as coisas públicas tenham um "relativo carácter permanente e irreemplazable".[50]

No mesmo sentido, André de Laubadère rejeita a possibilidade de que os bens móveis sejam considerados bens públicos, admitindo excepcionalmente os bens móveis *insubstituíveis*.[51]

Contudo, Celso Antônio Bandeira de Mello, com o qual concordamos, não faz essa distinção, incluindo no conjunto de bens públicos "tanto bens imóveis como móveis".[52]

Na mesma linha da inclusão dos bens móveis sem distinção de sua natureza, Théophile Ducrocq sustenta que "on appelle *domaine*

---

[48] *Ibid.*, p. 133-134. Em tradução livre: "A coisa pública é um imóvel tão intimamente ligado ao interesse público que até o direito subjetivo que a Administração terá que exercer sobre a coisa se subtrai ao regime do direito civil, submetendo-se às regras do direito público".

[49] DROMI, Roberto. *Derecho administrativo*. 9. ed. Buenos Aires: Ciudad Argentina, 2001, p. 758. Em tradução livre: "Se as coisas móveis, pertencentes a pessoas jurídicas públicas têm aptidão para o uso direto ou indireto do público, integram o domínio público".

[50] *Ibid.*, p. 758. Em tradução livre: "relativo caráter permanente e insubstituível".

[51] *Ibid.*, p. 730.

[52] MELLO, Celso Antônio Bandeira de. *Curso de Direito Administrativo*. 37. ed. Belo Horizonte: Fórum, 2024, p. 787.

national la réunion de tous les biens corporels ou incorporels, meubles ou immeubles, affectés à des titres divers à l'universalité de la nation française".[53]

Ainda nessa esteira, Marcello Caetano defende que os bens do domínio público compreendem as coisas móveis e imóveis da titularidade de pessoa jurídica de direito público afetadas a uma utilidade coletiva.[54]

Dessa forma, em nossa visão, mesmo os *bens móveis consumíveis e de curta durabilidade* integram o rol dos bens públicos, desde que sejam de propriedade do Estado e estejam afetados ao serviço público. No entanto, reconhecemos que o Estado pode conferir a esses bens um *tratamento jurídico menos protetivo*, permitindo menor rigor no controle do uso e do descarte, valendo-se, por exemplo, da classificação entre material permanente e material de consumo, conforme previsto no art. 15, §2º, da Lei nº 4.320/64.

1.2.2.2.3 Bens privados da Administração e a extensão do regime dos bens públicos

Como visto, a doutrina clássica alemã não contempla como bens públicos os *bens particulares das pessoas jurídicas de direito público da Administração*, pois são regidos pelo direito privado.

O direito brasileiro se afasta nesse ponto, pois inclui no rol de bens públicos esses bens de titularidade da Administração *sem destinação pública*, conhecidos como *bens dominicais*, cuja alienação é permitida de acordo com a lei. Mais adiante trataremos desses bens com mais detalhes.

Contudo, parcela abalizada da doutrina brasileira avança para permitir a inclusão, sob o manto dos bens públicos, de *bens de pessoas jurídicas de direito privado da Administração (estatais) quando afetados*. É a doutrina de Celso Antônio Bandeira de Mello, que defende um conceito de bem público mais abrangente, compreendendo "todos os bens que pertencem às pessoas jurídicas de direito público [...], bem como os que,

---

[53] DUCROCQ, Théophiple. *Cours de Droit Administratif*. 6. ed. Paris: Ernest Thorin Éditeur, 1881, p. 105. Em tradução livre: "chamamos de domínio nacional a reunião de todos os bens corpóreos e incorpóreos, móveis ou imóveis, afetados a títulos diversos à universalidade da nação francesa".

[54] Nesta edição de sua obra, o autor português passou a incluir os bens móveis no rol de bens do domínio público.

embora não pertencentes a tais pessoas, estejam afetados à prestação de um serviço público".[55]

Relativamente aos bens pertencentes a *empresas privadas fora da Administração quando afetados* à prestação de serviço público, a jurisprudência brasileira[56] avança para, em nome do princípio da continuidade do serviço público (previsto no art. 6º, §1º, da Lei nº 8.987/95), permitir a proteção desses bens.

Entendemos que os bens pertencentes às *pessoas de direito privado da Administração* (empresas estatais) e os pertencentes a *sociedades empresárias privadas fora da Administração* (concessionárias e permissionárias de serviço público), em ambos os casos *quando afetados* ao serviço público, devem receber o mesmo tratamento, conforme passamos a expor.

Em nossa visão, a natureza de direito público das pessoas administrativas *não se transfere automaticamente* aos bens de sua propriedade, porque a regra é que a propriedade é regida pelo direito civil. Assim, para que a aplicação do regime de direito público pertencente aos seus titulares ocorra é necessário *também* que a coisa tenha uma utilidade pública. Como nem todas as coisas pertencentes à Administração estão afetadas a uma utilidade pública, seja em si mesma (coisa pública ou, no direito brasileiro, *bem de uso comum*), seja por meio da atuação dos agentes públicos (propriedade pública ou, no direito brasileiro, *bem de uso especial*), haverá, portanto, bens regidos pelo direito privado pertencentes a pessoas jurídicas de direito público, que, no direito brasileiro, recebem a denominação de *bens dominicais*.

Assim, se os *bens particulares* pertencentes às pessoas de *direito público* estiverem *afetados* a uma utilidade pública, transformam-se em *bens públicos*.

Sabemos, entretanto, que, no direito brasileiro, não ocorre essa transmutação em bens públicos pela afetação, pois os bens desafetados são bens públicos dominicais, passando, com a afetação, a serem bens de uso comum do povo ou bens de uso especial.

Todavia, os bens pertencentes às *pessoas de direito privado da Administração*, tais como empresas públicas e sociedades de economia mista, são particulares pela própria natureza, pois os seus *titulares são pessoas jurídicas incapazes de lhes transferir o regime de direito público*, dado que, ainda que integrantes da Administração, são pessoas constituídas

---

[55] *Ibid.*, p. 787.

[56] Por todos, confira: REsp nº 1768932/PE, T2, Rel. Min. HERMAN BENJAMIN, j. 27/11/2018, p. 17/12/2018.

sob o regime de direito privado. Por essa razão, *as coisas pertencentes a essas pessoas são incapazes de serem reconhecidas como bens públicos, mesmo quando afetadas*, porque seria emprestar à criatura mais poderes do que dispõe seu criador.

Contudo, é possível que haja a *extensão dos efeitos* do regime jurídico dos bens públicos para fins de proteção da continuidade do serviço público por elas desempenhado. Essa extensão do regime dos bens públicos às pessoas jurídicas de *direito privado da Administração também ocorre* em relação às empresas privadas *fora da Administração*, porque *não se trata da extensão do conceito de domínio público*, dado que a esses bens se aplica o direito civil (pertencem ao *domínio privado*), mas se trata do reconhecimento do interesse público sobre esses bens em decorrência do imperativo da *continuidade do serviço público*. Assim, por exemplo, se for possível a continuidade do serviço público em outro local ou o oferecimento do serviço na forma digital, nenhum óbice haverá para a eventual penhora do imóvel.

Dessa forma, discordamos de Celso Antônio Bandeira de Mello quando sustenta que "todos os bens que estiverem sujeitos ao mesmo regime público deverão ser havidos como bens públicos", pois a aplicação do regime de direito público pode incidir sobre bens das empresas estatais por uma extensão de proteção motivada pela necessidade de continuidade do serviço público, de modo que os bens das pessoas privadas do Estado *não se tornam bens públicos integrantes do domínio público somente porque estão afetados a um serviço público*. Dito de outra maneira, os bens pertencentes às *pessoas jurídicas de direito privado* do Estado, quando *afetados*, não se transformam em bens públicos, porque lhes *falta o requisito da titularidade da pessoa de direito público* para a caracterização do domínio público.

A proteção ao serviço público, assegurada pelo art. 175 da Constituição e regulamentada pela Lei nº 8.987/95, decorre do reconhecimento da incidência do *princípio da dignidade da pessoa humana*, fundamento da República brasileira (art. 1º, inciso III, da Constituição), pois os *serviços públicos são indispensáveis à população menos favorecida*, constituindo, como assinala Ignacio Ramonet, "o patrimônio dos que não têm patrimônio".[57]

Assim, a tutela do regime de direito público deve albergar apenas o *necessário e suficiente* para impedir a interrupção da prestação do serviço público, podendo ser admitida medida menos gravosa para o

---

[57] RAMONET, Ignacio. *O mercado contra o Estado*. Disponível em: https://vermelho.org.br/2007/01/28/ignacio-ramonet-o-que-e-a-globalizacao/. Acesso em: 27 nov. 2023.

credor caso a Administração possa prover a continuidade do serviço em outro local ou por meio de outros instrumentos.

Poder-se-ia argumentar que se trata de uma mudança sem efeitos práticos, porque reconhecê-los como bens públicos ou aplicar-lhes a extensão dos efeitos, no final das contas, daria no mesmo. Porém, essa perspectiva de análise não merece prosperar. Isso porque se uma coisa for considerada bem público, atrairá as características da imprescritibilidade, da impenhorabilidade e da inalienabilidade. Dessa forma, caso o bem particular seja considerado bem público, não poderá, por exemplo, ser penhorado o imóvel para o pagamento de dívida. Todavia, *a mera extensão dos efeitos para fins de continuidade do serviço público não transforma o bem privado em bem público*, razão pela qual remanesce a possibilidade de penhora do imóvel privado, ficando a alienação do bem para fins de pagamento da dívida condicionada à mudança de localidade do serviço. Com isso, a penhora terá recaído sobre o imóvel ainda na constância da afetação, garantindo ao credor a proteção do seu crédito e à população a continuidade do serviço, uma vez que a alteração de endereço ou a disponibilização do serviço público na forma digital acontecerá sem solução de continuidade.

Diante disso, cabe apresentar o conceito de domínio público.

1.2.3 Conceito de domínio público

Otto Mayer afirma que "esta propiedad, cuya gestión y administración se rige por el derecho público, la llamamos una *propiedad de derecho* público, o, según la expresión universalmente aceptada, *propiedad* pública, *dominio* público".[58]

Portanto, o domínio público, na visão do autor alemão, envolve o *conjunto de bens de propriedade do Estado*, isto é, aqueles de que o Estado possui uma relação jurídica de dono e que são *regidos pelo direito público*.

Todavia, para Ducrocq o domínio nacional se divide em duas partes: "le *domaine public* et le *domaine de l'État* ou *domaine privé de l'État*".[59]

---

[58] MAYER, Otto. *Derecho Administrativo Alemán*. 2 ed (inalterada). t. III. parte especial: el derecho público de las cosas. Buenos Aires: Depalma, 1982, p. 116. Em tradução livre: "esta propriedade, cuja gestão e administração se rege pelo direito público, a chamamos uma propriedade de direito público, ou, segundo a expressão universalmente aceita, propriedade pública, domínio público".

[59] DUCROCQ, Théophiple. *Cours de Droit Administratif*. 6. ed. Paris: Ernest Thorin Éditeur, 1881, p. 105. Em tradução livre: "o domínio público e o domínio do Estado ou domínio privado do Estado".

Assim, para o autor francês, o *domínio público* consiste na parte do território que não é suscetível de apropriação privada *por sua própria natureza,*[60] de modo que *não decorre de decisão da autoridade administrativa*.

Por isso, afirma Ducrocq que "l'acte officiel la declare, mais ne la crée pas",[61] isto é, as coisas pertencentes ao domínio público não são criadas pelo Estado, mas são apenas por ele *declaradas*. São exemplos: rios, mares.

Dessa forma, o que caracteriza o domínio público é a afetação a uma *utilidade pública,* decorrente da característica intrínseca do bem, e não a afetação a um *serviço público* como se verifica na maioria dos edifícios públicos.[62]

Por essa razão, somente cabe à autoridade administrativa o dever de guarda e de conservação da parte do território do Estado declarada como de domínio público. Dessa maneira, incumbe à autoridade administrativa, como consequência do seu dever de "garde et conservation", o poder de delimitar os contornos do domínio público, sem exceder os limites naturais do bem.[63]

Por sua vez, o *domínio privado do Estado* é formado de elementos de mesma natureza dos que compõem o patrimônio dos particulares, bens imóveis, móveis e coisas incorpóreas. E prossegue o autor: "Ces biens ne sont pas affectés à l'usage du public, et sont susceptibles de propriété privée, aliénables et prescritibles. L'État n'en est pas simple détenteur à titre de conservation et de garde, comme por les dépendances du domaine public; il en est propriétaire".[64]

---

60 *Ibid.,* p. 109. No original: "Être non susceptible de propriété privée par sa nature".

61 *Ibid.,* p. 110. Em tradução livre: "o ato oficial a declara, mas não a cria".

62 *Ibid.,* p. 111. No original: "Être affecté à l'usage public, et non pas seculement à un service public comme la plupart de édifices publics".

63 *Ibid.,* p. 143-144. No original: "De la mission de garde et de conservation que l'autorité administrative a le droit et le devoir d'exercer sur les dépendancer du domaine public, découle por l'administration le pouvoir de déterminer les limites du domaine public [...] le pouvoir de reconnaître et de constater les limites *naturelles* des dépendances du domanie public". Em tradução livre: "Da missão de cuidado e conservação que a autoridade administrativa tem o direito e o dever de exercer sobre as dependências do domínio público, a administração tem o poder de determinar os limites do domínio público [...] o poder de reconhecer e observar os limites *naturais* das dependências do domínio público".

64 *Ibid.,* p. 191. No original: "est formée d'éléments de même nature que ceux qui composent le patrimoine des particuliers, immeubles, meubles, choses incorporelles. Ces biens ne sont pas affectés à l'usage du public, et sont susceptibles de propriété privée, aliénables et prescritibles. L'État n'en est pas simple détenteur à titre de conservation et de garde, comme por les dépendances du domaine public; il en est propriétaire". Em tradução livre: "é constituído por elementos da mesma natureza daqueles que compõem o patrimônio dos particulares, imóveis, móveis, coisas imateriais. Estes bens não se destinam ao uso

Para o autor francês, enquanto o *domínio público* é composto por bens afetados a uma *utilidade pública* (l'usage public), o *domínio privado do Estado* é caracterizado por bens da *propriedade privada* do Estado *afetados ou não* ao serviço público (l'affectation à un service public). Isto é, *a afetação ao serviço público não lhe retira o caráter de propriedade privada*. Ou seja, um bem do domínio privado do Estado não se transforma em um bem do domínio público em razão de sua afetação ou não ao serviço público.[65]

Assim, diferentemente da perspectiva de Otto Mayer, para Ducrocq o domínio público abrange a parte do território suscetível ao *uso de todos*. Dessa forma, um edifício de propriedade do Estado afetado a uma função pública, como, por exemplo, uma escola de ensino infantil, não configuraria um bem público.

No entanto, autores franceses mais modernos, como Maurice Hauriou e André de Laubadère, adotam teoria mais extensiva da dominialidade pública, sustentando que o domínio público compreende tanto os bens *afetados* ao uso de todos quanto os bens de propriedade do Estado *afetados* ao serviço público.[66]

Nesse sentido, Hauriou defende que a dominialidade pública é caracterizada pela afetação ("la dominialité publique est elle-même dans l'affectation"), por essa razão também estão abrangidos os bens móveis e imóveis de titularidade do Estado quando afetados ao serviço público.[67]

---

do público, e estão sujeitos à propriedade privada, alienáveis e prescritíveis. O Estado não é um simples detentor para efeitos de conservação e de guarda, como é o caso das dependências do domínio público; ele é proprietário".

[65] *Ibid.*, p. 203.

[66] HAURIOU, Maurice. *Précis de Droit Administratif et de Droit Public*. 12. ed. Paris: Dalloz, 2002, p. 807. No original: "la dominialité publique est elle-même dans l'affectation et, par conséquent, tout objet de propriété administrative affecté à l'utilité publique est une dépendance du domaine public". Em tradução livre: "a dominialidade pública é própria da afetação e, por consequência, todo objeto de propriedade administrativa afetado à utilidade pública é uma dependência do domínio público". LAUBADÈRE, André de. *Traité Élémentaire de Droit Administratif*. Paris: Librairie Générale de Droit et de Jurisprudence, 1953, p. 729. No original: "Il convient avant tout, à notre avis, d'éviter, dans la mesure du possible, de laisser planer trop d'incertitudes sur la consistance du domaine public affecté aux services. A cet égard, la théorie extensive est évidemment plus satisfaisante que les thèses restrictives, lesquelles sont fatalement amenées à rechercher des critères subtil mais subjectifs". Em tradução livre: "É conveniente acima de tudo, em nossa opinião, evitar, na medida do possível, deixar demasiada incerteza sobre a consistência do domínio público afetado aos serviços. Nesse aspecto, a teoria extensiva é evidentemente mais satisfatória que as teses restritivas, que são fatalmente levadas a buscar critérios sutis, mas subjetivos".

[67] *Ibid.*, p. 808-809. No original: "De l'application du critérium que nous adoptons, il resulte que tous les bâtiments affectés à des services publics d'Etat, de départements, de communes, de cólonies, d'établissements publics, doivent être consideres comme des

Laubadère, por sua vez, sustenta que a não adoção da tese extensiva deixaria demasiada incerteza sobre a consistência do domínio público afetado aos serviços público ("laisser planer trop d'incertitudes sur la consistance du domaine public affecté aux services"), ficando sujeito a critérios muito subjetivos.

Nesse ponto, o direito brasileiro conferiu maior segurança jurídica ao sujeitar a definição dos bens públicos ao critério da titularidade, como se constata do art. 98 do Código Civil, que será abordado mais adiante.

No direito português, Marcello Caetano sustenta que "coisas públicas são as coisas submetidas por lei ao domínio de uma pessoa colectiva de direito público e subtraídas ao comércio jurídico privado em razão da sua primacial utilidade colectiva".[68]

Dessa maneira, para o autor, os bens do domínio público compreendem as coisas móveis e imóveis da titularidade de pessoa jurídica de direito público afetadas a uma utilidade coletiva.[69]

E prossegue, concluindo que "o conjunto das coisas públicas e os direitos públicos que à Administração competem sobre elas formam o domínio público".[70]

No tocante aos bens móveis, remetemos o leitor ao item 1.2.2.2.2.

Rafael Bielsa, entende por domínio público "el conjunto de cosas afectadas al uso 'directo' de la colectividad referida a una entidad administrativa de base territorial y destinadas al uso público de administrados, y que no son susceptibles, por tanto, de apropriación privada".[71]

Assim, para o autor argentino, as coisas sobre as quais o Estado "ejerce en realidad un derecho de propiedad" são do domínio do Estado.[72]

---

dépendances du domaine public protégées par l'inaliénabilité et l'imprescriptibilité". Em tradução livre: "Da aplicação do critério que nós adotamos, resulta que todos os edifícios afetados ao serviço público do Estado, de departamentos, de comunas, de colônias, de estabelecimentos públicos, devem ser considerados como dependências do domínio público protegidas pela inalienabilidade e pela imprescritibilidade".

68 CAETANO, Marcello. *Manual de Direito Administrativo*. t. II. Coimbra: Livraria Almedina, 1991, p. 881.

69 Nesta edição de sua obra, o autor português passou a incluir os bens móveis no rol de bens do domínio público.

70 *Ibid.*, p. 881.

71 BIELSA, Rafael. *Derecho Administrativo*. 3. ed. t. III. Buenos Aires: Libreria de J. Lajouane y Cia, 1939, p. 1-3. Em tradução livre: "o conjunto de coisas afetadas ao uso 'direto' da coletividade referida a uma entidade administrativa de base territorial e destinadas ao uso público de administrados, e que não são suscetíveis, portanto, de apropriação privada".

72 *Ibid.*, p. 3. Em tradução livre: "exerce em realidade um direito de propriedade".

Para Carlos Oviedo, os bens do domínio público são caracterizados pela finalidade de utilidade social e pela titularidade de um sujeito da Administração Pública.[73]

Dessa forma, o autor espanhol aponta que "para que un bien tenga carácter público es indispensable que, a la satisfacción de uma necesidad social, se añada la de ser propiedad de un sujeto de la Administración".[74]

Ricardo Marcondes Martins afirma, ainda, que a propriedade pública também é regida pelo *princípio da titularidade pública das coisas de ninguém*, segundo o qual, "como regra geral, todo bem patrimonial que não pertença a um particular pertence ao Poder Público".[75]

Adotando, em parte, os entendimentos de Otto Mayer e de Ducrocq, em nossa visão, o *domínio público* compreende tanto os *bens de livre uso de todos* destinados a uma utilidade pública quanto os *bens, móveis e imóveis*, de *titularidade das pessoas jurídicas de direito público* e que se encontram *afetados a um serviço público*, o que atrai, em ambos os casos, *a incidência das regras de direito público.*[76]

A definição apresentada extrai-se do fato de que os bens das pessoas de direito privado do Estado não são submetidos ao regime de direito público, mas sim ao regime de direito privado. Caso contrário, o Estado as teria constituído sob o regime de direito público. Logo, o *domínio público não abarca o patrimônio das empresas públicas e das sociedades de economia mista.*[77]

Para nós, há também patrimônio privado nas pessoas jurídicas de direito público (bens dominicais). Contudo, essas coisas *somente são particulares porque se encontram desafetadas, e não por força da natureza jurídica do seu titular*. Assim, o bem particular de entes, autarquias e fundações públicas não será considerado bem público enquanto

---

[73] OVIEDO, Carlos Garcia. *Derecho Administrativo*. 5. ed. Madrid: E.I.S.A., 1955, p. 341-342.

[74] *Ibid.*, p. 341-342. Em tradução livre: "para que um bem tenha caráter público é indispensável que, à satisfação de uma necessidade pública, adicione-se a de ser propriedade de um sujeito da Administração".

[75] MARTINS, Ricardo Marcondes. Princípio da Titularidade Pública das Coisas de Ninguém. *Revista Trimestral de Direito Público*, v. 56, p. 117-136, 2011, p. 120.

[76] Aqui nos afastamos do requisito de gravidade do interesse público apontado por Otto Mayer, pois entendemos que carece de fundamento objetivo de legitimidade a imposição de graus de interesse público. Assim, para nós, basta a afetação da propriedade pública pelo Estado para a atração das regras de direito público. Do mesmo modo, rejeitamos a ideia de Ducrocq no sentido de que bens afetados ao serviço público possam compor o domínio privado do Estado.

[77] Remetemos o leitor ao nosso entendimento sobre as fundações públicas no item 1.2.6.

permanecer desafetado. Caso venha a ser afetado a uma utilidade pública, transformar-se-á em bem público. Portanto, o *domínio público não abrange os bens particulares das pessoas jurídicas de direito público enquanto estiverem desafetados*.

Então, não seguimos integralmente os entendimentos de Otto Mayer (que inclui o requisito da gravidade do interesse público), de Ducrocq (que exclui os bens afetados ao serviço público), de Celso Antônio Bandeira de Mello (que inclui os bens das pessoas de direito privado da Administração quando afetados), tampouco o critério exclusivo da titularidade acolhido pela legislação brasileira no art. 98 do Código Civil, que prevê que "são públicos os bens do domínio nacional pertencentes às pessoas jurídicas de direito público interno", porque para nós o *domínio público* compreende os *bens de propriedade das pessoas jurídicas de direito público que se encontram afetados* a uma utilidade pública.

Como se vê, a nossa noção de domínio público *abarca as coisas de livre uso de todos e as de propriedade das pessoas jurídicas de direito público que se encontram afetadas*.

Assim, entende-se como moralmente adequada uma definição de domínio público que, sem proteger a especulação imobiliária (como ocorre, em alguns casos, com bens imóveis dominicais), *amplie a proteção aos serviços públicos*, em linha com o princípio da dignidade da pessoa humana, pois os *serviços públicos são indispensáveis à população menos favorecida*.

1.2.4 O domínio público na jurisprudência do Conselho de Estado francês: o caso Société Le Béton

1.2.4.1 Breves linhas sobre a origem do direito administrativo

É uníssona na doutrina a afirmação de que o direito administrativo surgiu na França, sob o governo de Napoleão Bonaparte, por obra da jurisprudência do Conselho de Estado, órgão incumbido de dirimir os conflitos existentes em matéria administrativa.[78]

Antes da ruptura realizada pela revolução francesa, a Europa conhecia o regime absolutista, em que inexistiam disposições que

[78] MELLO, Celso Antônio Bandeira de. *Curso de Direito Administrativo*. 35. ed. São Paulo: Malheiros, 2021, p. 34.

submetessem o monarca às regras de direito, de modo que a jurisdição se restringia ao direito privado (direito comum) e ao direito penal.

Não havia, portanto, naquela época, uma tradição jurídica de limitação do poder estatal (traduzida, dentre outras, pela conhecida expressão "o rei não erra"), que passa a se consolidar na França, notadamente a partir da Declaração dos Direitos do Homem e do Cidadão de 1789.

Na sequência, a França revolucionária vivenciou o advento das Constituições de 1791, de 1793, de 1795 e, finalmente, de 22 frimário do ano VIII[79] (15 de dezembro de 1799), marcando o término do levante, com a ascensão do general Napoleão Bonaparte, por meio do Golpe de Estado de 18 brumário do ano VIII (09 de novembro de 1799), mantendo a forma republicana de governo, mas com nítidas feições autoritárias.

Criado pela Constituição de 1799 (de 22 frimário do ano VIII),[80] o Conselho de Estado surgiu, inicialmente, como um órgão consultivo do Poder Executivo, tornando-se, posteriormente, um órgão de jurisdição administrativa, com vistas a retirar do Poder Judiciário a atribuição de decidir os rumos da revolução, dada a desconfiança que os revolucionários tinham em relação a esse Poder, "o qual, além de um arraigado conservantismo, de fato invadia competências administrativas e arvorava-se em administrador".[81]

Tal desconfiança é nítida quando se observa, por exemplo, a Lei de Organização Judiciária francesa,[82] de 24 de agosto de 1790, que

---

[79] Naquela época, as leis eram referidas com base no "calendário republicano" (também conhecido como o "calendário revolucionário francês"), instaurado pela Revolução Francesa, cujo Ano I era contado a partir da Proclamação da República na França (dia 22 de setembro de 1792), tendo o calendário republicano perdurado até 31 de dezembro de 1805, portanto, após a Revolução Francesa, que findou em 09 de novembro de 1799 (18 brumário do Ano VIII), com o golpe de Estado de Napoleão Bonaparte.

[80] O Conselho de Estado francês foi criado pelo artigo 52, da Constituição de 22 Frimário do Ano VIII, ou seja, de 15 de dezembro de 1799, conforme teor do dispositivo constitucional abaixo transcrito. Disponível em: https://www.conseil-constitutionnel.fr/les-constitutions-dans-l-histoire/constitution-du-22-frimaire-an-viii. *Constitution du 22 Frimaire An VIII. Article 52. – Sous la direction des consuls, un Conseil d'État est chargé de rédiger les projets de lois et les règlements d'administration publique, et de résoudre les difficultés qui s'élèvent en matière administrative.* Em tradução livre: Constituição de 22 Frimário Ano VIII. Artigo 52. – Compete ao Conselho de Estado, sob a direção dos cônsules, elaborar os projetos de lei e os regulamentos da administração pública e resolver os conflitos que surjam em matéria administrativa.

[81] MELLO, Celso Antônio Bandeira de. *Curso de Direito Administrativo*. 35. ed. São Paulo: Malheiros, 2021, p. 35.

[82] FRANÇA. *Lei de Organização Judiciária*, 24 de agosto de 1790. Disponível em: https://www.legifrance.gouv.fr/loda/id/JORFTEXT000000704777/2023-07-30/. Acesso em: 29 jul. 2023. *Loi sur l'Organisation Judiciaire (24 août 1790)*

vedava qualquer interferência dos tribunais nas funções administrativas e legislativas, estabelecendo, inclusive, consulta ao legislativo no tocante à interpretação de lei.

Portanto, foi por meio da atividade jurisprudencial do Conselho de Estado que se fundaram os pilares do direito administrativo, notadamente acerca de temas como "a responsabilidade civil da Administração, a alteração unilateral dos contratos, o regime especial dos bens sob domínio público, a teoria das nulidades dos atos administrativos etc."[83]

1.2.4.2 O caso Société Le Béton

Em 19 de outubro de 1956, o Conselho de Estado francês realizou um julgamento paradigmático acerca dos contornos do domínio público, caso que ficou conhecido como *arrêt Société Le Béton*[84]

Na ocasião, o decreto de 04 de fevereiro de 1932 atribuiu, em regime de concessão, ao Office National de la Navigation,[85] entidade

---

Article 10. – Les tribunaux ne pourront prendre directement ou indirectement aucune part à l'exercice du pouvoir législatif, ni empêcher ou suspendre l'exécution des décrets du Corps législatif, sanctionnés par le Roi, à peine de forfaiture.
Article 12. – Ils ne pourront point faire de règlements, mais ils s'adresseront au corps législatif toutes les fois qu'ils croiront nécessaire, soit d'interpréter une loi, soit d'en faire une nouvelle.
Article 13. – Les fonctions judiciaires sont distinctes et demeureront toujours séparées des fonctions administratives. Les juges ne pourront, à peine de forfaiture, troubler, de quelque manière que ce soit, les opérations des corps administratifs, ni citer devant eux les administrateurs pour raison de leurs fonctions.
Em tradução livre:
Lei de Organização Judiciária (24 de agosto de 1790)
Artigo 10. – Os tribunais não podem, direta ou indiretamente, intervir no exercício do poder legislativo, nem impedir ou suspender a execução dos decretos do Legislativo, sancionados pelo Rei, sob pena de abuso de autoridade.
Artigo 12. – Não poderão fazer regulamentos, mas dirigir-se-ão ao corpo legislativo sempre que o julgarem necessário, seja para interpretar uma lei, seja para fazer uma nova.
Artigo 13. – As funções judiciais são distintas e permanecerão sempre separadas das funções administrativas. Os juízes não podem, sob pena de abuso de autoridade, perturbar, por qualquer modo, o funcionamento dos órgãos administrativos, nem convocar perante eles os administradores em razão das suas funções.

[83] GUANDALINI JUNIOR, Walter. *História do Direito Administrativo Brasileiro*: formação (1821-1895). Curitiba: Juruá, 2016, p. 27-28.

[84] LONG, Marceau; WEIL, Prosper; BRAIBANT, Guy; DELVOLVÉ, Pierre. *Les grands arrêts de la jurisprudence administrative*. 16. ed. Paris, França: Editions Dalloz, 2007, p. 500-501. O texto integral da decisão no caso *Société Le Béton* se encontra disponível em: https://www.legifrance.gouv.fr/ceta/id/CETATEXT000007636499?init=true&page=1&query=bonneuil-sur-marne+1932&searchField=ALL&tab_selection=all. Acesso em: 04 ago. 2023.

[85] Em tradução livre: Escritório Nacional de Navegação francês.

pública de *direito privado* francesa,[86] a gestão do serviço público do porto da cidade de Bonneuil-sur-Marne.

Por meio do decreto, o Escritório Nacional de Navegação francês ficaria responsável, dentre outras funções, pela instalação de um porto industrial nas imediações do porto existente na localidade, utilizando os terrenos dependentes do porto que com ele estivessem ligados ou que fossem se ligar às rotas terrestres já existentes e à via férrea.

Previa, ainda, que os terrenos incluídos na concessão poderiam ser locados a particulares para uso industrial, por meio de formalização de contratos especiais, que deveriam estabelecer a obrigação de o locatário, ao final da locação, devolver as instalações no seu estado original ou abandonar, em favor do Estado, as construções edificadas no terreno.

Por fim, seriam elegíveis à locação dos referidos terrenos os estabelecimentos comerciais ou industriais que habitualmente utilizassem a navegação fluvial para recebimento ou expedição de mercadorias comercializadas ou fabricadas no terreno locado.[87]

---

[86] O Escritório Nacional de Navegação francês possui natureza jurídica de pessoa jurídica de direito privado, com autonomia financeira, integrante da Administração Pública, conforme preconiza o artigo 176 do Código de Domínio Público Fluvial e da Navegação Interior francês. Assim, a concessão na tradição francesa se assemelha ao modelo de concessão brasileiro, permitindo ao Estado, como aponta Jacques Chevallier, "evitar de se engajar muito diretamente na gestão das empresas industriais e comerciais". (CHEVALLIER, Jacques. *O serviço público*. Tradução, estudo introdutório e notas explicativas de Augusto Neves Dal Pozzo e Ricardo Marcondes Martins. Belo Horizonte: Fórum, 2017, p. 103).
Segue a íntegra do dispositivo legal no original:
"L'office national de la navigation est un établissement public à caractère industriel et commercial doté de la personnalité civile et de l'autonomie financière. Il fonctionne sous l'autorité du ministre de l'équipement et du logement. Il est chargé, dans les conditions définies par les articles 177 à 180 ci-après, de l'étude de tous problèmes administratifs, ainsi que de toutes questions d'exploitation concernant l'utilisation des voies navigables".
Em tradução livre:
O Escritório nacional de navegação é um estabelecimento público de natureza industrial e comercial, dotado de personalidade jurídica civil e autonomia financeira. Opera sob a autoridade do Ministro do Equipamento e Habitação. Compete-lhe, nas condições definidas nos artigos 177 a 180, o estudo de todos os problemas administrativos, bem como de todas as questões operacionais relativas ao uso das vias navegáveis".

[87] Trecho do decreto de concessão de 1932:
1º l'exploitation de l'outillage du port de transbordement et de stockage de Bonneuil-sur-Marne; 2º l'extension des installations actuelles du port; 3º l'aménagement d'un port local dans le voisinage immédiat du précédent; 4º l'aménagement éventuel d'un port industriel dans le voisinage du port actuel, en utilisant les terrains dépendant du port qui sont ou seront raccordés aux voies de terre existantes et à la voie ferrée"; qu'aux termes de l'article 19 ter du cahier des charges annexé à ce décret "les terrains compris dans la concession pourront être loués à des particuliers pour être affectés à des usages industriels", dans les conditions définies par ledit article. Qu'il est notamment précisé, aux alinéas 3 et 4 de celui-ci, d'une part, que "les conditions de ces locations feront l'objet de contrats spéciaux qui devront, en tout cas, soit obliger le locataire en fin de bail à la remise des lieux en l'état où ils se trouvaient avant la location, soit prévoir l'abandon à l'Etat des constructions

O litígio perante o Conselho de Estado envolvia como objeto de fundo o questionamento acerca da legalidade da aplicação das disposições do decreto de 17 de junho de 1938 pelo Conselho da Prefeitura de Sena à empresa requerente, mas antes era necessário decidir sobre a questão prejudicial referente à competência da jurisdição administrativa, pois argumentava a empresa Le Béton que a demanda versava sobre direito privado, já que esta teria substituído a posição contratual de outra empresa anterior, que, no contrato de locação à época, firmado em 1926, havia a declaração de que o terreno locado constituía o *domínio privado do Estado*.

No entanto, o tribunal não reconheceu a alegação, afirmando que a prova do arrendamento dos terrenos recaía sobre o "contrato de arrendamento de terreno industrial" celebrado entre o *Office National de la Navigation* e a *Société Le Béton* em 24 de junho e em 29 de julho de 1937, sendo, portanto, posterior à data da concessão do porto de *Bonneuil-sur-Marne*, realizada pelo decreto de 04 de fevereiro de 1932, de modo que a demanda acerca da natureza jurídica dos terrenos seria analisada levando em consideração a concessão realizada.[88]

édifiées sur le terrain", d'autre part, que "ne pourront bénéficier des locations de terrains desservis par voie d'eau que les établissements commerciaux ou industriels utilisant habituellement la navigation fluviale pour la réception ou pour l'expédition des marchandises faisant l'objet de leur trafic ou de leur fabrication sur les terrains en cause".

Em tradução livre:

1º a exploração dos equipamentos do porto de transbordo e armazenamento de Bonneuil-sur-Marne; 2º a ampliação das atuais instalações portuárias; 3º o desenvolvimento de um porto local nas imediações do anterior; 4º o eventual desenvolvimento de um porto industrial nas proximidades do porto atual, utilizando terrenos dependentes do porto que estejam ou venham a estar ligados às vias terrestres existentes e à linha férrea"; que nos termos do artigo 19 do caderno de encargos anexo ao presente decreto "os terrenos abrangidos pela concessão podem ser arrendados a particulares para fins industriais", nas condições definidas no referido artigo. Que se especifica designadamente, nos nº 3 e 4 do mesmo, por um lado, que "as condições destes alugueres serão objeto de contratos especiais que deverão, em qualquer caso, obrigar o locatário, no final do contrato, a devolver o imóvel ao estado em que se encontravam antes do aluguel, ou prever o abandono ao Estado das construções construídas no terreno", por outro lado, que "só os estabelecimentos comerciais ou industriais que utilizem habitualmente a navegação fluvial para a recepção ou expedição de mercadorias que sejam objeto do seu tráfego ou da sua fabricação no terreno em questão.

88 Trecho do julgado no original:
Considérant, d'une part, qu'à supposer même qu'ainsi que la Société requérante le prétend, dans un bail consenti, en 1926, à la Société dont elle a pris la place, le terrain litigieux ait été déclaré faire partie du domaine privé de l'Etat, il est constant que le contrat de location qui a donné lieu à la présente instance a été conclu par l'Office national de la Navigation avec la société "Le Béton" les 24 juin et 29 juillet 1937, c'est-à-dire à une date postérieure à la concession susindiquée et sous le régime de cette concession; que, par suite, c'est par rapport à ce régime que doit être actuellement apprécié le caractère juridique du terrain.

Prosseguiu a Corte, esclarecendo que a parte dos terrenos que formou o grupo denominado de "porto industrial" constituiu um dos elementos de organização do porto, que juntos formaram o porto de *Bonneuil-sur-Marne*, sendo, tal qual as outras partes do porto, afetadas à mesma finalidade de utilidade pública que lastreou a concessão dos terrenos ao Escritório Nacional de Navegação e que, por desta, foram incorporados ao domínio público.[89] Isto é, os referidos terrenos de propriedade privada do Estado passaram a estar afetados à utilidade pública do porto no momento da concessão deles à empresa pública de navegação, transformando-se em bens públicos.

Ficou assentado, ainda, que a circunstância de outros terrenos serem destinados ao uso comum dos usuários do porto, enquanto os terrenos objeto da demanda estariam sujeitos a contratos de uso privativo, em benefício de particulares ou de estabelecimentos que desenvolvessem atividades puramente privadas, não seria suficiente para afastar o regime de domínio público, já que essa forma de utilização de certos terrenos era justamente a maneira prevista para o funcionamento do porto como um todo.[90]

Em tradução livre:
Considerando, por um lado, que mesmo supondo que, como alega a Empresa requerente, num contrato de arrendamento concedido em 1926 à Empresa cujo lugar assumiu, o terreno controvertido tenha sido declarado como parte do domínio privado do Estado, é pacífico que o contrato de aluguel que deu origem ao presente processo foi celebrado pelo Escritório Nacional de Navegação com a empresa "Le Béton", em 24 de junho e 29 de julho de 1937, ou seja, em data posterior à referida concessão e sob o regime desta concessão; que, consequentemente, é em relação a este regime que deve ser atualmente avaliada a natureza jurídica do terreno.

89 Trecho do julgado no original:
Considérant, d'autre part, qu'il résulte des dispositions du décret du 4 février 1932 et du Cahier des charges y annexé, notamment de celles précitées, que, sous le régime de ce décret, la partie des terrains que groupe le port "industriel" constitue l'un des éléments de l'organisation d'ensemble que forme le port de Bonneuil-sur-Marne; qu'elle est, dès lors, au même titre que les autres parties de ce port, affectée à l'objet d'utilité générale qui a déterminé la concession à l'Office national de la Navigation de la totalité de ces terrains et en raison duquel ceux-ci se sont trouvés incorporés, du fait de cette concession, dans le domaine public de l'Etat.
Em tradução livre:
Considerando, por outro lado, que decorre do disposto no decreto de 4 de fevereiro de 1932 e do Caderno de Encargos a ele anexo, nomeadamente dos acima mencionados, que, no regime do presente decreto, a parte do terreno que compreende o porto industrial constitui um dos elementos, que, juntos, constituem o porto de Bonneuil-sur-Marne; que está, portanto, à semelhança das outras partes do porto, afetada ao objeto de utilidade pública que determinou a concessão ao Escritório Nacional de Navegação de todas estas terras e, por isso, viu-se incorporado, devido a esta concessão, para o domínio público do Estado.

90 Trecho do julgado no original:
Que la circonstance qu'à la différence des autres terrains aménagés en vue d'une utilisation commune par les usagers de ce port, les terrains dont s'agit font l'objet de contrats d'utilisation

Por fim, concluindo que se tratava de domínio público, a Corte manteve a decisão do *Conseil de Préfecture de la Seine*,[91] que fixou a competência da jurisdição administrativa para apreciação do caso.

Dessa forma, na experiência francesa, a definição dos contornos do domínio público surgiu atrelada à fixação da competência jurisdicional do Conselho de Estado. Em outras palavras, a atribuição da competência da jurisdição administrativa dependia do reconhecimento de que litígios envolvendo bens integrantes das pessoas jurídicas de direito privado da Administração, quando afetados, poderiam ser apreciados pela Justiça administrativa.

Assim, o caso *Société Le Béton* dá conta de que o fator determinante para que um bem seja considerado do domínio público não é a titularidade de pessoa de direito público, mas a *afetação* a uma utilidade pública. Dito de outro modo, *bens particulares do Estado, quando afetados, integram o domínio público.*

Todavia, a solução adotada pela legislação brasileira não seguiu a origem francesa, pois adotou *exclusivamente* o critério da titularidade, haja vista que, de acordo com o art. 98 do Código Civil, "são públicos os bens do domínio nacional pertencentes às pessoas jurídicas de direito público interno".

1.2.5 A contribuição romanista: bens *extra commercium*

No direito romano, não havia o estudo de um direito administrativo propriamente dito, até porque, como afirma José Carlos Moreira Alves, "o rei, como chefe de Estado, tinha o comando supremo do

---

privative, au profit de particuliers ou de sociétés exerçant des activités purement privées, ne saurait avoir pour conséquence de les soustraire au régime de la domanialité publique, dès lors qu'il est dans leur nature même de ne concourir que sous cette forme au fonctionnement de l'ensemble du port et qu'il résulte, d'autre part, de l'instruction que lesdits terrains ont fait l'objet d'installations destinées à les rendre propres à cet usage par leur raccordement aux voies fluviales ferrées ou routières dont l'aménagement et la liaison constituent le port.

Em tradução livre:

Que a circunstância de, ao contrário de outros terrenos destinados ao uso comum pelos usuários do porto, os terrenos em questão serem objeto de contratos de utilização privada, em benefício de particulares ou empresas que exerçam atividades puramente privadas, não pode ter como consequência a sua retirada da regime de domínio público, pois é da sua própria natureza contribuir desta forma para o funcionamento do porto e resulta, por outro lado, da determinação de que os referidos terrenos tenham sido objeto de instalações destinadas a torná-los aptos para esse uso, em razão de sua ligação às hidrovias, ferrovias ou rodovias cujo desenvolvimento e ligação constituem o porto.

[91] Em tradução livre: Conselho de Prefeitura do Sena.

exército, o poder de polícia, as funções de juiz e de sacerdote e amplos poderes administrativo (dispunha do tesouro e das terras públicas)".[92] Assim, o líder romano possuía um vastíssimo poder, incompatível com um ramo do direito que, segundo Celso Antônio Bandeira de Mello, "nasce com o Estado de Direito, porque é o Direito que regula o comportamento da Administração".[93]

Dessa maneira, mesmo não dispondo de um direito administrativo, ofereceu contribuições relevantes para a compreensão dos bens comuns.

O sistema de normas romano era baseado no direito privado e, como já abordado, o direito civil apresenta a ideia de coisa como aquilo que é suscetível de *apropriação* pelas pessoas, ou seja, o que pode ser objeto de direito subjetivo patrimonial.[94]

O Código Civil brasileiro, tanto o de 2002 quanto o de 1916, não oferece um conceito jurídico de coisa, ficando tal atribuição a cargo da doutrina pátria.[95] Todavia, o Código Civil português, no art. 202, apresenta a seguinte definição: "diz-se coisa tudo aquilo que pode ser objecto de relações jurídicas". No mesmo sentido, o Código Civil alemão estabelece, no art. 90, que: "*Sachen im Sinne des Gesetzes sind nur köperliche Gegenstände*" ("Somente objetos corpóreos são coisas no sentido da lei").[96]

A doutrina civilista comumente classifica os bens em diversas categorias, mas, para fins deste estudo, cingir-se-á à análise da divisão

---

[92] ALVES, José Carlos Moreira. *Direito Romano*. Rio de Janeiro: Editora Forense. 2002. v. 1, p. 8.

[93] MELLO, Celso Antônio Bandeira de. *Curso de Direito Administrativo*. 37. ed. Belo Horizonte: Fórum, p. 45.

[94] No mesmo sentido, San Tiago Dantas define o conceito jurídico de coisa como "todo objeto do mundo externo suscetível de apropriação". (DANTAS, San Tiago. *Programa de Direito Civil*: parte geral. Rio de Janeiro: Editora Rio, 1979, p. 226. Note que é preciso que a *coisa apropriada* tenha individualidade, não bastando para a sua caracterização serem partes constitutivas de um todo, a não ser que essas partes se afigurem uma "entidade econômica autônoma".

[95] Para Caio Mário da Silva Pereira, cabe à doutrina o papel de apresentar as definições, e não às leis, como se verifica do trecho a seguir: "Eu sempre me insurgi contra as definições contidas em lei. Esta deve ser um comando. À doutrina é que cabe definir". (PEREIRA. Caio Mário da Silva. *Instituições de Direito Civil*. v. III. 21. ed. Rio de Janeiro: Forense, 2017, p. 126).

[96] A redação literal do artigo 90 do Código Civil alemão:
§ 90 Begriff der Sache
Sachen im Sinne des Gesetzes sind nur körperliche Gegenstände.
Em tradução livre:
Artigo 90. Conceito de coisa
Somente objetos corpóreos são coisas no sentido da lei.

que aparta entre coisas *in commercium* (em comércio) e coisas *extra commercium* (fora de comércio).

Coisas *in commercium* são as suscetíveis de serem apropriadas ou alienadas por um particular, enquanto as coisas *extra commercium, a contrario sensu*, são as insuscetíveis disso.[97]

Como anota Moreira Alves, via de regra, as coisas são *in commercium*,[98] sendo as *extra commercium* tratadas como exceção, exigindo, então, uma investigação mais aprofundada.

No direito antigo, as coisas *extra commercium* podiam ser: (i) de direito divino (*res diuni iuris*), subdivididas em *res sacrae* (coisas sagradas), *res religiosae* (coisas religiosas) e *res sanctae* (coisas santas)[99] ou (ii) de direito humano (*res humani iuris*), em que se incluem as *res communes omnium* (coisas comuns a todos), as *res publicae* (coisas públicas) e as *res universitatis* (coisas da coletividade).[100]

Relativamente às coisas *extra commercium* de direito humano, as *res communes omnium* (coisas comuns a todos) são aquelas que, por sua natureza, encontram-se à disposição de todas as pessoas e que, em virtude de sua extensão, *não podem ser apropriadas*, no todo, por ninguém, como, por exemplo, o ar atmosférico, o mar. Já as *res publicae* (coisas públicas) são as coisas que *pertencem* ao Estado e que são, por este, colocadas à disposição de todos, tais como, as vias públicas e as praças. Por sua vez, as *res universitatis* (coisas da coletividade) são aquelas que pertencem não aos cidadãos individualmente, mas às cidades, como os teatros e os estádios.[101]

José Cretella Júnior sustenta, no entanto, que as noções de *res extra patrimonium* (coisa fora do patrimônio) e de *res extra commercium* (coisa fora do comércio) não se acham apresentadas de maneira clara

---

97 ALVES, José Carlos Moreira. *Direito Romano*. Rio de Janeiro: Editora Forense. 2002. v. 1, p. 144.

98 *Ibid.*, p. 144.

99 José Carlos Moreira Alves indica que as coisas *extra commercium* por direito divino (*res diuni iuris*) se subdividem em: (i) *res sacrae* (coisas sagradas) seriam "as coisas consagradas aos deuses superiores; assim os templos e os objetos destinados a esse culto"; (ii) *res religiosae* (coisas religiosas) seriam "as coisas consagradas aos deuses manes" (as almas dos entes queridos falecidos, o culto aos antepassados), como, por exemplo, as sepulturas e os túmulos; e (iii) *res sanctae* (coisas santas) seriam aquelas que, "embora não sejam consagradas aos deuses, eram de tal importância que se achavam sob a proteção deles, em decorrência de cerimônia religiosa realizada pelos áugures [sacerdotes romanos que interpretavam sinais, objetos ou comportamentos de animais para extrair presságios], por exemplo, as portas e os muros das cidades". (*Ibid.*, p. 144-145).

100 *Ibid.*, p. 145.

101 *Ibid.*, p. 145.

na doutrina romanística, "o que não é de estranhar, quando se recorda que os jurisconsultos de Roma, presos à casuística, fogem das distinções sistemáticas exigidas pelo rigor da moderna lógica".[102]

Assim, para o autor, enquanto as coisas *fora do comércio* são as que "não podem ser objeto de relações patrimoniais", as coisas *fora do patrimônio* são as que "não podem ser objeto de apropriação privada e de atos jurídicos. São as *res nullius*".[103]

Nesse sentido, os bens comuns a todos seriam coisas fora do patrimônio, e, por sua vez, as propriedades públicas seriam coisas fora do comércio.

Dessa forma, a tradição romana já constatava a diferença entre coisas com vocação para o uso de todos e coisas integrantes do patrimônio do rei ou da coletividade.

Unindo as duas noções dentro de uma só categoria, o Código Civil de 1916, no art. 69, previa como "coisas fora do commercio as insuscetíveis de apropriação, e as legalmente inalienáveis".

Portanto, os civilistas consagraram a compreensão romanista das coisas reconhecendo a existência de um certo conjunto de bens que se encontra a serviço do *interesse da coletividade*, e que, por isso, merece um tratamento jurídico diferenciado, alheio às regras de livre circulação das coisas.

Essa diferenciação deu ensejo à incidência de regras de direito público sobre as coisas fora do comércio. Nas lições de Vandick da Nóbrega, "o ponto central da distinção de Ulpiano é o interêsse: — provado o interesse do Estado, a regra será de direito público e, se o interesse for apenas dos indivíduos, será de direito privado".[104]

1.2.6 A concepção brasileira de domínio público

O conceito de domínio público não encontra consenso na doutrina brasileira.

Os contornos do domínio público são apresentados pelo Código Civil. Já de partida, tal situação não é imune à crítica, pois se trata de um diploma de direito privado que classifica e apresenta o regime de bens de natureza de direito público.

---

[102] CRETELLA JÚNIOR, José. *Curso de Direito Romano*: o direito romano e o direito civil brasileiro. 26. ed. Rio de Janeiro: Forense, 2001, p. 115.

[103] *Ibid.*, p. 115.

[104] NÓBREGA, Vandick Londres da. *Compêndio de Direito Romano*. 7. ed. Rio de Janeiro: Livraria Freitas Bastos. 1972. v. I, p. 298.

Todavia, superado esse ponto, a solução normativa adotada pelo ordenamento jurídico brasileiro — seja no antigo art. 65 do Código Civil de 1916, seja no atual art. 98 do Código de 2002 — define os bens públicos *exclusivamente* a partir do critério da *titularidade*, caracterizando-os como os bens do domínio nacional *pertencentes às pessoas jurídicas de direito público interno*, isto é, os pertencentes à União, aos Estados e aos Municípios, suas autarquias e fundações públicas; *todos os outros são particulares*, seja qual for a pessoa a que pertencerem.

Assim, o art. 98 do Código Civil é muito claro: a regra é a *titularidade* do bem. *Não importa se o bem se encontra afetado* a uma utilidade pública ou não.

Como consequência, o art. 99, inciso III, do Código Civil (antigo art. 66, inciso III) irá incluir os *bens dominicais*, ou seja, os bens sem afetação, no rol dos bens públicos, ao lado dos bens de uso comum e de uso especial. Isso porque não importa a afetação, basta a titularidade da pessoa jurídica de direito público interno.

Então, pela segunda parte da definição do art. 98 do Código Civil, os bens das pessoas jurídicas de *direito privado* da Administração — empresas públicas, sociedades de economia mista — *não se apresentam como bens públicos, mas sim como bens particulares*.

O polêmico art. 99, parágrafo único, do Código Civil (sem paralelo no Código anterior) ainda dirá que são bens dominicais os bens pertencentes às pessoas de direito público a que se tenha dado estrutura de direito privado, como no caso das fundações públicas constituídas sob a forma de direito privado.

Filiamo-nos ao entendimento de Celso Antônio Bandeira de Mello, para quem as fundações públicas são pessoas de direito público, mas que, apenas para fugir dos controles moralizadores a que se sujeita a Administração, foram constituídas sob a forma de pessoas de direito privado.[105] Isso pode ser constatado em diversas passagens do texto constitucional, em que se atribui a elas o tratamento jurídico das pessoas de direito público, como, por exemplo, no art. 22, inciso XXVII, que trata da aplicabilidade das normas gerais de licitação e contratação, no art. 37, inciso XI, que trata do teto remuneratório, no art. 173, §1º, que trata das estatais.

Assim, o *legislador constituinte* nunca considerou a figura da fundação pública como uma empresa estatal, sendo apenas a distorção

[105] MELLO, Celso Antônio Bandeira de. *Curso de Direito Administrativo*. 37. ed. Belo Horizonte: Fórum, 2024, p. 160-161.

oriunda da prática que tornou essa figura possível, como se constata do art. 5º, inciso IV, do Decreto-Lei nº 200/1967. Por isso, a necessidade da disposição contida no art. 99, parágrafo único, do Código Civil, que visa a tratar dos bens dessas pessoas privadas, classificando-os como bens públicos dominicais.

A posição adotada pelo ordenamento jurídico brasileiro, embora criticada pela doutrina, traz *maior segurança* na definição dos contornos do domínio público, do rol de bens públicos, pois acolhe a ideia da *patrimonialidade*, isto é, o bem público como o patrimônio do Estado, bens de titularidade das pessoas jurídicas de direito público.

Mais próximo da posição adotada pelo Código, Hely Lopes Meirelles sustenta que a expressão "domínio público" pode ser tomada em sentido amplo (domínio eminente) e em sentido jurídico (domínio patrimonial). No *sentido jurídico*, conhecido como *domínio patrimonial* do Estado sobre seus bens, "é um direito de propriedade, mas direito de propriedade pública, sujeito a um regime administrativo especial. A esse regime subordinam-se todos os bens das *pessoas administrativas*, assim considerados bens públicos".[106]

Todavia, para Celso Antônio Bandeira de Mello os bens públicos abrangem não apenas aqueles pertencentes às pessoas jurídicas de *direito público*, mas também "os que, embora não pertencentes a tais pessoas, estejam *afetados* à prestação de um serviço público".[107]

Assim, para Bandeira de Mello, os bens dominicais são bens públicos, pois o autor adota o critério da titularidade na primeira parte de sua definição. Contudo, para ele, esse critério da patrimonialidade não é suficiente para definir todo o conjunto de bens públicos, porque *também* os bens que não pertencem às pessoas de direito público podem ser considerados bens públicos, desde que *afetados* à prestação de um serviço público. Em outras palavras, o *critério da afetação* também é capaz de incluir coisas no rol de bens públicos.

Para Thiago Marrara, no entanto, os bens públicos dominicais "apesar do nome, não guardam relação com o domínio público próprio, entendido como conjunto de bens estatais afetados, sobretudo na tradição italiana e francesa".[108]

---

[106] *Ibid.*, p. 427.

[107] *Ibid.*, p. 787-788.

[108] MARRARA, Thiago. *Manual de Direito Administrativo*. vol. II: funções administrativas e bens estatais. São Paulo: Kindle Direct Publishing (KDP), 2018, p. 221.

Concordamos com Thiago Marrara, pois, *para nós*, os *bens dominicais não integram os bens públicos*, pois são *bens privados do Estado*. Isso porque, como visto, os bens públicos são exceção à regra da comercialidade dos bens na sociedade. Assim, para que sejam apartados da livre disposição dos bens em geral, faz-se necessário que seja a eles reconhecida a necessidade de proteção do interesse público contra a "onipotência do poder real",[109] evitando que o gestor possa se desfazer de um bem de interesse coletivo. Por isso, são-lhes atribuídas as características da impenhorabilidade, inalienabilidade e imprescritibilidade.

No entanto, aos bens dominicais, o próprio ordenamento jurídico confere a possibilidade de *alienação* (art. 101 do Código Civil), isto é, no tocante a essa parcela de bens, ao administrador é permitido desfazer-se deles, indicando a ausência de interesse coletivo na manutenção desse bem. Assim, esses bens podem ser negociados no mercado, inclusive por meio de instrumentos de direito privado, não exigindo, portanto, a tutela do regime de direito público, que traduz exceção à regra do regime de direito privado para as coisas em geral.

Por isso, os bens dominicais são bens privados da Administração, mas que, a fim de evitar dano ao erário por culpa da Administração, dado que são de sua titularidade e, por essa razão, indica que foram adquiridos com dinheiro público, *algumas regras do direito civil acabam sendo afastadas*, como a previsão de impossibilidade de aquisição por usucapião (arts. 183, §3º, e 191, parágrafo único, da Constituição Federal; e art. 102 do Código Civil).

Portanto, em nosso entendimento, os bens públicos são apenas os *pertencentes às pessoas jurídicas de direito público e que estejam afetados* a alguma utilidade pública, o que *exclui os bens dominicais e os bens das pessoas jurídicas de direito privado* da Administração.

Porém, a adoção desses critérios não é pacífica na doutrina.

Na classificação apresentada por André Saddy,[110] e aqui adotada parcialmente, a doutrina nacional, basicamente, divide-se em duas correntes de pensamento para a caracterização dos bens públicos: as correntes exclusivista e inclusivista.

Os adeptos da primeira corrente, denominada de *exclusivista*, sustentam que são considerados bens públicos *somente os bens pertencentes*

---

[109] DUCROCQ, Théophiple. *Cours de Droit Administratif.* 6. ed. Paris: Ernest Thorin Éditeur, 1881, p. 155.

[110] SADDY, André. *Curso de direito administrativo.* Vol. 2: anexo II: divergências doutrinárias. 2. ed. Rio de Janeiro: CEEJ, 2023, p. 296.

às pessoas jurídicas de direito público, sejam pertencentes à administração direta (União, Estados, Municípios e Distrito Federal), sejam integrantes da administração indireta (autarquias e fundações públicas de direito público).

Por essa linha de pensamento, os bens de titularidade das pessoas jurídicas de direito privado da administração pública (empresas públicas e sociedades de economia mista) teriam natureza de bens privados.

Os autores que seguem esse entendimento tomam por base o *critério da titularidade* acolhido pela legislação brasileira no art. 98 do Código Civil, que, como visto, adota a fórmula simplificada: bens públicos se referem às pessoas de direito público; bens particulares, às pessoas de direito privado, sejam elas quais forem.

Perfilham esta corrente, por exemplo, José dos Santos Carvalho Filho,[111] Alexandre Santos de Aragão[112] e Rafael Carvalho Rezende Oliveira.[113]

Diferentemente da primeira, a segunda corrente intitulada de *inclusivista*, embora admita a existência de bens públicos não apenas sob a titularidade das pessoas jurídicas de direito público, mas também sob

---

[111] CARVALHO FILHO, José dos Santos. *Manual de Direito Administrativo*. 34. ed. São Paulo: Atlas, 2020, p. 2032-2033. Para quem: "Com base no vigente dispositivo do novo Código, podemos, então, conceituar bens públicos como todos aqueles que, de qualquer natureza e a qualquer título, pertençam às pessoas jurídicas de direito público, sejam elas federativas, como a União, os Estados, o Distrito Federal e os Municípios, sejam da Administração descentralizada, como as autarquias, nestas incluindo-se as fundações de direito público e as associações públicas. [...] os bens das pessoas administrativas privadas, como é o caso das empresas públicas, sociedades de economia mista e fundações públicas de direito privado, devem ser caracterizados como bens privados, mesmo que em certos casos a extinção dessas entidades possa acarretar o retorno dos bens ao patrimônio da pessoa de direito público de onde se haviam originado".

[112] ARAGÃO, Alexandre Santos de. *Curso de Direito Administrativo*. 2. ed. Rio de Janeiro: Forense, 2013, p. 912-915. Para quem: "Dessa forma, os bens das pessoas jurídicas de direito público, sejam elas entes da Federação ou pessoas jurídicas de direito público da sua Administração Indireta, são bens públicos. Já os bens das pessoas jurídicas de direito privado da Administração Indireta são bens privados (art. 98, in fine, CC), o que não quer dizer que não estejam sujeitos a algumas limitações publicistas. O Código Civil contempla, portanto, uma visão subjetiva dos bens públicos, dependente exclusivamente da natureza da pessoa jurídica a que pertença: será público o bem que pertencer a pessoa de direito público".

[113] OLIVEIRA, Rafael Carvalho Rezende. *Curso de Direito Administrativo*. 9. ed. Rio de Janeiro: Método, 2021, p. 1198. Para quem: "Os bens públicos, na forma do art. 98 do CC, são aqueles integrantes do patrimônio das pessoas jurídicas de direito público interno (União, Estados, Distrito Federal, Municípios, autarquias e fundações estatais de direito público). [...] Em consequência, os bens integrantes das entidades administrativas de direito privado (empresas públicas, sociedades de economia mista e fundações estatais de direito privado) e das demais pessoas jurídicas de direito privado serão considerados bens privados".

a titularidade das pessoas jurídicas de direito privado que integram a administração pública indireta (empresas públicas, sociedades de economia mista e fundações públicas de direito privado), não apresenta uma uniformidade de posicionamento, divergindo acerca dos contornos do conceito de bem público relativamente às estatais.

Marçal Justen Filho,[114] de forma mais abrangente, sustenta que o parágrafo único do art. 99 do Código Civil "propicia que sejam considerados como bens públicos também aqueles de titularidade dos sujeitos administrativos com personalidade jurídica de direito privado".[115]

Odete Medauar[116] assevera que "o ordenamento brasileiro inclina-se à publicização do regime dos bens pertencentes a empresas públicas, sociedades de economia mista e entidades controladas pelo Poder Público", notadamente a partir das normas de fiscalização patrimonial pelos tribunais de contas, de sujeição ao ajuizamento de ação popular contra lesão ao patrimônio dessas entidades e de sanções por improbidade administrativa.[117] Afirma, ainda, que, no tocante às entidades prestadoras de serviços públicos e às que desempenham atividades, mesmo econômicas, em regime de monopólio, afigura-se indubitável a natureza pública de seus bens.

---

[114] JUSTEN FILHO, Marçal. *Curso de Direito Administrativo*. 13. ed. São Paulo: Revista dos Tribunais, 2018, p. 603. Para quem: "Enquadram-se como bens públicos aqueles que sejam de titularidade de uma pessoa estatal. Seguindo a definição do art. 98 do Código Civil, somente são qualificados como bens públicos aqueles de titularidade de uma pessoa jurídica de direito público. [...] De todo modo, esse dispositivo [o parágrafo único do art. 99 do Código Civil] propicia que sejam considerados como bens públicos também aqueles de titularidade dos sujeitos administrativos com personalidade jurídica de direito privado".

[115] JUSTEN FILHO, Marçal. *Curso de Direito Administrativo*. 13. ed. São Paulo: Revista dos Tribunais, 2018, p. 603.

[116] MEDAUAR, Odete. *Direito Administrativo Moderno*. 21. ed. Belo Horizonte: Fórum, 2018, p. 246-247. Para quem: "O ordenamento brasileiro inclina-se à publicização do regime dos bens pertencentes a empresas públicas, sociedades de economia mista e entidades controladas pelo Poder Público. Menos suscetível de dúvidas é o caso das entidades que prestam serviços públicos e das entidades que desempenham atividades (mesmo econômicas) em regime de monopólio. Quanto às demais, a publicização se revela pelos seguintes pontos, principalmente: a) as normas de alienações de bens, contidas na Lei nº 8.666/93, aplicam-se a tais entidades (art. 17 c/c o inc. XI do art. 6º e parágrafo único do art. 1º); b) o Tribunal de Contas exerce fiscalização patrimonial sobre essas entidades (arts. 70 e 71, IV, da CF); c) a lesão ao patrimônio dessas entidades pode ser prevenida ou corrigida pela ação popular (Lei nº 4.717/65, art. 1º); d) a lei sobre sanções por improbidade administrativa — Lei nº 8.429/92 — abrange as condutas lesivas ao acervo patrimonial de todas as entidades da Administração indireta (inclusive fundações governamentais)."

[117] MEDAUAR, Odete. *Direito Administrativo Moderno*. 21. ed. Belo Horizonte: Fórum. 2018, p. 247.

Hely Lopes Meirelles[118] sustenta, em relação aos bens das empresas estatais, que "são, também, bens públicos com destinação especial e administração particular",[119] uma vez que a origem e a natureza dos bens continuam públicas, a destinação é de interesse público, sendo apenas sua administração atribuída a uma entidade de personalidade privada, mas que o uso observará a forma prescrita na lei instituidora e no estatuto regedor da instituição.[120]

Maria Sylvia Zanella Di Pietro sustenta que "a mesma razão que levou o legislador a imprimir regime jurídico publicístico aos bens de uso especial [...] justifica a adoção de idêntico regime para os bens de entidades da Administração Indireta afetados à realização de serviços públicos", de modo a torná-los inalienáveis, imprescritíveis, insuscetíveis de usucapião e de direitos reais.[121]

Para a autora, o motivo que fundamenta a atração do regime jurídico de direito público para os bens de uso especial é o mesmo que embasa o regime das estatais prestadoras de serviços públicos.

---

[118] MEIRELLES, Hely Lopes. *Direito Administrativo Brasileiro*. 18. ed. São Paulo: Malheiros, 1993, p. 428. Para quem: "Quanto aos bens das entidades paraestatais (empresas públicas, sociedades de economia mista, serviços autônomos etc.), entendemos que são, também, bens públicos com destinação especial e administração particular das instituições a que foram transferidos para consecução dos fins estatutários. A origem e a natureza total ou predominante desses bens continuam públicas; sua destinação é de interesse público; apenas sua administração é confiada a uma entidade de personalidade privada, que os utilizará na forma da lei instituidora e do estatuto regedor da instituição. A destinação especial desses bens sujeita-os aos preceitos da lei que autorizou a transferência do patrimônio estatal ao paraestatal, a fim de atender aos objetivos visados pelo Poder Público criador da entidade. Esse patrimônio, embora incorporado a uma instituição de personalidade privada, continua vinculado ao serviço público, apenas prestado de forma descentralizada ou indireta por uma entidade paraestatal, de estrutura comercial, civil ou, mesmo, especial. Mas, lato sensu, é patrimônio público, tanto assim que na extinção da entidade reverte ao ente estatal que o criou, e qualquer ato que o lese poderá ser invalidade por ação popular (Lei federal 4.717/65, art. 1º)".

[119] MEIRELLES, Hely Lopes. *Direito Administrativo Brasileiro*. 42. ed. São Paulo: Malheiros, 2016, p. 635.

[120] *Ibid.*, p. 635.

[121] DI PIETRO, Maria Sylvia Zanella. *Direito Administrativo*. 37. ed. Rio de Janeiro: Forense, 2024, p. 510. Para quem: "Desse modo, o artigo 98 do novo Código Civil apenas incorpora o entendimento que já era corrente na doutrina e jurisprudência. [...] Com relação às entidades da Administração Indireta com personalidade de direito privado, grande parte presta serviços públicos; desse modo, a mesma razão que levou o legislador a imprimir regime jurídico publicístico aos bens de uso especial, pertencentes às pessoas jurídicas de direito público interno, tornando-os inalienáveis, imprescritíveis, insuscetíveis de usucapião e de direitos reais, justifica a adoção de idêntico regime para os bens de entidades da Administração Indireta afetados à realização de serviços públicos. [...] Portanto, são bens públicos de uso especial não só os bens das autarquias e das fundações públicas, como também os das entidades de direito privado prestadoras de serviços públicos, desde que afetados diretamente a essa finalidade".

Assim, conclui que são bens públicos de uso especial não apenas os bens das autarquias e das fundações públicas, "como também os das entidades de direito privado prestadoras de serviços públicos, desde que afetados diretamente a essa finalidade".[122]

Ruy Cirne Lima,[123] ao afirmar que seu entendimento não fere o Código Civil, já que o Código não veda a ampliação do conceito de bens públicos, sustenta que "formam o domínio público e o patrimônio administrativo, todos os bens, pertençam a quem pertencerem, que participam da atividade administrativa e se achem, por isso mesmo, vinculados aos fins desta".[124]

Diogo de Figueiredo Moreira Neto sustenta que os "bens, que conformam o domínio público, designados como bens públicos, estão vinculados ao atendimento de finalidades públicas".[125]

Para Celso Antônio Bandeira de Mello, como já visto, os bens públicos são compostos por aqueles que pertencem às pessoas jurídicas de direito público bem como por aqueles que "embora não pertencentes a tais pessoas, estejam afetados à prestação de um serviço público".[126]

---

[122] DI PIETRO, Maria Sylvia Zanella. *Direito Administrativo*. 37. ed. Rio de Janeiro: Forense, 2024, p. 512.

[123] LIMA, Ruy Cirne. *Princípios de Direito Administrativo*. 7. ed. São Paulo: Malheiros, 2007, p. 187-188. Para quem: "Pensamos nós que nessas mesmas classes, perfeitamente nítidas e exatas, cabem ainda outros bens que não pertencem a tais proprietários. Não diz o Código o contrário. Podemos dizer consequentemente, sem ofensa ao novo Código, que formam o domínio público e o patrimônio administrativo, todos os bens, pertençam a quem pertencerem, que participam da atividade administrativa e se achem, por isso mesmo, vinculados aos fins desta. [...] A tese dominante entre nós, idêntica à esposada neste livro, é a de que o regime do domínio público e do patrimônio administrativo não tem como suporte a propriedade, nem pública, tampouco privada. Os direitos exercidos pela Administração Pública sobre esses bens não decorrem do direito de propriedade, mas de um vínculo específico, consubstanciado pela relação de administração, que protege a destinação pública desses bens, mesmo contra seus proprietários eventuais, que deles não têm mais a livre disposição. [...] Permanece, pois, a concepção que considera a afetação como o traço característico dos bens públicos, ao invés da propriedade pública".

[124] LIMA, Ruy Cirne. *Princípios de Direito Administrativo*. 7. ed. São Paulo: Malheiros, 2007, p. 187.

[125] MOREIRA NETO, Diogo de Figueiredo. *Curso de Direito Administrativo*. 16. ed. Rio de Janeiro: Forense, 2014, p. 470-471.

[126] MELLO, Celso Antônio Bandeira de. *Curso de Direito Administrativo*. 35. ed. São Paulo: Malheiros, 2021, p. 937. Nesse mesmo sentido, Irene Nohara, para quem: "São públicos os bens de domínio nacional pertencentes à União, aos Estados, ao Distrito Federal ou aos Municípios (pessoas jurídicas de direito público ou entes federativos). Também se caracterizam como bens públicos os das autarquias e fundações de direito público, 'e os que embora não pertencentes a tais pessoas, estejam afetados à prestação de um serviço público' [...] O conceito de bens particulares é formulado por exclusão, como se observa do disposto no art. 98 do Código Civil" (NOHARA, Irene Patrícia. *Direito administrativo*. 9. ed. São Paulo: Atlas, 2019, p. 322).

E o autor prossegue, deixando registrado que os "bens particulares quando afetados a uma atividade pública (enquanto o estiverem) ficam submissos ao regime jurídico dos bens de propriedade pública. Logo, têm de estar incluídos no conceito de bem público".[127]

Portanto, a doutrina pátria diverge sobre o conceito de bem público, fazendo com que, a depender da corrente adotada, os bens de uma empresa estatal possam estar albergados ou não pela proteção do regime público.

O Supremo Tribunal Federal (STF) já decidiu, em julgado envolvendo o Banco do Brasil, sociedade de economia mista exploradora de atividade econômica, que, como regra, os bens da estatal possuem natureza de bens privados.

> EMENTA: A participação majoritária do estado na composição do capital não transmuda seus bens em públicos. Atividade tipicamente privada, desenvolvida por entidade cujo controle acionário é da União. (STF, MS 23875, Pleno, Rel. Min. Carlos Velloso, Rel. p/ Ac. Min. Nelson Jobim, j. 07/03/2003, p. 30/04/2004).

No entanto, quando os bens de estatais estiverem *afetados* a uma destinação pública ou à execução de um serviço público, incidirá a proteção do regime dos bens públicos. É como já decidiu o Superior Tribunal de Justiça (STJ):

> EMENTA: Esta Corte Superior já manifestou o entendimento de que bens integrantes do acervo patrimonial de sociedade de economia mista sujeitos a uma destinação pública podem ser considerados bens públicos, insuscetíveis, portanto, de usucapião. (STJ, AgInt no REsp nº 1719589/SP, T4, Rel. Min. Luis Felipe Salomão, j. 06/11/2018, p. 12/11/2018).

> EMENTA: Não obstante se trate de empresa pública, com personalidade jurídica de direito privado, a Caixa Econômica Federal, ao atuar como agente financeiro dos programas oficiais de habitação e órgão de execução da política habitacional, explora serviço público, de relevante função social, regulamentado por normas especiais previstas na Lei 4.380/64. O imóvel da Caixa Econômica Federal vinculado ao Sistema Financeiro de Habitação, porque afetado à prestação de serviço público, deve ser tratado como bem público, sendo, pois, imprescritível. (STJ, REsp nº 1448026/PE, T3, Rel. Min. Nancy Andrighi, j. 17/11/2016, p. 21/11/2016).

---

[127] *Ibid.*, p. 938.

Nesse sentido, o STF também reconheceu caber a extensão da *imunidade tributária* a *empresas estatais prestadoras de serviços públicos*, como, por exemplo, em relação à Casa da Moeda do Brasil (RE nº 610.517, Rel. Min. Celso de Mello, j. 03/06/2014) e à Empresa de Correios e Telégrafos — ECT (Tema nº 644, RE nº 773.992 com Repercussão Geral, Rel. Min. Dias Toffoli, j. 15/10/2014).

Do mesmo modo, o STF tem reconhecido às estatais prestadoras de serviço público a aplicação do *regime de precatórios*, como, por exemplo, em julgado referente à Empresa Brasileira de Correios e Telégrafos (ECT) (RE nº 220.906, Rel. Min. Maurício Corrêa, j. 16/11/2000).

Relativamente a *particulares prestadores de serviço público*, o STJ já proferiu acórdão no sentido de que, em que pese seus bens não serem protegidos pelo regime de direito público, o serviço público não pode ser prejudicado, em decorrência do dever de continuidade do serviço público de titularidade do Estado, o que justificaria o tratamento diferenciado.

> EMENTA: O STJ entende que bens de empresa concessionária de serviço público podem ser penhorados, contudo o serviço público não poderá ser afetado, como no caso sob exame, em que há sérios riscos de prejuízo à atividade empresarial e à continuidade do serviço público. (STJ, REsp nº 1768932/PE, T2, Rel. Min. Herman Benjamin, j. 27/11/2018, p. 17/12/2018).

Assim, para o STJ, o domínio público não chega a abranger os bens de concessionárias (empresas privadas fora da Administração), de modo que é possível ocorrer a penhora de bens desde que não afete a continuidade do serviço público.

1.2.7 A noção de domínio eminente

O domínio eminente, segundo Hely Lopes Meirelles, consiste no "poder político pelo qual o Estado submete à sua vontade todas as coisas de seu território. É uma das manifestações da soberania interna; não é direito de propriedade".[128]

---

[128] MEIRELLES, Hely Lopes. *Direito Administrativo Brasileiro*. 42. ed. São Paulo: Malheiros, 2016, p. 634. Sobre o estudo do domínio eminente, conferir a obra de Letícia Queiroz de Andrade: ANDRADE, Letícia Queiroz de. *Desapropriação de bens públicos à luz do princípio federativo*. São Paulo: Malheiros, 2006.

O autor sustenta que é em nome do domínio eminente que são estabelecidas as limitações ao uso da propriedade privada, as servidões administrativas, a desapropriação, dentre outras.[129]

Nesse mesmo sentido, Mário Masagão aponta que a expressão domínio eminente não designa um direito de propriedade, mas "significa o poder que o Estado exerce sobre pessoas e bens, dentro de seu território, e que fundamenta a desapropriação, a conscrição militar etc."[130]

Diogo de Figueiredo Moreira Neto sustenta que o domínio eminente é a "disposição estatal sobre todos os bens em seu território ou que, de alguma forma, estejam institucionalmente sujeitos à sua ordem jurídica".[131]

Caracteriza-se, portanto, como um poder sobre todas as pessoas e bens de seu território, à disposição do Estado, para exercício, em potencial, nos limites das regras de direito.

Esse poder, prossegue o autor, "*não é absoluto*, manifestando-se tanto na extensão materialmente possível quanto sob os limites juridicamente estabelecidos pelo próprio ordenamento jurídico".[132]

O domínio eminente não se confunde com o domínio patrimonial do Estado, pois, enquanto aquele se caracteriza por um *domínio geral e potencial* sobre bens públicos e particulares, este diz respeito a um *domínio específico e efetivo* apenas sobre os bens que lhe pertencem.[133]

Porém, tal entendimento não é pacífico na doutrina.

Clovis Beznos, por sua vez, rejeita a ideia de um domínio eminente do Estado como fundamento do sacrifício de direitos em favor do interesse coletivo, ao afirmar que:

> Rejeitamos, assim, a ideia de supremacia do interesse público sobre o privado, como elemento informador do instituto da desapropriação, tal como o concebe parte relevante da doutrina, bem como a ideia de domínio eminente do Estado sobre os bens em seu território.
>
> [...]

---

[129] *Ibid.*, p. 634.

[130] MASAGÃO, Mário. *Curso de Direito Administrativo*. 4. ed. São Paulo: Revista dos Tribunais, 1968, p. 120.

[131] MOREIRA NETO, Diogo de Figueiredo. *Curso de Direito Administrativo*. 16. ed. Rio de Janeiro: Forense, 2014, p. 467.

[132] *Ibid.*, p. 467.

[133] MEIRELLES, Hely Lopes, 2016, *op. cit.*, p. 634.

> Ao nosso sentir não é a supremacia do interesse público sobre o interesse privado que se constitui no fundamento da desapropriação, mas, ao contrário, é o instituto da desapropriação acolhido pelo Ordenamento que se constitui em fundamento para afirmar-se o princípio da supremacia do interesse público sobre o interesse privado. Não apenas a desapropriação, aliás, mas toda espécie de sacrifício de direito que o Ordenamento acolhe, privilegiando o interesse coletivo, ante o interesse individual.[134]

O autor aponta que "se o Estado, ao expropriar, agisse fundado no domínio eminente, o expropriado não teria direito algum a opor a ele, tal qual se verifica quando o Estado age como Poder Público".[135]

Adota-se, neste estudo, o entendimento perfilhado por Clovis Beznos, de modo que é o próprio contorno de cada instituto do direito administrativo que permite o exercício do poder do Estado dentro dos limites legais, e não uma ideia abstrata de poder geral e potencial sobre todas as pessoas e bens de seu território, que, a rigor, reduziria os direitos dos administrados a mera liberalidade da autoridade pública.

Do mesmo modo, seguimos o entendimento de Lúcia Valle Figueiredo que sustenta que "entendemos desnecessário fundamentar no domínio eminente a possibilidade de o Estado ser proprietário de bens e, principalmente, sediarmos também no domínio eminente, como fazem vários autores, a possibilidade de intervenção do Estado quer na propriedade, quer na liberdade".[136]

Assim, em nossa visão, o conceito de domínio eminente é *despiciendo* para a compreensão do regime jurídico dos bens públicos, porque a soberania estatal poderia fundamentar restrições não apenas às coisas, mas também aos direitos individuais, como, por exemplo, na instituição dos estados de defesa e de sítio (arts. 136 e 137 da Constituição Federal), e da mesma maneira legitimaria intervenções nos entes federativos (art. 34 da Constituição).

Como defende Celso Antônio Bandeira de Mello, o direito administrativo "é o Direito que regula o comportamento da Administração". Por essa razão, admitir a existência, ainda que teórica, de um poder sobre todas as pessoas e bens do território, implica negar que o

---

[134] BEZNOS, Clovis. *Aspectos jurídicos da indenização na desapropriação*. 2. ed. Belo Horizonte: Fórum, 2016, p. 33.

[135] *Ibid.*, p. 28.

[136] FIGUEIREDO, Lúcia Valle. *Curso de Direito Administrativo*. 9. ed. São Paulo: Malheiros. 2008, p. 571.

poder emana do povo, que a soberania é popular. Portanto, *nos estados liberais, inexiste um poder acima das próprias pessoas que compõem determinada sociedade.* Os agentes políticos são representantes do povo (art. 1º, parágrafo único, da Constituição Federal), de modo que a atuação estatal deve necessariamente se dar *conforme o direito*, de acordo com as regras e os procedimentos estabelecidos pelo verdadeiro detentor do poder, o povo.

1.3 Afetação e desafetação

Afetação e desafetação constituem *dois lados da mesma moeda*, indicando a *transmutação* da natureza da coisa pela destinação que lhe seja atribuída.

Segundo Celso Antônio Bandeira de Mello, *afetação* "é a preposição de um bem a um dado destino categorial de uso comum ou especial, assim como *desafetação* é a sua retirada do referido destino".[137]

Assim, por meio da afetação é atribuída uma finalidade pública a um determinado bem móvel ou imóvel, tornando-o, segundo nosso posicionamento, um bem público. Em sentido oposto, a desafetação tem o condão de retirar esse *status* das coisas.

Cabe registrar, todavia, que no direito brasileiro, mesmo quando "não afetados a qualquer destino público",[138] os bens de titularidade da pessoa jurídica de direito público continuam sendo bens públicos sob a denominação de bens dominicais.

Para Otto Mayer, a *desafetação* se dá quando a coisa deixa de servir diretamente à utilidade pública à qual foi destinada, seja porque perdeu as condições materiais necessárias, seja porque a Administração não deseja mais a afetação a esse interesse.[139]

Um determinado bem pode ser *afetado* ao *uso comum* por duas formas: (i) pela *natureza*, caracterizada pela própria destinação natural do bem, como é o caso de mares e de vias públicas; ou (ii) por *ato humano*, caracterizado pela lei ou por ato administrativo que imponha

---

137 MELLO, Celso Antônio Bandeira de. *Curso de Direito Administrativo*. 35. ed. São Paulo: Malheiros, 2021, p. 864.

138 MELLO, Celso Antônio Bandeira de. *Curso de Direito Administrativo*. 35. ed. São Paulo: Malheiros, 2021, p. 864.

139 MAYER, Otto. *Derecho administrativo alemán*. t. III. parte especial: el derecho público de las cosas. Buenos Aires: Depalma, 1982, p. 175. No original: "deje de servir directamente a la utilidad pública a la cual fué destinada, ya sea porque pierda la condición material que es necesaria, ya porque la Administración no quiera más la afectación a ese interés".

a aplicação de um bem dominical ou de uso especial ao uso comum do povo.[140]

Para Bandeira de Mello, a desafetação de bens de uso comum, transmutando-os para a classe de bens de uso especial ou de bens dominicais, depende de lei ou de ato do Executivo em conformidade com a lei. Já a desafetação de bens com uso especial para bens dominicais pode ocorrer tanto por lei ou ato do Executivo quanto por fato da natureza,[141] como, por exemplo, o advento de um deslizamento de terra que impeça a utilização do bem com a destinação pública.

Segundo Maria Sylvia Zanella Di Pietro, no entanto, a afetação e a desafetação podem ser *expressas* ou *tácitas*. Será *expressa* quando decorrer de ato administrativo ou de lei; e será *tácita* quando resultar de atuação direta da Administração, sem manifestação expressa de sua vontade, ou de fato da natureza.[142]

A autora brasileira traz como exemplo a instalação de uma escola. A Administração pode baixar um decreto determinando que um bem dominical seja destinado à implantação da escola. Ou poderá a Administração "simplesmente instalar essa escola no prédio, sem qualquer declaração expressa".[143]

Di Pietro afirma que não é consenso na doutrina a possibilidade de desafetação tácita, decorrente de um fato, e não de uma manifestação de vontade expressa. No entanto, afirma que "o que é inaceitável é a desafetação pelo *não uso*, ainda que prolongado, como, por exemplo, no caso de uma rua que deixa de ser utilizada".[144] Nessa situação, é indispensável um ato expresso de desafetação, porque inexiste a fixação de um momento a partir do qual a não utilização possa significar desafetação.[145]

Celso Antônio Bandeira de Mello destaca que a *desafetação de bem* público não se confunde com a *desativação do serviço* público nele realizado. Assim, a mera mudança de um prédio para o outro, a fim de melhor adequação do serviço público, deixando a edificação anterior sem destinação pública, pode ser realizada por lei ou ato do Executivo,

---

140 *Ibid.*, p. 864.

141 *Ibid.*, p. 864-865.

142 DI PIETRO, Maria Sylvia Zanella. *Direito Administrativo*. 37. ed. Rio de Janeiro: Forense, 2024, p. 763.

143 *Ibid.*, p. 763.

144 *Ibid.*, p. 763.

145 *Ibid.*, p. 763.

porém "o que este não pode fazer sem autorização legislativa é desativar o próprio serviço instituído por lei e que nele se prestava".[146]

Já de acordo com Otto Mayer, tanto a afetação quanto a desafetação não são atos administrativos.[147] Dessa maneira, em relação à desafetação tácita, o autor alemão admite a dificuldade de identificar o momento da desafetação, afirmando que "será más difícil reconocer el momento decisivo cuando se trate de la desafectación tácita que resulta del hecho de que la Administración abandona la cosa pública permitiendo su deterioro". E aduz, de modo genérico, que a solução dependerá do grau de deterioração e do tempo de duração desse estado.[148]

Para Ducrocq, contudo, esse debate não encontra guarida, uma vez que, para o autor francês, a afetação consiste apenas num *modo de emprego (utilização) do patrimônio privado do Estado*, não tendo o condão de mudar a natureza jurídica do bem. Desse modo, estando afetado ou não, o bem imóvel continua compondo o patrimônio privado do Estado. Assim, sustenta que "l'affectation d'un immeuble domanial à un service public n'a jamais été considerée comme accomplissant un changement dans la nature légale de l'immeuble, mais seulement [...] comme un mode d'emploi de la fortune publique".[149]

Entendemos que a afetação e a desafetação podem ser realizadas por lei ou por ato administrativo (forma *expressa*), mas também podem decorrer da ação da Administração, ainda que sem manifestação expressa de afetação ou desafetação (forma *tácita*). Isso porque, caso assim não fosse, os bens destinados ao serviço público *ficariam desprotegidos*, pois bastaria a não formalização do ato de afetação para a manutenção da natureza dominical de um bem com utilidade pública. E, da mesma maneira, sem um ato formal de desafetação um bem *flagrantemente abandonado e em estado de deterioração* não poderia ser alienado. Imaginemos, por exemplo, a instalação de hospital em um bem dominical. A inexistência de prévia lei ou ato administrativo de afetação não retira o dado da realidade de existência do hospital. Por

---

146 MELLO, Celso Antônio Bandeira de. *Curso de Direito Administrativo*. 35. ed. São Paulo: Malheiros, 2021, p. 864.

147 MAYER, Otto. *Derecho administrativo alemán*. t. III. parte especial: el derecho público de las cosas. Buenos Aires: Depalma, 1982, p. 176.

148 *Ibid.*, p. 177. Em tradução livre: "será mais difícil reconhecer o momento decisivo quando se trate da desafetação tácita que resulta do fato de que a Administração abandona a coisa pública permitindo sua deterioração".

149 DUCROCQ, Théophiple. *Cours de Droit Administratif*. 6. ed. Paris: Ernest Thorin Éditeur, 1881, p. 200. Em tradução livre: "a afetação de um imóvel dominial a um serviço público não é jamais considerada como capaz de realizar uma mudança na natureza legal do imóvel, mas apenas [...] como um modo de emprego do patrimônio público".

isso, esse bem não poderá ser livremente alienado pelo gestor, pois se encontra afetado ao serviço público.

1.4 As características dos bens públicos

O regime jurídico dos bens públicos recebe uma *marca de distinção* quando comparada com a relação jurídica estabelecida pelo direito civil, uma vez que, como leciona Sílvio Luís Ferreira da Rocha, "é fortemente marcada e influenciada pelos fins públicos a que deve obrigatoriamente atender, o que resulta num regime jurídico diferenciado, se comparado com a propriedade particular".[150]

Assim, essa diferenciação dos bens públicos se evidencia por meio das características da *imprescritibilidade, impenhorabilidade* e *inalienabilidade,* sendo que, conforme aponta Maria Sylvia Zanella Di Pietro, os dois primeiros atributos (imprescritibilidade e impenhorabilidade) traduzem mera decorrência do último (inalienabilidade)[151]

Podemos resumir as três características dos bens públicos da seguinte forma: **(i)** imprescritibilidade: que veda a perda do bem por *inércia,* **(ii)** impenhorabilidade: que veda a perda do bem por *dívida* e **(iii)** inalienabilidade: que veda a perda do bem pela *venda.*

Adiante serão analisadas cada uma dessas qualidades.

1.4.1 Imprescritibilidade

Pela imprescritibilidade, entende-se que os bens públicos não são passíveis de serem adquiridos por usucapião.[152]

Os arts. 183, §3º e 191, parágrafo único, ambos da Constituição Federal,[153] determinam, com texto idêntico, que "os imóveis públicos

---

150 ROCHA, Sílvio Luís Ferreira da. *Função social da propriedade pública.* São Paulo: Malheiros, 2005, p. 23.

151 DI PIETRO, Maria Sylvia Zanella. *Direito Administrativo.* 37. ed. Rio de Janeiro: Forense, 2024, p. 763.

152 MELLO, Celso Antônio Bandeira de. *Curso de Direito Administrativo.* 35. ed. São Paulo: Malheiros, 2021, p. 866.

153 "Art. 183. Aquele que possuir como sua área urbana de até duzentos e cinquenta metros quadrados, por cinco anos, ininterruptamente e sem oposição, utilizando-a para sua *moradia* ou de sua família, adquirir-lhe-á o domínio, desde que não seja proprietário de outro imóvel urbano ou rural.
Art. 191. Aquele que, não sendo proprietário de imóvel rural ou urbano, possua como seu, por cinco anos ininterruptos, sem oposição, área de terra, em zona rural, não superior a cinquenta hectares, *tornando-a produtiva por seu trabalho* ou de sua família, tendo nela sua moradia, adquirir-lhe-á a propriedade."

não serão adquiridos por usucapião", referindo-se aos imóveis tanto em área urbana (usucapião para moradia) quanto na zona rural (usucapião *pró-labore*), espancando qualquer dúvida sobre o tema.

Não é de hoje que a jurisprudência do STF veda a prescrição aquisitiva de bens públicos afetados à destinação pública.

> EMENTA: Não corre prescrição aquisitiva contra bem público de uso especial. (STF, RE Nº 44945 EI, Pleno, Rel. Min. Pedro Chaves, j. 31/07/1964, p. 04/12/1964).

A jurisprudência do STF, por meio da Súmula nº 340, de 13/12/1963, também reconhece a imprescritibilidade dos bens dominicais, estabelecendo que: "Desde a vigência do Código Civil, os bens dominicais, como os demais bens públicos, não podem ser adquiridos por usucapião".

Isso porque o STF já admitiu a possibilidade de aquisição de bens dominicais por usucapião, desde que integralizados os 40 anos de posse mansa e pacífica antes da vigência do Código Civil de 1916. É a denominada *prescriptio longissimi temporis*.

> EMENTA: A jurisprudência pacífica do Supremo Tribunal Federal admitiu a usucapião de bens públicos dominiais se o prazo respectivo se completara antes da vigência do Código Civil. A *prescriptio longissimi temporis* dos bens públicos dominiais no Brasil era de 40 anos, que os Tribunais reconheciam se integralizados antes do Código Civil. (STF, RE nº 61508 EDv, Pleno, Rel. Min. Aliomar Baleeiro, j. 31/05/1973, p. 05/10/1973).

A jurisprudência do STJ possui entendimento no sentido de impedir a prescrição aquisitiva de imóvel financiado por particular pelo Sistema Financeiro de Habitação (SFH), uma vez que se trata de serviço público habitacional.

> EMENTA: O imóvel vinculado ao Sistema Financeiro de Habitação, porque afetado à prestação de serviço público, deve ser tratado como bem público, sendo, pois, imprescritível. (STJ, REsp nº 1874632/AL, T3, Rel. Min. Nancy Andrighi, j. 25/11/2021, p. 29/11/2021).

Cabe destacar que a jurisprudência do STF permite a usucapião do domínio útil de imóvel foreiro pertencente ao patrimônio público, desde que se mantenha inalterada a nua propriedade em favor do ente público.

> EMENTA: O ajuizamento de ação contra o foreiro, na qual se pretende usucapião do domínio útil do bem, não viola a regra de que os bens públicos não se adquirem por usucapião. (STF, RE nº 218324 AgR, 2ª T, Rel. Min. Joaquim Barbosa, j. 20/04/2010, p. 28/05/2010).

Há doutrina abalizada, no entanto, como Sílvio Luís Ferreira da Rocha, que admite a suspensão e a rejeição da pretensão reivindicatória do Poder Público para a retomada de bem público, garantindo a pretensão do particular de exigir o direito de morar em imóvel público, em especial nos casos de ocupação irregular por famílias pobres.[154]

1.4.2 Impenhorabilidade

A impenhorabilidade indica que os bens públicos não podem sofrer constrição judicial para pagamento de dívida, em consequência do disposto no art. 100 da Constituição Federal, que prevê o processo especial de execução contra a Fazenda Pública por meio dos precatórios.[155]

André Luiz dos Santos Nakamura aponta que "da impenhorabilidade decorre a não onerabilidade. Como o bem público não pode ser penhorado, também não pode ser dado em garantia".[156]

Nesse sentido, a jurisprudência do STF assegura a impenhorabilidade das verbas públicas para o pagamento de dívidas.

> EMENTA: Mostra-se impossível a constrição de verbas públicas para satisfação de créditos trabalhistas, em atenção aos princípios da impenhorabilidade de bens públicos, da legalidade orçamentária, da eficiência da Administração Pública, da continuidade dos serviços públicos e do devido processo legal (STF, Rcl nº 44676 AgR, 2ª T, Rel. Min. Nunes Marques, j. 14/02/2022, p. 24/03/2022).

No entanto, a única hipótese admitida pela jurisprudência do STF para o sequestro de verbas públicas é quando ocorre a quebra da ordem cronológica do pagamento de precatórios, conforme previsto no art. 100, §2º, da Constituição Federal.

---

[154] ROCHA, Sílvio Luís Ferreira da. *Função social da propriedade pública*. São Paulo: Malheiros, 2005, p. 131.

[155] DI PIETRO, Maria Sylvia Zanella. *Direito Administrativo*. 37. ed. Rio de Janeiro: Forense, 2024, p. 762.

[156] NAKAMURA, André Luiz dos Santos. *Bens públicos*. Belo Horizonte: Fórum, 2022, p. 55.

> EMENTA: Segundo a jurisprudência da Suprema Corte, a única hipótese autorizadora de sequestro de bens públicos é a ocorrência de quebra da ordem cronológica no pagamento de precatórios, nos termos do que dispõe o art. 100, §2º, da Constituição Federal. (STF, ARE nº 1352090 AgR, 1ª T, Rel. Min. Dias Toffoli, j. 27/06/2022, p. 09/08/2022).

A jurisprudência do STJ, contudo, admite também a possibilidade de sequestro de verbas públicas nos casos de descumprimento de decisão judicial em matéria de fornecimento de medicamentos.

> Tema Repetitivo 84
> EMENTA: Tratando-se de fornecimento de medicamentos, cabe ao Juiz adotar medidas eficazes à efetivação de suas decisões, podendo, se necessário, determinar até mesmo, o sequestro de valores do devedor (bloqueio), segundo o seu prudente arbítrio, e sempre com adequada fundamentação. (STJ, REsp nº 1069810/RS, S1, Rel. Min. Napoleão Nunes Maia Filho, j. 23/10/2013, p. 06/11/2013).

Portanto, na jurisprudência dos tribunais superiores, a característica da *impenhorabilidade dos bens públicos não é absoluta*, pois é admissível a penhora nos casos de quebra da ordem cronológica dos precatórios e de descumprimento de ordem judicial para fornecimento de medicamentos.

1.4.3 Inalienabilidade

Odete Medauar explica que a característica da inalienabilidade significa "a qualidade do bem que não pode ser vendido, doado, transferido etc. Todos os bens públicos são dotados de inalienabilidade".[157]

Todavia, para a autora, essa inalienabilidade não é absoluta, pois, caso contrário, paralisaria a Administração, de modo que existe uma *gradação da alienabilidade*, com regras mais rigorosas para os bens de uso comum e de uso especial do que para os bens dominicais.[158]

Na legislação brasileira, o art. 100 do Código Civil prevê que são inalienáveis os bens públicos de uso comum do povo e os de uso especial, "enquanto conservarem a sua qualificação, na forma da lei".

---

[157] MEDAUAR, Odete. *Direito Administrativo Moderno*. 21. ed. Belo Horizonte: Fórum. 2018, p. 249.

[158] *Ibid.*, p. 249.

Dessa forma, os bens afetados a uma destinação pública são inalienáveis, enquanto mantiverem a afetação. Uma vez desafetados, passam à classe dos bens dominicais, podendo ser alienados, "observadas as exigências da lei", como preconiza o art. 101 do *Codex* Civilístico.

Sobre as exigências legais para a alienação de bens públicos, a nova Lei de Licitações e Contratos — Lei nº 14.133/2021 —, no art. 76 (correspondente ao antigo art. 17 da Lei nº 8.666/1993), estabelece os preceitos legais para a alienação de bens móveis ou imóveis.

Tendo em vista a possibilidade legal de alienação dos bens dominiais, parcela da doutrina irá denominar a característica da inalienabilidade também como alienabilidade relativa.

Contudo, como visto, para nós, os bens dominiais não constituem bens públicos, de modo que não estão sujeitos à característica da inalienabilidade. Mais adiante trataremos desses bens.

1.5 A propriedade pública: modos de aquisição e alienação dos bens públicos

1.5.1 Modos de aquisição

Floriano de Azevedo Marques Neto defende que os meios de aquisição dos bens públicos se dividem em dois grupos: "os *meios originários* (decorrentes da soberania) e os *meios derivados* (em que há o emprego de algum instrumento jurídico de direito público ou de direito privado)".[159]

Dentre os meios *originários* de aquisição de bens públicos, encontram-se as *terras devolutas*, assim como os bens do domínio público *natural*, que, por mandamento constitucional ou legal, integram o patrimônio do Estado.[160]

Logo, o que caracteriza a aquisição originária é a *ocupação*, e não os bens suprimidos do particular para serem posteriormente incorporados ao patrimônio público.

Em relação aos meios *derivados*, o autor sustenta que, como regra geral, a aquisição de bens móveis ou imóveis pela Administração se dá mediante prévia licitação, podendo ser adquiridos por formas previstas (i) no direito privado, como, por exemplo, compra e venda,

---

[159] MARQUES NETO, Floriano de Azevedo. Regime jurídico e utilização dos bens públicos. *In:* DALLARI, Adilson Abreu; NASCIMENTO, Carlos Valder do; MARTINS, Ives Gandra da Silva (coord.). *Tratado de Direito Administrativo*. São Paulo: Saraiva, 2013. v. 2, p. 408.

[160] *Ibid.*, p. 408.

direito de preempção, doação, permuta, dação em pagamento, enfiteuse, usucapião e aquisição *causa mortis*; e (ii) no direito público, como, por exemplo, desapropriação, aquisição por força judicial e reversão.[161]

Geralmente, em se tratando de bens *móveis*, é mais usual que a Administração os adquira por licitação, na modalidade pregão, obrigatória para a aquisição de bens comuns (atual art. 6º, inciso XLI, da Lei nº 14.133/2021, antigo art. 1º da Lei nº 10.520/2002); e, no tocante a bens *imóveis*, a opção administrativa costuma recair sobre a realização de desapropriações, regidas pelo Decreto-Lei nº 3.365/1941 (desapropriação por utilidade pública) e pela Lei nº 4.132/1962 (desapropriação por interesse social).

1.5.1.1 Arrecadação de bens imóveis vagos

A Administração pode, ainda, ampliar seu patrimônio por meio da arrecadação de bens imóveis abandonados ou vagos.

O art. 1.276 do Código Civil estabelece que o proprietário que abandonar bem imóvel urbano, com a intenção de não mais o conservar em seu patrimônio, e que se não encontrar na posse de outrem, poderá ser arrecadado, como bem vago, e passar, 03 anos depois, à propriedade do Município da respectiva circunscrição.

Esse instituto, previsto na legislação civil, no capítulo referente à perda propriedade, exige a presença concomitante de dois elementos para que a propriedade seja considerada como vaga: (i) que o proprietário não tenha mais a intenção de manter o imóvel em seu patrimônio e (ii) não se encontre na posse de outra pessoa.

Assim, constatado o abandono, o imóvel poderá ser arrecadado pelo Município, que passará a ser responsável pelos atos de preservação e de atendimento da função social, podendo, após o prazo de 03 anos, tornar-se proprietário, tomando as devidas providências de registro.

Cabe destacar que, no art. 589, §2º, do Código Civil de 1916, o prazo para o imóvel passar ao domínio do Estado (e não do Município) era de 10 anos após a arrecadação.

Dessa forma, com o novo Código, houve a alteração da competência do ente federativo responsável pela arrecadação do bem imóvel vago e a redução do prazo para incorporação ao patrimônio público.

---

[161] MARQUES NETO, Floriano de Azevedo. Regime jurídico e utilização dos bens públicos. *In:* DALLARI, Adilson Abreu; NASCIMENTO, Carlos Valder do; MARTINS, Ives Gandra da Silva (coord.). *Tratado de Direito Administrativo*. São Paulo: Saraiva, 2013. v. 2, p. 408-413.

Quanto à redução do prazo para aquisição da propriedade em favor da Administração, cabe traçar um paralelo com os prazos da usucapião pelos particulares, isto é, a aquisição da propriedade pela posse com *animus domini*.

Nos arts. 550 e 551 do Código de 1916, a inércia do titular era punida com a perda da propriedade após 10 anos ininterruptos, se por justo título e boa-fé, entre moradores do mesmo município (presentes), e após 15 anos ininterruptos, se também com justo título e boa-fé, entre moradores habitantes de municípios diversos (ausentes). Independentemente de título de boa-fé, o prazo era de 20 anos ininterruptos.

Portanto, dado o elemento comum de inércia no exercício dos direitos de proprietário, havia uma correlação entre o prazo de usucapião de bem imóvel com justo título e boa-fé entre presentes (10 anos) e o prazo de ingresso do imóvel vago no patrimônio público (10 anos).

Todavia, essa correlação deixou de existir com o advento do Código Civil de 2002, pois, como visto, o prazo em favor da Administração foi reduzido para 03 anos, enquanto o prazo da usucapião ordinária foi mantido em 10 anos e o da usucapião extraordinária passou a ser de 15 anos, como estabelece o art. 1.238, *caput* e parágrafo único, do Código Civil, que deixou de adotar a distinção entre "presentes" e "ausentes".

Assim, haja vista o encurtamento do prazo, cabe o alerta no sentido de que não se pode confundir a negligência na conservação do patrimônio com a ausência de intenção de manter a propriedade. Um imóvel abandonado não é o mesmo que um imóvel deteriorado ou malcuidado. Deve, portanto, ser comprovado o *animus abandonandi* por parte do titular, isto é, a intenção dolosa de rejeição do bem imóvel, o que nem sempre ocorre nos casos de uma herança desconhecida, por exemplo.

Esse tema, antes afeto à doutrina civilista, ganhou relevância para o direito administrativo, e em especial para o direito urbanístico, com a sua inclusão nos arts. 64 e 65 da Lei de Regularização Fundiária — Reurb (Lei nº 13.465/2017), que regulamenta o procedimento de arrecadação de imóveis urbanos privados abandonados.

O parágrafo 1º do art. 64 da Lei da Reurb estabelece uma *presunção* de intenção de abandono quando, *cessados os atos de posse* sobre o imóvel, estiver *inadimplente com o IPTU por 05 anos*.

O procedimento de arrecadação será previsto em ato normativo municipal e obedecerá, no mínimo, à **(i)** abertura de processo administrativo para tratar da arrecadação, podendo ser instaurado por meio de denúncia ou ato de ofício **(ii)** comprovação do tempo de abandono, geralmente por laudo de avaliação técnica, e da inadimplência fiscal, por meio de certidões positivas e **(iii)** notificação ao titular do domínio para, querendo, apresentar impugnação no prazo de 30 dias, contado da data do recebimento da notificação, sendo a ausência de manifestação do titular interpretada como concordância com a arrecadação.

Caso o proprietário reivindique a posse do imóvel no transcorrer do triênio, é assegurado ao Município o direito ao ressarcimento prévio, e em valor atualizado, de todas as despesas que tiver incorrido, inclusive tributárias.

Os imóveis arrecadados *poderão* ser destinados a programas habitacionais, prestação de serviços públicos, fomento da Reurb-S, concessão de direito real de uso a entidades civis com fins filantrópicos, assistenciais, educativos, esportivos ou outros, no interesse do Município.

Para nós, a Administração deve agir com cautela na arrecadação de bens imóveis vagos, pois a retirada de bens imóveis da livre circulação no mercado deve ser *precedida de justificativa de interesse público*, e não apenas para passar ao patrimônio privado da Administração (bens dominicais). Como já demonstrado, pelo princípio da subsidiariedade imobiliária, a Administração, salvo interesse público justificado, deve procurar se desfazer dos bens sem destinação pública.

A arrecadação não pode se transformar em instrumento de verdadeira alienação fiduciária, de modo que o mero inadimplemento tributário por 05 anos e a ausência de manutenção do bem, com a perda do prazo de 03 anos para a reivindicação, indiquem a perda do patrimônio em favor da Administração, sem direito à indenização de seu titular.

Em nosso sentir, *o abandono do imóvel deve, como regra, dar ensejo à usucapião* por terceiros, que passarão a responder pelas obrigações urbanísticas e tributárias, *somente podendo a Administração interferir, retirando o bem do comércio, em caso de interesse público devidamente justificado*, como questões de segurança pública premente, existência de intervenção urbanística na região, dentre outras.

1.5.2 Modos de alienação

O art. 76 da Lei nº 14.133/2021 (correspondente ao antigo art. 17 da Lei nº 8.666/1993) prevê que a alienação de bens públicos dominicais (móveis ou imóveis) será, de forma cumulativa: **(i)** subordinada à existência de interesse público devidamente justificado, **(ii)** precedida de avaliação e **(iii)** realizada por meio de licitação na modalidade leilão.[162]

Para os bens *imóveis*, o inciso I do art. 76 da Lei nº 14.133/2021(correspondente ao antigo inciso I do art. 17 da Lei nº 8.666/1993) exige também *autorização legislativa*.

Ainda no tocante aos *bens imóveis*, a realização de *licitação* é *dispensada* nos casos de: **a)** dação em pagamento; **b)** doação, permitida exclusivamente para outro órgão ou entidade da Administração Pública, de qualquer esfera de governo, ressalvado o disposto nas alíneas "f", "g" e "h"; **c)** permuta por outros imóveis que atendam aos requisitos relacionados às finalidades precípuas da Administração, desde que a diferença apurada não ultrapasse a metade do valor do imóvel que será ofertado pela União, segundo avaliação prévia, e ocorra a torna de valores, sempre que for o caso; **d)** investidura;[163] **e)** venda a outro órgão ou entidade da Administração Pública de qualquer esfera de governo; **f)** alienação gratuita ou onerosa, aforamento, concessão de direito real de uso, locação e permissão de uso de bens imóveis residenciais construídos, destinados ou efetivamente usados em programas de habitação ou de regularização fundiária de interesse social desenvolvidos por órgão ou entidade da Administração Pública; **g)** alienação gratuita ou onerosa, aforamento, concessão de direito real de uso, locação e permissão de uso de bens imóveis comerciais de âmbito local, com área de até 250 m² e destinados a programas de regularização fundiária de interesse social desenvolvidos por órgão ou entidade da Administração Pública; **h)** alienação e concessão de direito real de uso, gratuita ou onerosa, de terras públicas rurais da União e do Incra onde incidam ocupações até o limite de que trata o §1º do art. 6º da Lei nº 11.952/2009, para fins de regularização fundiária, atendidos os requisitos legais; **i)** legitimação de posse de que trata o art. 29 da Lei nº 6.383/1976, mediante iniciativa e deliberação dos órgãos da Administração Pública

---

162 O artigo 17, inciso I, da Lei nº 8.666/1993 previa a modalidade concorrência para a alienação de bens imóveis pela Administração Pública.

163 O artigo 76, §5º, incisos I e II, da nova Lei de Licitações define *investidura* como: (i) alienação, ao proprietário de imóvel lindeiro, de área remanescente ou resultante de obra pública que se tornar inaproveitável isoladamente, por preço que não seja inferior ao da avaliação nem superior a 50% (cinquenta por cento) do valor máximo permitido para dispensa de licitação de bens e serviços previsto nesta Lei; ou (ii) alienação, ao legítimo possuidor direto ou, na falta dele, ao poder público, de imóvel para fins residenciais construído em núcleo urbano anexo a usina hidrelétrica, desde que considerado dispensável na fase de operação da usina e que não integre a categoria de bens reversíveis ao final da concessão.

competentes; **j)** legitimação fundiária e legitimação de posse de que trata a Lei nº 13.465/2017.

A Lei também prevê que a alienação de bens *imóveis*, cuja aquisição tenha sido derivada de procedimentos judiciais ou de dação em pagamento, *dispensa autorização legislativa* e exigirá apenas avaliação prévia e licitação na modalidade leilão.

Em relação aos imóveis doados para outro órgão ou entidade da Administração Pública, de qualquer esfera de governo, cessadas as razões que justificaram sua doação, serão *revertidos* ao patrimônio da pessoa jurídica doadora, vedada sua alienação pelo beneficiário.

Por fim, para a venda de bens imóveis, será concedido *direito de preferência* ao licitante que, submetendo-se a todas as regras do edital, comprove a ocupação do imóvel objeto da licitação.

Relativamente aos *bens móveis*, a *licitação* é *dispensada* nos casos de: **a)** doação, permitida exclusivamente para fins e uso de interesse social, após avaliação de oportunidade e conveniência socioeconômica em relação à escolha de outra forma de alienação; **b)** permuta, permitida exclusivamente entre órgãos ou entidades da Administração Pública; **c)** venda de ações, que poderão ser negociadas em bolsa, observada a legislação específica; **d)** venda de títulos, observada a legislação pertinente; **e)** venda de bens produzidos ou comercializados por entidades da Administração Pública, em virtude de suas finalidades; **f)** venda de materiais e equipamentos sem utilização previsível por quem deles dispõe para outros órgãos ou entidades da Administração Pública.

Dispõem, ainda, os §§6º e 7º do art. 76 da lei, que, em caso de *doação com encargo*, será realizado *procedimento licitatório*, devendo constar no instrumento, obrigatoriamente, encargos, prazo de cumprimento e cláusula de reversão, sob pena de nulidade do ato, podendo ser *dispensada* a licitação em caso de interesse público devidamente motivado. Caso o donatário ofereça o imóvel em garantia de financiamento, a cláusula de reversão e as demais obrigações serão garantidas por hipoteca em segundo grau em favor do doador.

Cabe destacar que o STF, por meio de medida cautelar na ADI nº 927-3/RS, reconheceu que o inciso I, alíneas "b" e "c", e parágrafo 1º, bem como o inciso II, alínea "b", todos do art. 17 da Lei 8.666/1993 somente se aplicam à União. Tais dispositivos foram reproduzidos na nova Lei nº 14.133/2021, no inciso I, alíneas "b" e "c", e parágrafo 2º, bem como no inciso II, alínea "b", todos do art. 76.

1.6 Discriminação constitucional dos bens públicos[164]

A Constituição Federal, no art. 20, incisos I a XI, estabeleceu um rol de bens públicos da União: **(i)** os que atualmente lhe pertencem e os que lhe vierem a ser atribuídos; **(ii)** as terras devolutas indispensáveis à defesa das fronteiras, das fortificações e construções militares, das vias federais de comunicação e à preservação ambiental, definidas em lei; **(iii)** os lagos, rios e quaisquer correntes de água em terrenos de seu domínio, ou que banhem mais de um Estado, sirvam de limites com outros países, ou se estendam a território estrangeiro ou dele provenham, bem como os terrenos marginais e as praias fluviais; **(iv)** as ilhas fluviais e lacustres nas zonas limítrofes com outros países, as praias marítimas, as ilhas oceânicas e as costeiras, excluídas, destas, as que contenham a sede de Municípios, exceto aquelas áreas afetadas ao serviço público e a unidade ambiental federal, e as referidas no art. 26, II; **(v)** os recursos naturais da plataforma continental e da zona econômica exclusiva; **(vi)** o mar territorial; **(vii)** os terrenos de marinha e seus acrescidos; **(viii)** os potenciais de energia hidráulica; **(ix)** os recursos minerais, inclusive os do subsolo; **(x)** as cavidades naturais subterrâneas e os sítios arqueológicos e pré-históricos; e **(xi)** as terras tradicionalmente ocupadas pelos povos indígenas.

Embora o dispositivo constitucional seja razoavelmente descritivo, certos bens merecem alguns esclarecimentos.

Compreendem-se por *terras devolutas* as terras públicas não aplicadas ao uso comum nem ao uso especial. No Brasil Colonial, a ocupação do território se deu com o recebimento pelos colonos de faixas de terra, denominadas de sesmarias, acompanhado da obrigação de demarcá-las e cultivá-las, sob pena de comisso (reversão das terras à Coroa).

Celso Antônio Bandeira de Mello esclarece que "as terras que jamais foram trespassadas, como as que caíram em comisso, se não ingressaram no domínio privado por algum título legítimo e não receberam destinação pública, constituem as terras devolutas".[165]

O STF, por meio da Súmula nº 477, possui jurisprudência no sentido de que as terras devolutas situadas na faixa de fronteira permanecem no domínio da União, independentemente de sua inércia ou tolerância.

---

[164] Adota-se a expressão utilizada por Lúcia Valle Figueiredo. Confira em: FIGUEIREDO, Lúcia Valle. *Curso de Direito Administrativo*. 9. ed. São Paulo: Malheiros. 2008, p. 571.

[165] MELLO, Celso Antônio Bandeira de. *Curso de Direito Administrativo*. 35. ed. São Paulo: Malheiros, 2021, p. 868.

> SÚMULA nº 477/STF: As concessões de terras devolutas situadas na faixa de fronteira, feitas pelos Estados, autorizam, apenas, o uso, permanecendo o domínio com a União, ainda que se mantenha inerte ou tolerante em relação aos possuidores.

Os *rios* públicos são federais quando presentes os requisitos previstos no inciso III do art. 20 da Constituição Federal; os demais são rios estaduais.[166]

Por sua vez, o *mar territorial* brasileiro — fundamental para a definição do limite da soberania nacional —, consiste na faixa de 12 milhas marítimas de largura, medidas a partir da linha de baixa-mar do litoral continental e insular, tal como indicada nas cartas náuticas de grande escala, reconhecidas oficialmente no Brasil, conforme disposto no art. 1º da Lei nº 8.617/1993.

Consoante o disposto no art. 4º da Lei nº 8.617/1993, a *zona contígua* brasileira compreende uma faixa que se estende das 12 às 24 milhas marítimas, contadas a partir das linhas de base que servem para medir a largura do mar territorial.

A *zona econômica exclusiva* brasileira compreende a faixa que se estende das 12 às 200 milhas marítimas, contadas a partir das linhas de base que servem para medir a largura do mar territorial, como prevê o art. 6º da Lei nº 8.617/1993.

Por *plataforma continental* do Brasil, entende-se o leito e o subsolo das áreas submarinas que se estendem além do seu mar territorial, em toda a extensão do prolongamento natural de seu território terrestre, até o bordo exterior da margem continental, ou até uma distância de 200 milhas marítimas das linhas de base, a partir das quais se mede a largura do mar territorial, nos casos em que o bordo exterior da margem continental não atinja essa distância, conforme estabelece o art. 11 da Lei nº 8.617/1993.

Sobre a plataforma continental, o Estado brasileiro exerce direitos de soberania para fins de exploração dos recursos naturais, tendo, ainda, direito exclusivo de regulamentar a investigação científica marinha, a proteção e preservação do meio marinho, bem como a construção, operação e o uso de todos os tipos de ilhas artificiais, instalações e estruturas.

Já os *terrenos de marinha* são bens dominicais e, nos termos do art. 2º do Decreto-Lei nº 9.760/1946, abrangem — em uma profundidade

---

166 *Ibid.*, p. 868.

de 33 metros, medidos horizontalmente para a parte da terra, da posição da linha do preamar-médio do ano de 1831 em direção ao interior do continente —, **(i)** os que se encontram no continente, na costa marítima e nas margens dos rios e lagoas, até onde se faça sentir a influência das marés (compreendendo-se como influência das marés a oscilação periódica do nível médio das águas igual ou superior a 5 cm), e **(ii)** os que contornam as ilhas situadas em zona onde se faça sentir a influência das marés.

Por "posição da Linha do Preamar-Médio (LPM) do ano de 1831", entende-se o traçado correspondente à média das marés cheias do ano de 1831, pois foi por meio da Lei Orçamentária de 15 de novembro de 1831, no art. 51, §15, que os terrenos de marinha não necessários ao serviço público passaram a ser arrendados em hasta pública por particulares.[167] Assim, a faixa de terra compreendida entre a LPM de 1831 até 33 metros medidos no sentido contrário ao mar (ou seja, em direção à terra) abarca os terrenos de marinha.

Acontece que a linha das marés cheias de 1831 não corresponde mais à linha atual, porque o nível do mar tem crescido gradativamente.[168] Em razão disso, há quem sustente que o traçado adequado não deveria ser a LPM de 1831, mas a linha do Jundu, isto é, a partir da vegetação que margeia as praias e cresce geralmente no final da faixa de areia. No entanto, a LPM continua sendo a medida atual de definição dos terrenos de marinha, conforme estabelece o art. 2º do Decreto-Lei nº 9.760/1946 vigente.

Ao discorrer sobre as características dos terrenos de marinha, o STJ reconheceu que os terrenos de marinha são bens públicos que se destinam, historicamente, à defesa territorial e, atualmente, à proteção do meio ambiente costeiro, admitindo-se a ocupação por particulares, mediante o pagamento anual de taxa de ocupação ou foro e de laudêmio, quando da transferência, por meio de relação jurídica regida pelas regras do direito administrativo.

Nesse sentido, o título de propriedade do particular não é oponível à União, uma vez que os terrenos de marinha são da titularidade originária deste ente federativo.

---

167 BASIL. *Lei Orçamentária de 15 de novembro de 1831*. Disponível em: https://www.planalto.gov.br/CCIVIL_03//LEIS/LIM/LIM-15-11-1831.htm. Acesso em: 24 abr. 2025.

168 CNN. *Ritmo de aumento do nível do mar global dobrou, aponta relatório da OMM*. Disponível em: https://www.cnnbrasil.com.br/internacional/ritmo-de-aumento-do-nivel-do-mar-global-dobrou-aponta-relatorio-da-omm/. Acesso em: 24 abr. 2025.

> EMENTA: Os terrenos de marinha são bens públicos que se destinam historicamente à defesa territorial e atualmente à proteção do meio ambiente costeiro, permitindo-se a ocupação por particulares, mediante o pagamento de taxa de ocupação e de laudêmio quando da transferência, em relação eminentemente pública, regida pelas regras do direito administrativo.
>
> A responsabilidade de pagamento da referida a taxa nasce com a inscrição do terreno de marinha na Secretaria do Patrimônio da União (SPU), do Ministério do Planejamento, Orçamento e Gestão, responsável por seu registro, consoante preconiza o artigo 7º da Lei n. 9.636/98.
>
> A inscrição do terreno pela Administração Pública é o ato em que se define quem efetivamente aproveita o imóvel, e que se tornará obrigado ao pagamento da taxa de ocupação. A partir desse momento, não são oponíveis contra a Administração Pública o não aproveitamento do imóvel, negócios jurídicos, desocupação, senão pelo estreito caminho que leva à Administração a ciência da situação real do bem cujo poder-dever de administrar lhe compete.
>
> O processo de inscrição de ocupação do imóvel junto à SPU guarda semelhança como o próprio registro de imóveis. Isso porque a Lei exige que antes de levada a transferência a registro, é imprescindível, além do pagamento do laudêmio, a ciência da Administração para que ela autorize a transferência. Feitas essas diligências, poderá o Cartório averbar a transferência e permitir que o adquirente altere a inscrição do registro na SPU. Só a partir daí o adquirente terá justo título para ostentar a situação de "ocupante de direito" do imóvel pertencente à União. Enquanto isso não ocorrer, permanecerá na inscrição do imóvel o antigo ocupante, podendo responder pelo adimplemento da taxa, caso dos autos.
>
> A comunicação do negócio jurídico formalizado entre o ocupante e terceiro à SPU não se reveste de ato de mera formalidade, mas se constitui em medida de essencial importância e que produz efeitos jurídicos relevantes, uma vez que a União é a proprietária do terreno de marinha (artigo 1º, "a", do Decreto-lei n. 9.760/46) e, nessa qualidade, deverá estar sempre a par e consentir com a utilização de bem que lhe pertence.
>
> É pacífico o entendimento do Superior Tribunal de Justiça no sentido de que o título de propriedade do particular não é oponível à União nesses casos, pois os terrenos de marinha são da titularidade originária deste ente federado, na esteira do que dispõem a Constituição da República e o Decreto-lei n. 9.760/46. (STJ, REsp nº 1201256/RJ, T1, Rel. Min. BENEDITO GONÇALVES, j. 07/12/2010, p. 22/02/2011).

De acordo com o Ministério da Gestão e da Inovação em Serviços Públicos, existem aproximadamente 565 mil imóveis da União caracterizados como terrenos de marinha *utilizados por terceiros*, sendo 44,7% no regime de aforamento e 54,3% no regime de ocupação, e 1% outros. Estima-se que o universo seja de 2,9 milhões de imóveis, conforme dados do último Censo.[169]

Tramita perante o Congresso Nacional a PEC nº 3/2022, conhecida popularmente como a PEC das Praias (aprovada na Câmara dos Deputados originalmente como PEC nº 39/2011), que estabelece, em essência, *a revogação do referido inciso VII do artigo 20*, passando a prever a *transferência do direito de propriedade* **(i)** a Estados e Municípios das áreas afetadas ao serviço público estadual ou municipal, bem como **(ii)** a foreiros e ocupantes regularmente inscritos no órgão de gestão do patrimônio da União até a data de publicação dessa emenda constitucional e ainda **(iii)** a ocupantes não inscritos, desde que a ocupação tenha ocorrido pelo menos cinco anos antes da data de publicação dessa emenda constitucional e seja formalmente comprovada a boa-fé.

A PEC também prevê que as áreas não ocupadas que forem requeridas pelos municípios para fins de expansão do perímetro urbano serão transferidas pela União aos entes municipais.

Dessa maneira, como se verifica, com a aprovação da referida PEC, a União perderá a propriedade dos referidos terrenos de marinha em favor dos demais entes federativos e dos ocupantes das áreas, e, por consequência, deixará de auferir a renda proveniente dessas ocupações.[170]

Cabe destacar que, embora conhecida informalmente como PEC das Praias, a PEC trata dos terrenos de marinha, e não das praias, cujos conceitos não se confundem.

Conforme a definição do art. 10, §3º, da Lei nº 7.661/88, conhecida como o Plano Nacional de Gerenciamento Costeiro, entende-se por *praias* a área coberta e descoberta periodicamente pelas águas, acrescida da faixa subsequente de material detrítico, tal como areias, cascalhos, seixos e pedregulhos, até o limite onde se inicie a vegetação natural, ou, em sua ausência, onde comece um outro ecossistema.

---

[169] Ministério da Gestão e da Inovação em Serviços Públicos. *Terrenos de marinha*. Disponível em: https://www.gov.br/gestao/pt-br/terrenos-de-marinha#:~:text=Atualmente%20existem%20aproximadamente%20565%20mil,conforme%20dados%20do%20%C3%BAltimo%20Censo. Acesso em 16 fev. 2025.

[170] SANTANA, Fabio Paulo Reis de. A coisa pública em Otto Mayer e a PEC das praias. Disponível em: https://www.conjur.com.br/2025-fev-20/a-coisa-publica-em-otto-mayer-e-a-pec-das-praias/. Acesso em: 23 abr. 2025.

As *praias são bens* públicos de uso comum do povo, sendo assegurado, sempre, livre e franco acesso a elas e ao mar, em qualquer direção e sentido, ressalvados os trechos considerados de interesse de segurança nacional ou incluídos em áreas protegidas por legislação específica, não sendo permitida a urbanização que impeça ou dificulte o acesso a elas.[171]

Por fim, conforme preconiza o art. 25 do Código de Águas (Decreto nº 24.643/1934), as *ilhas* do domínio público são consideradas como bens dominicais, salvo destinação ao uso comum.

Após análise da propriedade dos bens públicos, torna-se indispensável passar à investigação da posse dos bens públicos, conforme se fará adiante.

1.7 A posse de bens públicos: condição de mero detentor

1.7.1 Características gerais da posse

O art. 1.228 do Código estabelece que o proprietário tem a faculdade de usar, gozar e dispor da coisa bem como o direito de *reavê-la* do poder de quem quer que injustamente a possua ou detenha.

Por sua vez, o art. 1.196 do Código Civil prevê que possuidor é todo aquele que tem, de fato, o exercício, pleno ou não, de algum dos poderes inerentes à propriedade.

Portanto, o possuidor é caracterizado pelo direito civil como aquele que detém, na realidade concreta, alguma das faculdades de usar (*ius utendi*), gozar (*ius fruendi*) ou dispor da coisa (*ius abutendi*), ou ainda o direito de sequela (*ius persequendi*).

No entanto, como determina o art. 1.208 do Código Civil, *não induzem posse* os atos de mera *permissão ou tolerância* assim como não autorizam a sua aquisição os atos *violentos* e *clandestinos*, enquanto durarem os atos de violência e a clandestinidade.[172]

Assim, ainda que esteja no exercício de uma das faculdades do proprietário, aquele que, a teor do disposto no art. 1.196 do Código Civil, seria considerado possuidor, deixa de sê-lo, caso o seu poder sobre

---

[171] Art. 10, *caput* e parágrafo 1º, da Lei nº 7.661/88.

[172] BESSONE, Darcy. *Direitos Reais*. São Paulo: Saraiva, 1988, p. 285.

o bem decorra de atos de mera permissão, tolerância ou advenha de atos de violência ou de clandestinidade. É o que a doutrina denomina de *desqualificação da posse*.

Do mesmo modo, há, ainda, outra hipótese de desqualificação da posse, como se observa do disposto no art. 1.198 do Código para o caso do *fâmulo da posse*, ou seja, aquele que, achando-se em relação de dependência para com outro, conserva a posse em nome deste e em cumprimento de ordens ou instruções suas, tendo como exemplo mais comum a figura do caseiro.

Como preconiza o art. 1.204 do Código Civil, a posse é adquirida desde o momento em que se torna possível o exercício, em nome próprio, de qualquer dos poderes inerentes à propriedade, como, por exemplo, nos contratos de locação de coisas, em que, por meio de ajuste entre as partes, o uso e gozo de coisa não fungível são transferidos para o locatário mediante contraprestação (art. 565 do Código Civil).

A titularidade da posse induz certos efeitos, previstos no art. 1.210 e seguintes do Código Civil, como, por exemplo, o direito ao manejo dos instrumentos civis e penais de proteção possessória (interditos possessórios, desforço imediato e a legítima defesa da posse), a indenização por benfeitorias ou acessões e o cômputo do prazo para fins de prescrição aquisitiva (usucapião).

1.7.2 Detenção de bens públicos

Como visto em tópico anterior, os bens públicos, entretanto, sujeitam-se a um regime jurídico diferenciado, ostentando as características da imprescritibilidade, da impenhorabilidade e da inalienabilidade.

Nessa esteira, a jurisprudência do STJ possui entendimento no sentido de não ser possível a posse de bem público.

> EMENTA: A jurisprudência tanto desta Corte Superior quanto do Supremo Tribunal Federal é firme no sentido de não ser possível a posse de bem público, constituindo a sua ocupação mera detenção de natureza precária e irregular. (STJ, AgInt no REsp nº 1935871/SP, T2, Rel. Min. Francisco Falcão, j. 12/06/2023, p. 15/06/2023).

Com isso, aquele que usufrui do proveito econômico de bem público não ostenta a posição de possuidor, mas de mero *detentor* (posse precária). Há, portanto, uma desqualificação da posse em mera detenção, mesmo nos casos de outorga de uso em caráter privativo.

Assim, ostentando mera detenção, *não corre em seu favor o prazo de prescrição aquisitiva, nem lhe socorre qualquer direito de indenização ou retenção* por benfeitorias e acessões, salvo disposição em contrário entabulada entre as partes.

Todavia, o STJ reconhece que, em se tratando de *bens dominicais*, a despeito de não se revestir da condição de possuidor, o invasor de área pública faz jus à *proteção possessória completa contra terceiros*, podendo se valer, por exemplo, da proteção possessória penal, por meio do desforço incontinente e da legítima defesa da posse (art. 1.210 do Código Penal), bem como da proteção possessória civil, pelo manejo dos interditos possessórios (art. 561 do Código de Processo Civil).

> EMENTA: É possível o manejo de interditos possessórios em litígio entre particulares sobre bem público dominical. (STJ. 4ª Turma. REsp nº 1.296.964-DF, Rel. Min. Luis Felipe Salomão, julgado em 18/10/2016).

Ademais, esse posicionamento do STJ não se afigura completamente inovador, visto que a defesa da posse pelo detentor, desde que no interesse do possuidor, já era admitido pela doutrina civilista, como se verifica do Enunciado 493, aprovado na V Jornada de Direito Civil do Conselho da Justiça Federal, ocorrida nos dias 08 e 09 de novembro de 2011.

> 493. O detentor (art. 1.198 do Código Civil) pode, no interesse do possuidor, exercer a autodefesa do bem sob seu poder.

Em relação aos *bens dominicais*, contudo, há entendimento minoritário na doutrina, como, por exemplo, o sustentado por Fábio Bragança Zago, que "perfilha-se que existe posse de bem público desafetado, quando deslastreada de título, em razão do emprego da função social pelo particular ao longo do tempo".[173] E prossegue o autor, defendendo que não se olvida o problema das ocupações irregulares dos bens públicos, porém que isso decorre, em grande parte, "da própria desídia ou inércia deles em cumprirem com a imposição constitucional de imprimir função social à propriedade, seja ela pública ou privada".[174]

---

[173] ZAGO, Fábio Bragança. *Posse em bens públicos desafetados*: a regularização de áreas públicas urbanas desfuncionalizadas pela Lei nº 13.465/17 e Súmula nº 619/STJ. Rio de Janeiro: Lumen Juris, 2021, p. 175.

[174] *Ibid.*, p. 175.

A despeito de entendimento minoritário em contrário, se, como regra geral, o ordenamento jurídico não reconhece ao usuário de bem público a condição de possuidor, cabe analisar, então, a situação do invasor de área pública, ou seja, aquele que ingressa na utilização de propriedade pública de forma irregular.

1.7.3 Detenção irregular de bens públicos e suas consequências

Nem sempre o ingresso irregular no uso se dá de maneira violenta, por meio de esbulho possessório. Há ocasiões em que esse ingresso no uso do bem é realizado de boa-fé pelo particular.

No entanto, a jurisprudência do STJ *afasta a possibilidade de interversão da posse*, afirmando que aquele que invade área pública é mero detentor e sua detenção não convalesce com o tempo, ainda que de boa-fé. É o teor da Súmula nº 619 STJ.

> SÚMULA 619 STJ. A ocupação indevida de bem público configura mera detenção, de natureza precária, insuscetível de retenção ou indenização por acessões e benfeitorias.

Outros julgados do STJ evidenciam esse posicionamento da Corte no sentido de que a apropriação, ao arrepio da lei (detenção *ilícita*), de terras e imóveis públicos, "além de acarretar o dever de imediata desocupação da área, dá ensejo à aplicação das sanções administrativas e penais previstas na legislação, bem como à obrigação de reparar eventuais danos causados", não autorizando nem mesmo a indenização por acessões e benfeitorias necessárias.

> EMENTA: Quem ocupa ou utiliza irregularmente bem público assim age por sua conta e risco, situação que caracteriza simples detenção de natureza precaríssima, jamais posse. Além de ter que desocupá-lo e restituí-lo ao seu estado original, não faz jus a pagamento por eventuais acessões ou benfeitorias realizadas. Seria mesmo total contrassenso premiar o infrator com compensação por ato ilícito. (STJ, REsp nº 1816760/SP, T2, Rel. Min. HERMAN BENJAMIN, j. 19/11/2019, p. 11/09/2020).

Faz-se necessário passar à análise das classificações dos bens públicos no direito brasileiro.

1.8 Classificação dos bens públicos no direito brasileiro

Como preconiza o art. 99 do Código Civil (antigo art. 66 do Código Civil de 1916), os bens públicos, quanto à sua destinação, podem ser classificados em: (i) bens de *uso comum* do povo, (ii) bens de *uso especial* e (iii) bens *dominicais ou dominiais*.

O critério de análise para a classificação dos bens se dá com base no *uso* definido para o bem, de modo que o uso pode ser *comum* (aberto à coletividade), *especial* (restrito a serviço ou estabelecimento público) e *dominial* (sem destinação pública).

1.8.1 Quanto à natureza do bem: bens de uso comum do povo, bens de uso especial e bens dominicais

Os *bens de uso comum do povo* são "os destinados ao uso indistinto de todos",[175] como, por exemplo, mares e praças públicas.

Assim, os bens de uso comum do povo no direito brasileiro correspondem às coisas públicas de livre uso de todos da doutrina clássica, isto é, aqueles bens que, diretamente e por si mesmos, são destinados ao uso da coletividade, independentemente de integrarem formalmente o patrimônio estatal, dado que eventual reconhecimento de propriedade do Estado constitui mera declaração.

Gabino Fraga apresenta a distinção entre bens incorporados ao uso comum de *forma natural* e os incorporados de *maneira artificial*. Enquanto aqueles são de uso comum em razão da sua própria natureza, estes são assim compreendidos por uma expressa disposição da lei.[176]

Para o autor mexicano, a diferenciação tem grande importância, "porque los bienes del dominio público artificial pueden ser retirados del uso común y, en tal caso, deja de serles aplicable el régimen especial que se creó en la ley".[177]

O uso de bens de uso comum do povo pode ser *gratuito ou remunerado*, de acordo com a lei do ente respectivo, o que desmistifica a preconcepção equivocada de que o uso comum deve necessariamente ser gratuito.

---

[175] MELLO, Celso Antônio Bandeira de. *Curso de Direito Administrativo*. 35. ed. São Paulo: Malheiros, 2021, p. 864.

[176] FRAGA, Gabino. *Derecho Administrativo*. 7. ed. México: Porrua, 1958, p. 391.

[177] *Ibid.*, p. 391. Em tradução livre: "porque os bens do domínio público artificial podem ser retirados do uso comum e, em tal caso, deixa de ser-lhes aplicável o regime especial que se criou na lei".

Celso Antônio Bandeira de Mello esclarece que os bens de uso comum "servem para serem utilizados indistintamente por quaisquer sujeitos, em concorrência igualitária e harmoniosa com os demais",[178] em conformidade com a finalidade do bem e de maneira que não lhe cause uma "sobrecarga invulgar".[179]

A utilização comum pelos administrados *prescinde* de qualquer ato administrativo ou de comunicação prévia à autoridade competente.[180] É tão somente por essa razão que se costuma dizer que a utilização dos bens de uso comum é livre, porque deverá ser condicionada às *normas gerais* aplicáveis a todos,[181] como, por exemplo, o direito de trafegar livremente pelas vias públicas, devendo, porém, serem observadas as regras de trânsito.

Caso, no entanto, alguém deseje fazer uso do bem, de modo a *impedir a utilização igualitária e concorrente* por terceiros ou implicar *sobrecarga* do bem, deverá obter manifestação administrativa concordante (p. ex., por meio de autorização ou permissão de uso) ou, nos casos previstos no ordenamento, dar prévia ciência à Administração (p. ex., direito de reunião previsto no art. 5º, inciso XVI, da Constituição Federal)[182]

Tradicionalmente, nas hipóteses em que a utilização do bem público não for *igualitária e concorrente*, haverá o uso *privativo* do bem público, podendo ser realizado pelo Poder Público (bens de uso especial) ou por terceiro (outorga de uso privativo).

No entanto, este estudo propõe, como veremos mais adiante, que o uso de bens públicos também pode ser *compartilhado*.

Os *bens de uso especial* são "os afetados a um serviço ou estabelecimento público",[183] tais como, repartições públicas e universidades.

Dessa forma, os bens de uso especial do direito brasileiro estão ligados à noção de propriedade pública trazida pela doutrina clássica, isto é, são os bens de propriedade do Estado que estão sujeitos ao regime de direito público.

Como apontado, para Maria Sylvia Zanella Di Pietro, todavia, são bens públicos de uso especial não apenas os bens das autarquias

---

178 *Ibid.*, p. 873.

179 *Ibid.*, p. 873.

180 *Ibid.*, p. 873.

181 *Ibid.*, p. 874.

182 MELLO, Celso Antônio Bandeira de. *Curso de Direito Administrativo*. 35. ed. São Paulo: Malheiros, 2021, p. 875.

183 *Ibid.*, p. 864.

e das fundações públicas, mas "também os das entidades de direito privado prestadoras de serviços públicos, desde que afetados diretamente a essa finalidade".[184]

Portanto, os bens de uso especial são aqueles utilizados pela Administração, de modo privativo, sem que haja a utilização igualitária e concorrente inerente aos bens de uso comum do povo.

Os bens *dominicais* ou *dominiais* são os pertencentes ao Estado, porém "não aplicados nem ao uso comum, nem ao uso especial",[185] como terrenos e imóveis sem utilização.

Celso Ribeiro Bastos aduz que os bens dominicais são também denominados de "bens patrimoniais disponíveis", porque, embora integrem o domínio público, são destituídos de qualquer destinação pública.[186]

O STF possui jurisprudência de longa data no sentido de que "só depois de doados e aceitos é que podem ser considerados bens públicos", o que apresenta, dentre outras, implicações no tocante ao momento de início da imunidade tributária.

> EMENTA: Bens públicos de uso comum. Só depois de doados e aceitos é que podem ser considerados bens públicos. (STF, RE nº 34116, 2ª T, Rel. Min. Lafayette de Andrada, j. 07/05/1957, p. 05/09/1957).

O STJ, por sua vez, possui entendimento na linha de que "embora cedido ao particular, o bem público de uso comum do povo não se desnatura, permanecendo, pois, afetado à destinação pública", ficando excluída a possibilidade de cobrança da concessionária pela utilização de faixa de domínio público por autarquia prestadora de serviço público fora do regime concorrencial.

> EMENTA: IAC 8. Embora cedido ao particular, o bem público de uso comum do povo não se desnatura, permanecendo, pois, afetado à destinação pública, motivo pelo qual se afigura ilegítimo exigir remuneração pela sua utilização, quando voltada a viabilizar a execução de serviço público de saneamento básico prestado por entidade estatal, cuja

---

[184] DI PIETRO, Maria Sylvia Zanella. *Direito Administrativo*. 37. ed. Rio de Janeiro: Forense, 2024, p. 512.

[185] MELLO, Celso Antônio Bandeira de. *Curso de Direito Administrativo*. 35. ed. São Paulo: Malheiros, 2021, p. 864.

[186] BASTOS, Celso Ribeiro. *Curso de Direito Administrativo*. 4. ed. São Paulo: Saraiva, 2000, p. 307.

configuração jurídica seja adversa à lucratividade, vale dizer, esteja fora do regime concorrencial. Tese vinculante fixada: É indevida a cobrança promovida por concessionária de rodovia, em face de autarquia prestadora de serviços de saneamento básico, pelo uso da faixa de domínio da via pública concedida. (STJ, REsp nº 1817302/SP, S1, Rel. Min. Regina Helena Costa, j. 08/06/2022, p. 15/06/2022).

Conforme pudemos apresentar no item 1.2.6, *para nós*, os *bens dominicais não integram os bens públicos*, pois são *bens privados do Estado*. Isso porque, como visto, os bens públicos são exceção à regra da comercialidade dos bens na sociedade. Assim, para que sejam apartados da livre disposição dos bens em geral, faz-se necessário que seja a eles reconhecida a necessidade de proteção do interesse público contra a "onipotência do poder real",[187] evitando que o gestor possa se desfazer de um bem de interesse coletivo. Por isso, são-lhes atribuídas as características da impenhorabilidade, inalienabilidade e imprescritibilidade.

No entanto, aos bens dominicais, o próprio ordenamento jurídico confere a possibilidade de *alienação* (art. 101 do Código Civil), isto é, no tocante a essa parcela de bens, ao administrador é permitido desfazer-se deles, indicando a ausência de interesse coletivo na manutenção desse bem. Assim, esses bens podem ser negociados no mercado, inclusive por meio de instrumentos de direito privado, não exigindo, portanto, a tutela do regime de direito público, que traduz exceção à regra do regime de direito privado para as coisas em geral.

Por isso, os bens dominicais são bens privados da Administração, mas que, a fim de evitar dano ao erário por culpa da Administração, dado que são de sua titularidade e, por essa razão, indica que foram adquiridos com dinheiro público, *algumas regras do direito civil acabam sendo afastadas*, como a previsão de impossibilidade de aquisição por usucapião (arts. 183, §3º, e 191, parágrafo único, da Constituição Federal; e art. 102 do Código Civil).

Portanto, em nosso entendimento, diferentemente do que prevê o ordenamento brasileiro, os bens públicos são apenas os pertencentes às pessoas jurídicas de direito público e que estejam afetados a alguma utilidade pública, o que exclui os bens dominicais e os bens das empresas estatais.

---

187 DUCROCQ, Théophiple. *Cours de Droit Administratif*. 6. ed. Paris: Ernest Thorin Éditeur, 1881, p. 155.

1.8.2 Quanto ao acesso ao bem: uso comum, uso privativo e uso compartilhado

Os bens públicos podem ser apartados conforme a disponibilidade de acesso ao bem.

Assim, quando a utilização for *igualitária e concorrente* por terceiros e for *livre a todos*, isto é, dispensa qualquer ato administrativo ou comunicação prévia à autoridade competente, o uso será considerado *comum*.

Quando a utilização do bem público for *exclusiva*, seja pela Administração, seja por terceiros, estar-se-á diante do uso *privativo*.

Todavia, a utilização pode não *ser livre a todos*, mas realizada de modo *igualitário e concorrente*, isto é, um bem de uso especial ou dominial sendo utilizado *simultaneamente* por determinados entes e entidades, públicas ou privadas, exigindo, portanto, termo de autorização, permissão ou concessão de uso compartilhado firmado pela Administração.

Nessa hipótese em que a Administração atua na qualidade de proprietária, e não de meramente responsável pela guarda e manutenção (como acontece nos bens de uso comum), teremos o uso *compartilhado*.

Dessa forma, não se vislumbra propriamente a existência de bens de natureza compartilhada, mas sim que aos bens de titularidade da Administração seja conferida utilização compartilhada, ampliando as possibilidades de prestação de serviços públicos e de sua atuação em rede.

Assim, este estudo propõe, em certa medida, uma releitura da regra do uso privativo que norteia a gestão dos bens de uso especial, dominicais e da outorga de uso por terceiros, a fim de abranger também a possibilidade de uso compartilhado, conforme o regime jurídico geral de uso compartilhado que mais adiante será apresentada.

1.8.3 Quanto à ausência de utilidade: coisas sem utilidade pública e coisas inservíveis

Por essa classificação é possível distinguir os bens públicos que se apresentam destituídos de finalidade pública dos bens considerados inservíveis para a Administração.

As *coisas sem utilidade pública* são aquelas que se encontram desafetadas, isto é, são os bens dominicais, podendo ser alienados, desde que seja obedecido o procedimento previsto no art. 76 da Lei nº 14.133/2021.[188]

Assim, os bens públicos podem não ter uma utilidade pública, *mas podem ainda ter utilidade para a Administração.* Imaginemos um apartamento funcional que deixa de ser utilizado para essa finalidade. Nesse caso, a Administração poderá utilizar esse imóvel desafetado como forma alternativa de auferir renda.

Cabe frisar que, em nosso entendimento, a Administração deve buscar se desfazer dos bens dominicais, a não ser que haja justificativa de interesse público ou uma fundada expectativa de utilização futura do bem. Isso porque o Poder Público não pode atuar como especulador imobiliário, retirando da livre iniciativa, que é fundamento da República (art. 1º, inciso IV, da Constituição Federal), ativos de valor considerável. É o que chamamos de *princípio da subsidiariedade imobiliária.*

Por sua vez, os *bens inservíveis* são os que a Administração não deseja mais. Não servem mais para compor o patrimônio da Administração. Por exemplo, computadores obsoletos, mobiliário antigo, veículos sucateados.

Nessa hipótese, o art. 6º, inciso XL, da Lei nº 14.133/2021 prevê a modalidade de leilão para a alienação desses bens inservíveis.

Na Administração federal, os Decretos nºs 9.373/2018 e 9.764/2019 criaram o sistema Doações.gov.br (antigo Reuse.Gov) que permite a disponibilização na plataforma eletrônica dos bens móveis inservíveis para fins de doações envolvendo órgãos, entidades públicas e particulares.[189]

1.8.4 Quanto à titularidade: federais, estaduais e municipais

Adotando a classificação de Mário Masagão,[190] os bens públicos no Brasil, sob o aspecto dos seus titulares, podem classificar-se em federais, estaduais e municipais.

São bens públicos *federais* os pertencentes à União, como, por exemplo, os previstos no art. 20 da Constituição Federal.

---

188 Relativamente à alienação de *bens imóveis,* a Lei nº 8.666/93, no art. 17, inciso I, previa a modalidade de licitação denominada de concorrência. Porém, atualmente o art. 76, inciso I, da Lei nº 14.133/2021 prevê a modalidade leilão.

189 UNIÃO. *Doações.* Disponível em: https://www.gov.br/patrimonio/pt-br/doacoes. Acesso em: 21 abr. 2025.

190 MASAGÃO, Mário. *Curso de Direito Administrativo.* 4. ed. São Paulo: Revista dos Tribunais, 1968, p. 119-120.

São bens públicos *estaduais* os que pertencem aos Estados, como, por exemplo, os incluídos no art. 26 da Constituição Federal.

São bens públicos *municipais* os pertencentes aos Municípios, como, por exemplo, os bens de uso de todos que se encontram no seu território e que não pertencem à União e aos Estados.

Além dos bens coletivos, também integram o patrimônio dos entes federativos aqueles que são de sua propriedade, afetados ao serviço público ou não.

1.8.5 Considerados em si mesmos: bens móveis e bens imóveis

Conforme a classificação do Código Civil, os bens podem ser divididos em móveis e imóveis.

Os *bens móveis* são aqueles suscetíveis de movimento próprio, ou de remoção por força alheia, sem alteração da substância ou da destinação econômico-social, sendo também considerados móveis as energias que tenham valor econômico, os direitos reais sobre objetos móveis e as ações correspondentes e os direitos pessoais de caráter patrimonial e suas respectivas ações, nos termos dos arts. 82 e 83 do Código Civil.

Além disso, integram a categoria de bens móveis os *bens intangíveis*, neles considerados, por exemplo, os *naming rights* e os *bens digitais*. Tendo em vista a relevância atual dos bens digitais, serão tratados de forma detalhada mais adiante.

Nos termos dos arts. 79 a 81 do Código Civil, os *bens imóveis*, por sua vez, são o solo e tudo quanto se lhe incorporar natural ou artificialmente, sendo também considerados imóveis os direitos reais sobre imóveis e as ações que os asseguram, e o direito à sucessão aberta.

Da mesma forma, não perdem o caráter de imóveis as edificações que, separadas do solo, mas conservando a sua unidade, forem removidas para outro local, e os materiais provisoriamente separados de um prédio, para nele se reempregarem.

1.8.6 Quanto à sua formação: naturais e artificiais

Os bens públicos podem ser divididos em bens *naturais* e *artificiais*.

Tomando por base a classificação do direito civil em frutos naturais e frutos industriais,[191] os bens públicos *naturais* são aqueles constituídos pela força orgânica do território, independentemente da intervenção humana. Por exemplo, praias, montanhas.

Os bens públicos *artificiais* são formados em razão da atuação humana. Por exemplo, edifícios, avenidas.

1.8.7 Quanto à existência física: bens corpóreos e bens incorpóreos

Os bens também podem ser divididos em bens *corpóreos* e *incorpóreos*.

Segundo Clóvis Beviláqua, os *bens corpóreos* "são os que ocupam lugar limitado no espaço".[192] Nesse sentido, têm-se rios, mares, edifícios.

Em sentido contrário, os *bens incorpóreos ou imateriais* não ocupam lugar no espaço, podendo ser objeto de direitos, como, por exemplo, o nome comercial, a qualidade de autor.

Nessa categoria, os *bens digitais* são bens incorpóreos, que dada a sua importância atual, serão tratados mais detidamente a seguir.

---

[191] BEVILAQUA, Clóvis. *Theoria Geral do Direito Civil*. 2. ed. Rio de Janeiro: Livraria Francisco Alves, 1929, p. 241.

[192] *Ibid.*, p. 218.

OS BENS PÚBLICOS DIGITAIS E A NOVA DINÂMICA DE USO DOS BENS PÚBLICOS TRADICIONAIS

2.1 A sociedade interconectada

A despeito de os primeiros microcomputadores pessoais terem surgido na década de 1970, foi somente na década de 1990 que a internet se popularizou pelo mundo, em razão do desenvolvimento dos navegadores gráficos e da diminuição do custo dos equipamentos eletrônicos.

A partir de então, a sociedade tem experimentado uma vida cada vez mais *interconectada*, com a troca instantânea de informações e de mensagens, o surgimento das redes sociais, o desenvolvimento do comércio eletrônico, o progresso das formas de entretenimento em áudio e vídeo e o avanço da internet das coisas.[193]

De maneira geral, as informações na internet são acessadas por meio do modelo *client-server (cliente-servidor)* ou do modelo *peer-to-peer (ponto a ponto ou P2P).*

A primeira forma de comunicação é a mais utilizada na rede, na qual "um cliente solicita explicitamente informações de um servidor que as hospeda".[194] Então, por exemplo, quando uma pessoa em casa acessa pelo seu computador (cliente) uma página na world wide web (www), as informações serão fornecidas a partir de um banco de dados no servidor web remoto.

---

[193] TANENBAUM, Andrew; FEAMSTER, Nick; WETHERALL, David. *Rede de Computadores*. 6. ed. trad. Daniel Vieira. São Paulo: Pearson; Porto Alegre: Bookman, 2021, p. 3-5.

[194] *Ibid.*, p. 2.

Já na segunda forma, os "indivíduos que constituem um grupo livre podem se comunicar com outros participantes do grupo [...] não existe qualquer divisão estrita entre clientes e servidores".[195] Por isso, essa forma de comunicação é também chamada de não hierárquica. Nela, cada usuário mantém seu próprio banco de dados, podendo cada indivíduo acessar o conteúdo disponibilizado pelo outro. Por exemplo, o Napster foi um serviço de compartilhamento de músicas que atingiu seu auge nos anos 2000, mas foi encerrado por denúncias de violações a direitos autorais. Atualmente, podemos mencionar o Torrent, que conecta pessoas para o fim de baixar arquivos, e o Airbnb, que une pessoas para o oferecimento de hospedagem.

Com o desenvolvimento de novas tecnologias, a conectividade à internet tornou-se mais veloz e facilitada.

A proliferação das *redes de acesso de banda larga*, não apenas por meio do cobre (p. ex., pelas linhas telefônicas), mas também pelo cabo coaxial e pela fibra óptica, permitiu a ampliação da velocidade da conexão à internet, possibilitando o surgimento de novas atividades econômicas, como, por exemplo, os serviços de *streaming* de mídia de empresas como Netflix e Amazon Prime Video.

Da mesma forma, a criação das *redes sem fio (wireless)* e das *redes móveis* permitiu às redes celulares operadas por empresas de telefonia fornecerem coberturas aos smartphones e aos tablets, por exemplo, além de viabilizar o acesso coletivo em aeroportos e hotéis.[196]

Nessa sociedade transformada pela tecnologia da informação, a comunicação entre pessoas também passa por profundas mudanças.

Os aplicativos de *mensagens instantâneas* permitiram que os usuários pudessem trocar informações, em tempo real, entre si, individualmente ou em grupo, como, por exemplo, pelo WhatsApp, assim como pelos serviços de postagens de mensagens para várias pessoas ao mesmo tempo, como, por exemplo, a rede X (antigo Twitter).

Entre as possibilidades de comunicação interpessoal ainda se encontram as *redes sociais*, tais como, o Facebook e o Instagram, em que a troca de informações é controlada pelos relacionamentos estabelecidos entre os usuários.

O comércio se intensificou por meio do *comércio eletrônico ou e-commerce*, permitindo o acesso imediato ao catálogo de milhares de

---

[195] *Ibid.*, p. 3.

[196] *Ibid.*, p. 6.

empresas, nacionais e estrangeiras, além da possibilidade de participação de leilões on-line e da utilização de diversos serviços financeiros, como transferências bancárias e investimentos.

Os dispositivos eletrônicos do consumidor estão, cada vez mais, conectados à internet. Itens de casa, como, por exemplo, televisores, fogões e aspiradores de pó, além de lâmpadas e fechaduras podem ser acionados à distância e realizar automaticamente ações programadas pelo usuário. A essa revolução da vida cotidiana dá-se o nome de *internet das coisas (internet of things ou IoT)*.[197]

Os avanços no uso da *inteligência artificial* podem ser percebidos não apenas nas pesquisas de informações, por meio de aplicativos como ChatGPT e Deepseek, mas também, por exemplo, nas atividades de logística para determinação de rotas de entrega e nos serviços de assistentes virtuais, como Siri e Alexa.

Assim, essa nova realidade tecnológica que torna a vida interconectada irá impactar inexoravelmente a prestação de serviços públicos e a atuação da Administração Pública.

2.2 Do governo eletrônico ao governo digital

O conceito de governo eletrônico (e-Gov) possui diversas acepções.

Na acepção mais genérica, significa a "aplicação de tecnologias de informação e comunicação (TIC) para o desenvolvimento nacional, o que inclui o uso do TIC para a modernização da gestão pública, políticas de universalização".[198]

Já na acepção mais restrita, entende-se como as aplicações de prestação de serviço ao cidadão, indo desde a publicação de informações on-line até o desenvolvimento de capacidades sofisticadas de interação e transação.[199]

No Brasil, as novas tecnologias da informação e da comunicação provocaram impactos significativos na relação do governo com a população, em especial na oferta de serviços públicos.[200]

---

[197] *Ibid.*, p. 5.

[198] POLIZELLI, Demerval L.; OZAKI, Adalton M. (org.). *Sociedade da Informação*: os desafios da era da colaboração e da gestão do conhecimento. São Paulo: Saraiva, 2008, p. 177.

[199] *Ibid.*, p. 177.

[200] BRASIL. *Linha do tempo*. Disponível em: https://www.gov.br/governodigital/pt-br/estrategia-de-governanca-digital/do-eletronico-ao-digital. Acesso em: 09 abr. 2025.

Por meio do Decreto de 03 de abril de 2000, foi instituído um grupo de trabalho interministerial, composto à época pelos Ministérios da Casa Civil, do Desenvolvimento, Indústria e Comércio Exterior, da Ciência e Tecnologia, do Planejamento, Orçamento e Gestão, das Comunicações, da Justiça, além do Gabinete de Segurança Institucional e da Secretaria de Comunicação do Governo, para examinar e propor políticas, diretrizes e normas relacionadas com as novas formas eletrônicas de interação, o que seria o início da era do Governo Eletrônico, caracterizado pela universalização do acesso aos serviços públicos, pela transparência das suas ações, pela integração de redes e pelo alto desempenho de seus sistemas.

O referido Grupo de Trabalho apresentou, em 17 de outubro de 2000, um documento intitulado Proposta de Política de Governo Eletrônico para o Poder Executivo Federal[201] contendo um diagnóstico da realidade brasileira e um plano de metas de implementação de infraestrutura e serviços, de divulgação e de capacitação dos operadores e usuários.

Nos anos seguintes, diversos decretos e resoluções buscaram dar concretude às metas de implantação e expansão das tecnologias de informação no âmbito do governo federal, dentre eles, o Decreto nº 5.134/2004, que criou o Departamento do Governo Eletrônico na estrutura organizacional do antigo Ministério do Planejamento, Orçamento e Gestão.[202]

Além do decreto, foram elaborados também, dentre outros, **(i)** os Padrões de Interoperabilidade em Governo Eletrônico (e-Ping), em 2004, com vistas a permitir o compartilhamento de dados entre os sistemas, **(ii)** o Modelo de Acessibilidade de Governo Eletrônico (e-Mag), em 2005, com o objetivo de orientar a acessibilidade nos portais e sítios eletrônicos da Administração Pública para o uso das pessoas com necessidades especiais, **(iii)** os Padrões Brasil e-Gov, em 2008, com recomendações de boas práticas agrupadas em formato de cartilhas, **(iv)** o Portal de Convênios, em 2008, para a realização, via internet, de convênios e repasses de recursos voluntários da União, sendo o embrião do atual Transferegov.br.

---

201 BRASIL. *Proposta de Política de Governo Eletrônico para o Poder Executivo Federal, de 17 de outubro de 2000*. Disponível em: https://egov.ufsc.br/portal/sites/default/files/anexos/29572-29588-1-PB.pdf. Acesso em: 09 abr. 2025.

202 Atualmente, essa função se encontra a cargo do Ministério de Gestão e da Inovação em Serviços Públicos, por meio da Estratégia Nacional de Governo Digital e da Rede Nacional de Governo Digital definidos no Decreto nº 12.069/2024.

No entanto, foi a partir de 2016 que a Administração Pública federal saiu da perspectiva de Governo Eletrônico para um Governo Digital, com a publicação do Decreto nº 8.638/2016, que instituiu a *Política de Governança Digital*, pautada pelos conceitos de *autosserviço, de dados em formato aberto, de rede de conhecimento e de utilização da tecnologia da informação para a prestação dos serviços públicos*.

As iniciativas de governança digital culminaram com a criação do portal *gov.br*, por meio do Decreto nº 9.756/2019, com o objetivo de unificar o local dos serviços para o cidadão e as informações sobre a atuação do governo federal.

Com o advento da Lei nº 14.129/2021, conhecida como a *Lei do Governo Digital*, foram estabelecidos, por lei, princípios, regras e instrumentos para o aumento da eficiência da Administração Pública, especialmente por meio da desburocratização, da inovação, da transformação digital e da participação do cidadão, com aplicação restrita à Administração Pública federal, podendo ser aplicada aos demais entes federados, desde que editem atos normativos próprios com a previsão de adoção dos comandos da lei.

Dentre as previsões legais, há, por exemplo, as diretrizes **(i)** de interoperabilidade de sistemas, **(ii)** de promoção de dados abertos, **(iii)** de simplificação dos procedimentos de solicitação, com foco na universalização do acesso, **(iv)** de proteção de dados pessoais, **(v)** de acesso pelo usuário a serviço público prestado por meio digital, sem necessidade de mediação humana (autosserviço), **(vi)** de estímulo ao uso das assinaturas eletrônicas e **(vii)** de atuação integrada entre órgãos e entidades envolvidos na prestação e no controle dos serviços públicos, com o compartilhamento de dados pessoais em ambiente seguro quando for indispensável para a prestação do serviço.

Portanto, a *atuação integrada* entre órgãos e entidades envolvidos no exercício da função administrativa passa a ser uma diretriz fundamental de atuação do governo na era digital.

2.3 A Administração Pública no contexto cultural de integração

Por *sociedade em rede*, entende-se um modelo social caracterizado pela interconexão e interação entre indivíduos e grupos por meio de tecnologias de informação e comunicação, permitindo rápida troca de informações e promovendo novas dinâmicas sociais e econômicas.

Segundo afirma Manuel Castells, "as novas tecnologias da informação estão integrando o mundo em redes globais de instrumentalidade".[203] Nesse *contexto cultural de integração*, os atores sociais passam por um processo de *afirmação de identidade*, em que, conforme aponta Castells, cada ator social "se reconhece e constrói significado".[204]

Essa nova realidade cultural não passa despercebida pela Administração Pública, que sofre o impacto da mudança de identidade, *exigindo do gestor uma visão da política pública de forma integrada*, inclusive com atores que, embora não componham a Administração Pública, realizam atividades de utilidade pública.

Isso se dá porque, no limite, a finalidade da função administrativa é o atendimento das demandas do povo, titular do poder do Estado. Assim, o não atendimento das demandas sociais ou a sua precarização evidencia, antes, um estado de coisas inconstitucional.

Maria Paula Dallari Bucci define as políticas públicas como os "programas de ação governamental visando a coordenar os meios à disposição do Estado e as atividades privadas, para a realização de objetivos socialmente relevantes e politicamente determinados".[205]

Dessa forma, pensar a função administrativa na quadra histórica atual implica considerar a *Administração Pública atuando em rede* com as pessoas jurídicas estatais, mas também com as pessoas privadas que atuam em colaboração.

O Supremo Tribunal Federal, no julgamento da Ação Direta de Inconstitucionalidade (ADI) nº 7629,[206] ao apreciar a constitucionalidade da Lei nº 23.081/2018, do Estado de Minas Gerais, fixou entendimento no sentido de que é possível a descentralização da execução de serviços públicos não exclusivos para as entidades do terceiro setor, desde que seja conduzida de forma pública, objetiva e impessoal, em observância aos princípios do art. 37, *caput*, da Constituição da República, sem prejuízo da fiscalização do Ministério Público e do Tribunal de Contas quanto à utilização de verbas públicas.

Em nosso entendimento, *descentralização não pode significar renúncia ou ainda um significativo esvaziamento da atuação do Estado* na prestação dos serviços públicos não exclusivos, pois, nos termos do

---

[203] CASTELLS, Manuel. *A Sociedade em Rede*. 26. ed. Rio de Janeiro: Paz & Terra, 2025, p. 77.

[204] *Ibid.*, p. 78.

[205] BUCCI, Maria Paula Dallari. *Direito Administrativo e Políticas Públicas*. São Paulo: Saraiva, 2002, p. 241. Conforme preconiza a autora, a política pública traduz o "espaço institucional para a explicitação dos 'fatores reais de poder'" (*Ibid.*, p. 242).

[206] STF, ADI 7629, Plenário, Rel. Min. Dias Toffoli. j. 17.02.2025.

art. 175 da Constituição, os serviços públicos são de titularidade do Estado. Todavia, deve significar um *planejamento da atuação administrativa em rede*, levando em consideração tanto a estrutura administrativa própria quanto a de instituições do terceiro setor, com o *objetivo inarredável de ampliar a oferta de serviços públicos* para fazer frente ao surgimento de novas demandas sociais, que impõem, conforme apontam Fernanda Ghiuro Valentini Fritoli e Ana Paula Henriques de Santana, "uma releitura do mínimo existencial, com vistas a refletir, verdadeiramente, um núcleo que proteja o indivíduo moderno".[207]

Com isso, o administrador público, ao planejar o atendimento de uma demanda de saúde da população, por exemplo, pode, e deve, levar em consideração não apenas as unidades públicas de saúde próprias, mas inclusive as de outros entes e as do terceiro setor. Os Municípios, por exemplo, devem atuar de maneira integrada com os Estados e com a União, bem como com as entidades privadas.

Assim, no contexto cultural da integração, provocado pelo desenvolvimento das tecnologias de informação, a atuação da Administração deve ir além da mera interoperabilidade digital, implicando verdadeira *interdependência administrativa* em todos os níveis, inclusive no âmbito patrimonial, por meio do compartilhamento de bens públicos entre entes e entidades públicas e privadas, como se tratará mais adiante.

2.4 A informação como bem público na era digital

Informação é *todo e qualquer dado*, processado ou não, que pode ser utilizado para produção e transmissão de conhecimento, contido em qualquer meio, suporte ou formato. Essa é a definição trazida pela Lei de Acesso à Informação (Lei nº 12.527/2011), no art. 4º, inciso I.

Castells sustenta que uma característica do novo paradigma de convivência social é que "a informação é sua matéria-prima: *são tecnologias para agir sobre a informação*, não apenas informação para agir sobre a tecnologia, como foi o caso das revoluções tecnológicas anteriores".[208]

Essencialmente, as novas tecnologias não se notabilizam por criar informações ou novas atividades econômicas, mas sim por potencializar as formas de utilização da informação existente.

---

207 FRITOLI, Fernanda Ghiuro Valentini; SANTANA, Ana Paula Henriques de. *O direito à vida e a sua dimensão jurídica:* uma releitura do mínimo existencial à luz do ordenamento jurídico brasileiro. *In:* NIELSEN JÚNIOR, Diogenes (org.); SANTANA, Fabio Paulo Reis de (coord.). Constituição e Direitos Fundamentais. Londrina, PR: Thoth, 2024, p. 69.

208 CASTELLS, Manuel. *A sociedade em rede.* 26. ed. Rio de Janeiro: Paz & Terra, 2025, p. 124.

Nesse sentido, assim como o comércio eletrônico na iniciativa privada, por exemplo, amplia o acesso a mercados nacionais e estrangeiros de produtos e serviços disponíveis em um catálogo; na Administração Pública, a interoperabilidade de sistemas visa ao compartilhamento de informações pessoais já existentes. Do mesmo modo, o autosserviço busca agilizar a prestação de um serviço público já oferecido à população.

Por essa razão, Castells aponta que "o que mudou não foi o tipo de atividade em que a humanidade está envolvida, mas sua capacidade tecnológica de utilizar, como força produtiva direta, [...] nossa capacidade superior de processar símbolos".[209]

Assim, a mudança não está propriamente na atividade desenvolvida, mas *na maneira como a atividade é desenvolvida,* isto é, na enorme capacidade de processamento de informações.

Portanto, na era digital, a informação assume um papel central, pois é sobre ela que as aplicações tecnológicas se tornam possíveis. Dito de outro modo, sem o acesso à massa de dados, o desenvolvimento tecnológico seria inútil. De que adianta, por exemplo, um microprocessador de última geração, se não houver nenhuma informação a ser processada.

Em razão disso, o mundo vivenciou um movimento por *dados abertos* ou *open data,* sob o argumento de que os dados devem estar disponíveis para serem livremente utilizados, reutilizados e redistribuídos por qualquer pessoa.

No Brasil, essa orientação para dados abertos pode ser encontrada, por exemplo, **(i)** no art. 8º, §3º, inciso III, da Lei de Acesso à Informação, que estabelece que as informações disponibilizadas nos sítios eletrônicos dos órgãos e entidades públicas devem possibilitar o acesso automatizado por sistemas externos em formatos abertos, estruturados e legíveis por máquina; e **(ii)** no art. 3º, inciso XIV, da Lei do Governo Digital, que prevê como princípios e diretrizes do Governo Digital e da eficiência pública a promoção de dados abertos.

A mesma lei apresenta, no art. 4º, inciso IV, o *conceito de dados abertos* como sendo os dados acessíveis ao público, representados em meio digital, estruturados em formato aberto, processáveis por máquina, referenciados na internet e disponibilizados sob licença aberta que permita sua livre utilização, consumo ou tratamento por qualquer pessoa física ou jurídica.

---

209 *Ibid.*, p. 155.

Essa onda por dados abertos trouxe consigo uma *cultura de transparência* (*transparency*) da Administração Pública, que se traduz no grau mais avançado da publicidade prevista no art. 37, caput, da Constituição Federal, pois não basta que os atos e contratos administrativos sejam publicados em diário oficial ou no mural da repartição pública, é fundamental que as informações estejam disponíveis em formato aberto nos sítios eletrônicos dos entes e entidades públicas, ao que se denominou de *portais de transparência*.

Esse dever de transparência também pode ser encontrado no art. 48 da Lei de Responsabilidade Fiscal (Lei Complementar nº 101/2000) no tocante à gestão fiscal, execução orçamentária, prestações de contas e leis orçamentárias.

Ao dever de transparência da Administração se contrapõe o direito fundamental de *acesso à informação* pelo indivíduo, previsto no art. 5º, inciso XIV, da Constituição Federal, que foi regulamentado pela mencionada Lei de Acesso à Informação, no art. 10 e seguintes.

Assim, a informação detida pela Administração Pública ganha centralidade fundamental na sociedade interconectada, de modo que, se antes os bens mais valiosos eram aqueles com expressão econômica, como bens imóveis e móveis permanentes, agora, com a tecnologia da informação e da comunicação, os *dados pertencentes à Administração (bens públicos) se tornam tão ou mais valiosos do que as próprias estruturas físicas*, impactando-a de diversas formas, dentre elas, por meio da drástica redução da ocupação de equipamentos públicos em razão da virtualização de serviços anteriormente prestados de forma presencial, como, por exemplo, os órgãos jurídicos da Administração após o advento do processo judicial eletrônico.

A questão da propriedade dos dados pela Administração merece uma análise mais detida. Isso porque a Administração pode possuir em seus bancos de dados tanto informações de cunho pessoal dos administrados quanto informações sem conteúdo pessoal.

Por isso, as *informações sem conteúdo pessoal detidas pela Administração* constituem bens públicos e se submetem ao regramento de direito administrativo, observadas as hipóteses legais de sigilo previstas na Lei de Acesso à Informação.

No tocante às *informações de cunho pessoal detidas pela Administração*, concordamos com a análise feita por Carolina Zancaner Zockun, Flávio Garcia Cabral, Leandro Sarai e Maurício Zockun quando sustentam que é necessário "distinguir a figura jurídica do titular, no caso de dados pessoais, da figura do proprietário desses dados. Titular dos dados pessoais é somente a pessoa natural a que se referem [...] a Administração poderia ser proprietária de dados contidos em seu banco de dados".[210]

Isso porque *a própria Constituição Federal não assegura ao titular do dado pessoal o direito à livre disposição sobre a informação detida pela Administração*, apenas garantindo, por meio do habeas data, previsto no art. 5º, inciso LXXII, **(i)** o direito ao *conhecimento das informações* relativas à pessoa do impetrante, constantes dos registros ou bancos de dados de entidades governamentais ou de caráter público, e **(ii)** o direito à *retificação de dados*, quando não se prefira fazê-lo por processo sigiloso, judicial ou administrativo.

Com isso, caso fosse proprietária das suas informações constantes dos bancos de dados públicos, a pessoa poderia requerer, por exemplo, a exclusão de seus registros, o que não é possível.

Como regra, a *coleta* do dado pessoal depende do *consentimento* do indivíduo, conforme preveem os arts. 7º, inciso I, e 11, inciso I, da Lei Geral de Proteção de Dados (Lei nº 13.709/2018). Porém, como se verá mais adiante, a Administração Pública pode coletar dados pessoais *sem o consentimento* do titular.

Assim, a informação em posse da Administração é de sua propriedade, ainda que diga respeito a dados pessoais sensíveis dos administrados, incidindo, contudo, restrições acerca do uso e do tratamento dessas informações, na forma prevista na LGPD.

Dessa maneira, é possível afirmar que a *informação pessoal detida pela Administração também constitui bem público*, pois a propriedade do banco de dados pertence à Administração e a manutenção de informação pessoal sempre está destinada ao atendimento de um interesse público.

Não deve ser admitida, de forma alguma, a retenção de informação pessoal sem a afetação a interesse público, de modo que, *sendo desnecessária determinada informação pessoal, ou não deve ser coletada ou deve ser imediatamente descartada*.

Essa nova realidade, no entanto, não é isenta de desafios. Na sociedade interconectada emergem preocupações acerca da proteção dos dados, da privacidade e do combate à desinformação.

---

[210] ZOCKUN, Carolina Zancaner; CABRAL, Flávio Garcia; SARAI, Leandro; ZOCKUN, Maurício. *Manual de Direito Administrativo Digital*. São Paulo: Almedina, 2024, p. 238.

2.5 Os desafios na era da informação

2.5.1 A segurança dos dados

Em levantamento feito pela empresa de segurança cibernética EST., o Brasil foi o 4º país na América Latina com mais ameaças digitais detectadas no primeiro semestre de 2024.[211] Segundo o relatório da Check Point Research, houve um aumento de 67% nos ciberataques no Brasil durante o segundo trimestre de 2024, com uma média de 2.754 tentativas de ataques semanais.[212]

Cada vez mais frequentes, os ataques hackers a sites governamentais apresentam enormes desafios à segurança de dados.

No dia 27/01/2024, o Instituto Nacional do Câncer (INCA) informou ocorrência de ataque em seus sistemas que levou à suspensão das sessões de radioterapia, afetando pelo menos 100 pessoas.[213] No dia 22/01/2025, o Arquivo Nacional comunicou invasão no seu site de premiações.[214]

Um dos tipos mais comuns é o ataque de *Negação de Serviço Distribuído (Distributed Denial of Service ou DDoS)*, por meio do qual "muitas máquinas na rede enviam tráfego direcionado à máquina da vítima, na tentativa de esgotar seus recursos".[215]

Essa investida coordenada de milhares máquinas conectadas à internet, muitas vezes denominadas de botnet, pode, por exemplo, derrubar um sítio eletrônico da Administração Pública.

Outra ação criminosa é o *phishing* em que as mensagens de e-mail spam se apresentam disfarçadas de fontes confiáveis, como, por exemplo, de instituições bancárias, com o desiderato de coletar dados pessoais dos usuários, como senhas e números de cartões de crédito.[216]

---

[211] CNN. Brasil é o 4º país da América Latina com mais ameaças digitais no 1º semestre de 2024, diz pesquisa. Disponível em: https://www.cnnbrasil.com.br/economia/macroeconomia/brasil-e-o-4o-pais-da-america-latina-com-mais-ameacas-digitais-no-primeiro-semestre-de-2024-diz-pesquisa/. Acesso em: 10 abr. 2025.

[212] BOX TECNOLOGIA. Os principais ataques cibernéticos enfrentados no Brasil em 2024. Disponível em: https://www.boxtecnologia.com.br/blog/os-principais-ataques-ciberneticos-enfrentados-no-brasil-em-2024/. Acesso em: 10 abr. 2025.

[213] Conferir: https://g1.globo.com/rj/rio-de-janeiro/noticia/2024/01/30/apos-ataque-hacker-inca-paralisa-radioterapia-mas-diz-que-banco-de-dados-nao-foi-apagado.ghtml. Acesso em: 10 abr. 20205.

[214] Conferir: https://www.gov.br/arquivonacional/pt-br/canais_atendimento/imprensa/copy_of_noticias/comunicado-arquivo-nacional-sofre-ataque-hacker-na-pagina-do-premio-memorias-reveladas. Acesso em: 10 abr. 2025.

[215] TANENBAUM, Andrew; FEAMSTER, Nick; WETHERALL, David. *Rede de Computadores*. 6. ed. trad. Daniel Vieira. São Paulo: Pearson; Porto Alegre: Bookman, 2021, p. 49.

[216] *Ibid.*, p. 49.

Assim, esses ataques a sítios eletrônicos e sistemas da Administração podem levar a *vazamentos de dados pessoais sensíveis, roubos de identidades*, dentre outros, causando graves danos aos usuários dos serviços públicos.

2.5.2 A tutela da privacidade

Nem toda informação produzida pela Administração constitui dado pessoal, podendo dizer respeito à própria atuação administrativa, como, por exemplo, as informações relativas à quantidade de escolas públicas em determinada localidade ou ao número de crianças matriculadas no ensino fundamental.

Todavia, há uma massa de informações manejada pela Administração que diz respeito às pessoas individualmente consideradas. Nesse caso, a *tutela da privacidade* se afigura essencial.

A Declaração Universal de Direitos Humanos de 1948 reconhece, no art. 12, o direito à vida privada a todo ser humano.

Nos Estados Unidos da América, a ideia de privacidade está presente desde a 4ª emenda à Constituição, ratificada em 1791, que visa a proteger o cidadão de buscas e apreensões em seu domicílio, exigindo, como regra, a obtenção de prévio mandado judicial.

No Brasil, a mesma proteção encontra assento constitucional desde a Constituição Imperial de 1824, que, no art. 179, inciso VII, prevê a inviolabilidade de domicílio, por meio da fórmula "asilo inviolável", denotando a ideia de que a ninguém é dado o direito de invadir a privacidade de outrem, salvo, como regra, mediante prévia determinação judicial.

Nesse sentido, Dinorá Adelaide Musetti Grotti sustenta que a doutrina diverge em relação ao *objeto da tutela da inviolabilidade de domicílio* — com autores que defendem a proteção aos direitos de propriedade, de liberdade individual e de segurança — filiando-se a autora brasileira ao entendimento, com o qual concordamos, de que a proteção da casa se apresenta como "um dos aspectos da proteção do direito à intimidade".[217]

No entanto, a proibição específica de coleta, manutenção, uso e disseminação de informações sobre os indivíduos somente surgiu nos Estados Unidos por meio da Privacy Act de 1974.

---

[217] GROTTI, Dinorá Adelaide Musetti. *Inviolabilidade do domicílio na Constituição*. São Paulo: Malheiros, 1993, p. 98.

No Brasil, foi com a Constituição de 1988 que a inviolabilidade da intimidade e da vida privada ganhou maior expressão, recebendo previsão autônoma no art. 5º, inciso X, com vistas a indicar que a privacidade extrapola os limites da residência.

Todavia, como afirmam Andrew Tanenbaum, Nick Feamster e David Wetherall, o que mudou na era digital foi "a facilidade com que os governos podem espionar seus cidadãos",[218] pois, hoje em dia, as companhias telefônicas e os provedores de internet fornecem prontamente as informações requisitadas e realizam as interceptações telefônicas determinadas pelas autoridades competentes.

Além disso, outras iniciativas apresentam desafios à tutela da privacidade, como os *cookies* instalados pelos sítios eletrônicos que são capazes de extrair os padrões de comportamento dos usuários e os dispositivos inteligentes que podem captar dados sem permissão.

Têm-se, ainda, as *câmeras de vigilância* de alta resolução espalhadas pelas cidades e acopladas a softwares de alto desempenho em processamento de dados, que, sob o pretexto de ampliar a segurança da população, são capazes de realizar *reconhecimento facial à distância*, identificando e monitorando os indivíduos pelas ruas. Por exemplo, as câmeras de reconhecimento facial usadas por diversos estados do Brasil ajudaram a prender, durante o carnaval deste ano, mais de 140 pessoas foragidas da Justiça e suspeitas de cometer crimes.[219]

Contudo, a sociedade de vigilância reforçada pelo desenvolvimento das tecnologias de informação, além de suscitar questionamentos acerca da *invasão de privacidade*, provoca também outras preocupações fundamentais, notadamente em relação às bases de dados enviesadas e à ausência de transparência algorítmica, causando reforço do preconceito racial e da discriminação social.[220]

Apontando preocupação relevante, Camila Pintarelli defende que "o surgimento de técnicas de neuroimagem não invasivas provocou revolução na compreensão do cérebro humano, o que foi intensificado

---

[218] *Ibid.*, p. 539.

[219] O GLOBO. Câmeras de reconhecimento facial ajudam na prisão de mais de 140 suspeitos no carnaval da BA, RJ, SP, PE e MG. Disponível em: https://oglobo.globo.com/brasil/noticia/2025/03/05/cameras-de-reconhecimento-facial-ajudam-na-prisao-de-mais-de-140-suspeitos-no-carnaval-da-ba-rj-sp-pe-e-mg.ghtml. Acesso em: 10 abr. 2025.

[220] BBC. Inteligência artificial: Por que as tecnologias de reconhecimento facial são tão contestadas. Disponível em: https://www.bbc.com/portuguese/geral-48889883#:~:text=%22A%20tecnologia%20de%20reconhecimento%20facial,pessoas%2C%20consideramos%20isso%20inadequado.%22. Acesso em: 10 abr. 2025.

na atual quadra com a considerável ampliação do espectro de neurotecnologias de imagem disponíveis".[221]

Equipamentos que mapeiam as ondas cerebrais já podem ser livremente adquiridos no mercado[222] e, em alguns testes, têm sido utilizadas tiaras eletrônicas para medir, em tempo real, a atenção de crianças em salas de aula.[223]

Nesse sentido, Pintarelli sustenta que "em um futuro muito próximo, o conteúdo de nossos pensamentos poderá ser acessado antes mesmo de ser exteriorizado". E prossegue a autora brasileira, aduzindo que "atualmente já se mostra plausível buscar a tutela ao pensamento em momento anterior à sua manifestação pública, envolvendo a habilidade de manter a privacidade dos seus pensamentos, a liberdade de evitar sua manipulação e de evitar ser penalizado pelo que simplesmente pensa".[224]

Assim, o avanço da neurotecnologia demanda o surgimento de um novo conjunto de direitos fundamentais denominado de *neurodireitos*, com vistas à tutela da privacidade do pensamento e dos dados pessoais sensíveis.

2.5.2.1 A proteção aos dados pessoais sensíveis

O tratamento de dados pessoais[225] impõe a quem o realiza o dever de proteção dos direitos fundamentais de liberdade e de privacidade dos titulares.

---

221 PINTARELLI, Camila. A livre manifestação do pensamento no cenário da neurotecnologia: a proteção ao pensar como proteção do pluralismo político. *In:* PINTARELLI, Camila; SANTOS, Marcelo Fonseca (coord.). *Direito e disrupção*: novos olhares aos institutos jurídicos. São Paulo: Thomson Reuters Brasil, 2025, p. 25.

222 O GLOBO. Sem regulação, empresas coletam dados de ondas cerebrais e já 'leem' nossa mente. Entenda o que está em jogo. Disponível em: https://oglobo.globo.com/economia/tecnologia/noticia/2024/04/20/sem-regulacao-empresas-coletam-dados-de-ondas-cerebrais-e-ja-leem-nossa-mente-entenda-o-que-esta-em-jogo.ghtml. Acesso em: 11 abr. 2025.

223 VALOR ECONÔMICO. Somos experimenta ferramenta que mede atenção do aluno. Disponível em: https://valor.globo.com/empresas/noticia/2020/10/01/somos-experimenta-ferramenta-que-mede-atencao-do-aluno.ghtml. Acesso em: 11 abr. 2025.

224 PINTARELLI, Camila. A livre manifestação do pensamento no cenário da neurotecnologia: a proteção ao pensar como proteção do pluralismo político. *In:* PINTARELLI, Camila; SANTOS, Marcelo Fonseca (coord.). *Direito e disrupção:* novos olhares aos institutos jurídicos. São Paulo: Thomson Reuters Brasil, 2025, p. 27.

225 O art. 5º, inciso X, da LGPD conceitua tratamento de dados como toda operação realizada com dados pessoais, como as que se referem a coleta, produção, recepção, classificação, utilização, acesso, reprodução, transmissão, distribuição, processamento, arquivamento, armazenamento, eliminação, avaliação ou controle da informação, modificação, comunicação, transferência, difusão ou extração.

A Emenda Constitucional nº 115/2022 incluiu o inciso LXXIX no rol do art. 5º da Constituição reconhecendo como direito fundamental o *direito à proteção dos dados pessoais, inclusive nos meios digitais*.

Nesse sentido, a Lei Geral de Proteção de Dados estabelece uma série de obrigações tanto para as pessoas naturais e jurídicas de direito privado quanto para a Administração Pública.

A lei diferencia os dados pessoais dos dados pessoais sensíveis, distinguindo-os pelo *grau de intimidade da informação*, pois, nos termos do art. 5º, enquanto o *dado pessoal* é a informação relacionada à pessoa natural identificada ou identificável, o *dado pessoal sensível* se refere ao dado pessoal sobre origem racial ou étnica, convicção religiosa, opinião política, filiação a sindicato ou a organização de caráter religioso, filosófico ou político, dado referente à saúde ou à vida sexual, dado genético ou biométrico, quando vinculado a uma pessoa natural.

Relativamente aos dados pessoais sensíveis, o art. 11 da lei estabelece um adicional de proteção, dispondo, como regra geral, que o tratamento de dados sensíveis somente poderá ocorrer quando o titular ou o responsável legal consentir, de forma específica e destacada, para finalidades específicas. A regra, portanto, é o *consentimento*.

No entanto, excepcionalmente, será possível à Administração realizar o tratamento de dados pessoais, sensíveis ou não, *sem o consentimento* do titular, nas hipóteses em que for indispensável, dentre outras situações, **(i)** para o tratamento compartilhado de dados necessários à execução de políticas públicas previstas em leis ou regulamentos, **(ii)** para a realização de estudos por órgão de pesquisa, garantida, sempre que possível, a anonimização dos dados pessoais sensíveis, **(iii)** para a proteção da vida ou da incolumidade física do titular ou de terceiro, e **(iv)** para a tutela da saúde, exclusivamente, em procedimento realizado por profissionais de saúde, serviços de saúde ou autoridade sanitária.

Ademais, o tratamento de dados pessoais pela Administração, conforme estabelece o art. 23 da lei, deverá ser realizado para o atendimento de sua finalidade pública, com vistas ao atendimento do interesse público, fornecendo ao usuário informações claras e atualizadas sobre a previsão legal, a finalidade, o procedimento e as práticas utilizadas para a execução dessas atividades, em veículos de fácil acesso, preferencialmente em seus sítios eletrônicos, bem como indicando um encarregado de dados para atuar como canal de comunicação entre o controlador de dados, os titulares dos dados e a Autoridade Nacional de Proteção de Dados (ANPD).

A lei, no art. 26, ainda admite o uso compartilhado de dados pessoais pela Administração, devendo atender às finalidades específicas de execução de políticas públicas e à atribuição legal dos órgãos e entidades públicas, respeitados os princípios de proteção de dados pessoais.

Assim, a despeito da existência de regramento acerca da proteção dos dados pessoais sensíveis, os desafios de implementação na Administração Pública são enormes, tendo em vista, em muitos casos, a falta de capacitação dos servidores, a necessidade de mudança na cultura organizacional e na reformulação de sistemas e de procedimentos e até mesmo a escassez de recursos orçamentários.

2.5.3 O combate à desinformação

O combate à desinformação é um grande desafio na era da informação.

As *fake news* são notícias falsas, mas não aquelas acidentalmente contadas, e sim as que são dolosamente apresentadas aos destinatários. Em outra oportunidade, pudemos definir as *fake news*, em linhas gerais, como "notícias falsas (mentiras) intencionalmente criadas com objetivos variados, entre os mais importantes o de provocar a desinformação da população, o de propagar discurso de ódio (*hate speech*) e o de atentar contra as instituições democráticas".[226]

O Dicionário Oxford elegeu a "*pós-verdade*" como a expressão do ano de 2016. Por esse conceito, denotam-se as circunstâncias nas quais os fatos objetivos são menos influenciadores na formação da opinião pública do que *apelos à emoção ou à crença pessoal*.

Nesse sentido, a pós-verdade revela uma "*relativização da percepção do verdadeiro* a partir das convicções pessoais do receptor da mensagem, e não com base nas comprovações fáticas".[227]

Esse cenário desponta como o *caldo de cultura propício para a proliferação da desinformação*, pois as mentiras passam a ser cirurgicamente fabricadas apoiando-se nas crenças pessoais de um certo segmento da sociedade.

---

[226] SANTANA, Fabio. As fake news e a luta pela democracia em ano eleitoral. Disponível em: https://www.conjur.com.br/2022-jan-11/santana-fake-news-luta-democracia-ano-eleitoral/. Acesso em: 11 abr. 2025.

[227] *Ibid.*

Nesse contexto, o desenvolvimento das tecnologias de informação e de comunicação permitiu a disseminação, em larga escala, da desinformação, porque a partir das redes sociais as informações podem ser levadas apenas a determinados grupos sociais, viabilizando o surgimento de *bolhas informacionais*. Isso não era possível anteriormente, pois as mídias de massa — televisão, rádio e jornais — não eram capazes de segmentar, com precisão, o destinatário da notícia.

Na evolução tecnológica do uso estratégico da mentira, surgem as *deepfakes*, cuja denominação decorre do amálgama das expressões "deep learning" e "fake", caracterizadas pelo uso da inteligência artificial para a sintetização de imagens e sons humanos, utilizada especialmente para combinar, com grande precisão, uma nova fala produzida a um vídeo preexistente, induzindo o destinatário a acreditar que o conteúdo da mensagem apresentada seria realmente atribuído à pessoa que aparece no vídeo.

Essa manipulação enganosa tem produzido graves consequências, como, por exemplo, o caso ocorrido em Hong Kong, em 02/02/2024, em que um empregado de uma empresa transnacional foi induzido a transferir US$ 25 milhões aos golpistas que se valeram de deepfake para se passarem pelo diretor financeiro da empresa em uma videochamada.[228]

É possível constatar impactos relevantes da *propagação de desinformação* também na Justiça Eleitoral, em que fatos notoriamente inverídicos ou gravemente descontextualizados são capazes de atingir a integridade do processo eleitoral, o que levou, inclusive, ao primeiro caso de cassação de mandato, em que o então Deputado Estadual eleito pelo estado do Paraná, Fernando Francischini, foi condenado por espalhar notícia falsa contra a urna eletrônica.[229]

Nessa esteira, o Tribunal Superior Eleitoral (TSE) criou uma ferramenta denominada de Sistema de Alertas de Desinformação Eleitoral (SIADE) que permite a qualquer pessoa denunciar *fake news* em matéria eleitoral, gerando, após checagens internas, emissão de alertas às plataformas digitais e às autoridades competentes.[230]

---

[228] CNN. Golpistas usam deepfake de diretor financeiro e roubam US$ 25 milhões. Disponível em: https://www.cnnbrasil.com.br/economia/negocios/golpistas-usam-deepfake-de-diretor-financeiro-e-roubam-us-25-milhoes/. Acesso em: 11 abr. 2025.

[229] TSE. Deputado Francischini é cassado por propagar desinformação contra a urna eletrônica. Disponível em: https://www.tse.jus.br/comunicacao/noticias/2021/Outubro/plenario-cassa-deputado-francischini-por-propagar-desinformacao-contra-o-sistema-eletronico-de-votacao. Acesso em: 11 abr. 2025.

[230] TSE. *Sistema de Alertas de Desinformação Eleitoral – SIADE*. Disponível em: https://www.tse.jus.br/eleicoes/sistema-de-alertas. Acesso em: 11 abr. 2025.

Muito se debate atualmente acerca da *regulação das redes sociais*. Como apontam Marcelo Fonseca Santos e Lucas Ramos Guimarães, no início, "os entusiastas da tecnologia, à época, tinham a internet como uma nova casa para a mente humana, livre de supostas amarras dos governos mundiais",[231] o que levou à rejeição das iniciativas de regulação do uso da internet.

A despeito de alguns avanços na regulação, notadamente em relação à moderação de conteúdo realizada pelas próprias plataformas digitais, como, por exemplo, a inclusão do inciso X, no art. 5º, do Marco Civil da Internet (Lei nº 12.965/2014) pela Medida Provisória nº 1.068/2021, porém não se vislumbra um grande esforço político nessa direção, haja vista a rejeição da mencionada medida provisória pelo Congresso Nacional.

Essa tendência de desregulação das redes sociais não se afigura postura isolada do Brasil, sendo também sentida em nível mundial, em especial no país que abriga as maiores *big techs* do planeta, conforme se verifica em recente decisão da Meta — controladora dos aplicativos Instagram, Facebook e Whatsapp — pelo encerramento do programa de checagem de fatos.[232]

Mais recentemente, o STF se encontra em fase de julgamento do Tema nº 987 com repercussão geral (RE nº 1037396) em que se discute a constitucionalidade do art. 19 do Marco Civil da Internet para fins de responsabilização civil das plataformas digitais.

Portanto, como se vê, são enormes os desafios de combate à desinformação enfrentados na quadra histórica atual.

2.6 Bens públicos digitais

2.6.1 Conceito

Para que se possa estabelecer um conceito de bens públicos digitais, faz-se necessário, em primeiro lugar, investigar se o adjetivo "digital" se refere apenas ao meio, ao suporte em que se encontra o

---

[231] SANTOS, Marcelo Fonseca; GUIMARÃES, Lucas Ramos. Neurodireito: o direito à integridade mental e o dilema das redes sociais. *In:* PINTARELLI, Camila; SANTOS, Marcelo Fonseca. (coord.). *Direito e disrupção:* novos olhares aos institutos jurídicos. São Paulo: Thomson Reuters Brasil, 2025, p. 65.

[232] O GLOBO. Meta retira checagem das redes: aonde Zuckerberg quer chegar ao se aliar com *Trump?* Disponível em: https://oglobo.globo.com/economia/tecnologia/noticia/2025/01/08/meta-retira-checagem-das-redes-onde-zuckerberg-quer-chegar-com-aceno-a-trump.ghtml. Acesso em: 11 abr. 2025.

bem público, ou se denota verdadeiramente uma categoria distinta de bens públicos.

Como visto anteriormente, Castells defende que a realidade digital se destaca não pela criação da informação, mas pelo desenvolvimento de tecnologias para agir sobre a informação.[233]

Nesse sentido, essas tecnologias de informação e comunicação (TICs) constituem apenas o suporte ou se afiguram novos bens, novos objetos virtuais?

Se pensarmos na *infraestrutura de redes* — cabeadas, sem fio e móveis — que viabiliza a conexão do usuário com um provedor de acesso à internet (Internet Service Provider – ISP), constatamos então a presença de bens físicos que permitem as trocas de informações virtuais. Por exemplo, os cabos de fibra óptica, as antenas celulares, os satélites.

Por sua vez, se considerarmos, do ponto de vista do *hardware* (equipamento), o avanço tecnológico existente em microcomputadores, celulares e tablets, estamos diante de equipamentos físicos, por enquanto, indispensáveis à vida digital.

Assim, esses bens, já existentes previamente ao mundo virtual, criam as condições necessárias para que a comunicação, que poderia se dar conforme o método tradicional, realize-se, de maneira mais veloz, no ambiente virtual criado por meio da rede mundial de computadores. O que faria das TICs um novo *suporte* de comunicação. Em outras palavras, não são bens digitais, mas bens *destinados* ao uso digital.

No entanto, há uma dimensão inteiramente virtual que somente se torna possível na internet. Isto é, as redes não apenas permitem a interconexão mais eficiente entre os usuários, mas também permitem a criação de *novos bens exclusivamente digitais*.

Softwares, também denominados de programas de computador ou aplicativos, somente têm existência no mundo virtual. Vejamos o exemplo de um navegador de internet. Segundo Tanenbaum, Feamster e Wetherall, "um navegador é um programa que pode exibir uma página web".[234] Enquadra-se na mesma situação, por exemplo, o programa utilizado pela Administração para a gestão de documentos e processos eletrônicos, dentre eles, o SEI (Sistema Eletrônico de Informações) que foi desenvolvido pelo Tribunal Regional Federal da 4ª Região e é

---

[233] *Ibid.*, p. 124.

[234] TANENBAUM, Andrew; FEAMSTER, Nick; WETHERALL, David. *Rede de Computadores*. 6. ed. trad. Daniel Vieira. São Paulo: Pearson; Porto Alegre: Bookman, 2021, p. 419.

amplamente usado pelos entes federados, como a União e o Município de São Paulo.[235]

Os *portais eletrônicos* na internet também possuem a mesma característica. É o caso do portal gov.br, que reúne uma gama de informações e de serviços à disposição dos cidadãos brasileiros.[236]

Da mesma forma, os *e-mails* ou correios eletrônicos que permitem a troca de informações e a comunicação em larga escala, individualmente ou em massa, na internet.

Esses recursos tecnológicos, portanto, são *bens digitais*, porque, por sua própria natureza, são *criados e destinados* ao mundo digital, permitindo a ampliação da capacidade de tratamento, acesso e processamento das informações.

Pode-se argumentar que os bens digitais não passam de códigos de programação e, assim, poderiam ser transcritos em papel, o que faria deles bens físicos ou, ao menos, concretizáveis.

Há diversas formas de garantir a propriedade intelectual de um bem imaterial. Tradicionalmente, esse processo envolve o registro das obras nos órgãos competentes, como, por exemplo, na Biblioteca Nacional, no Escritório Central de Arrecadação e Distribuição (ECAD).

Porém, é possível também que a propriedade e a autenticidade de uma obra intangível sejam protegidas por meio de um registro digital. Nesse caso, o titular pode se valer de um Token Não Fungível ou *Non-Fungible Token (NFT)*, ou seja, um código de computador registrado na blockchain, de maneira imutável, que traduz a representação única daquele objeto existente tanto no mundo físico quanto no digital.

Assim, a figura do registro não se confunde com a natureza do bem. Ainda que haja a transcrição de um objeto para fins de registro, como, por exemplo, a partitura de uma música ou a reprodução escrita de uma gravação de som, tal fato não transforma a natureza do objeto. Não é porque o código de um programa de computador foi transladado para o papel que o objeto representado deixou de ser um programa de computador.

No tocante às *informações*, como visto, quando de titularidade da Administração, são bens públicos, ainda que algumas informações devam ser submetidas ao regime do sigilo previsto na Lei de Acesso à Informação.

---

[235] SEI. *Sistema Eletrônico de Informações*. Disponível em: https://memoria.trf4.jus.br/memoria/controlador.php?acao=pagina_visualizar&id_pagina=1271. Acesso em: 14 abr. 2025.

[236] GOV.BR. *Serviços e informações do Brasil*. Disponível em: https://www.gov.br/pt-br. Acesso em: 14 abr. 2025.

Isso, todavia, não quer significar que as informações sejam recursos tecnológicos, pois, também como já abordado, as TICs agem sobre a informação, sendo esta a matéria-prima das TICs. Nesse sentido, os recursos tecnológicos permitem, por exemplo, a *melhoria dos processos de digitalização* de uma informação para fins de aumentar as possibilidades de propagação e de tratamento dos dados.

Pode-se argumentar acerca da necessidade de proteção dos bens digitais sob o manto dos *bens públicos*, contudo basta imaginar as graves consequências danosas à população caso determinado gestor público pudesse livremente alienar os portais eletrônicos governamentais, interrompendo o acesso a uma gama de serviços públicos, ou mesmo pudessem ser penhorados sistemas indispensáveis ao cotidiano da função administrativa. Assim, *aos bens digitais afetados também deve ser reconhecida a proteção das normas de direito público*.

Portanto, nem todos os bens públicos destinados ao mundo digital são bens digitais. Há bens físicos que criam as condições para o universo digital. No entanto, quando as ferramentas forem *criadas* no ambiente virtual e *destinadas* a ele (bens digitais), sendo de *titularidade da Administração e afetadas ao serviço público* (bens públicos), estaremos diante de *bens públicos digitais*.

2.6.2 Características

De maneira geral, os bens digitais são recursos ou serviços que atendem aos *critérios econômicos* da *não rivalidade* e da *não excludência (ou não exclusividade)*. Isto é, em relação àquele, o uso por uma pessoa não reduz a disponibilidade para as demais e, no tocante a este, ninguém pode ser impedido de acessá-los, podendo ser disponibilizados de forma gratuita ou mediante contraprestação.

Assim, do ponto de vista *econômico*, os recursos digitais, genericamente, estão disponíveis para acesso livre e simultâneo pelos indivíduos, ainda que eventualmente dependam de prévio cadastro ou pagamento de taxa ou tarifa.

Do ponto de vista *jurídico*, a característica da virtualidade dos bens digitais faz com se apresentem, regra geral, como bens *móveis* e *incorpóreos*, conforme classificação já vista no capítulo anterior, seja porque não estão incorporados ao solo, seja porque não ocupam lugar definido no espaço.

No tocante aos bens *públicos digitais*, a classificação existente parece, a princípio, dar conta da compreensão do fenômeno jurídico, quando são apartados conforme o uso: comum, especial ou dominicais.

Dessa forma, um bem público digital de *uso comum* se caracteriza pelos recursos digitais que são acessíveis a todos livremente, como é o caso das páginas dos órgãos públicos na internet.

Na mesma linha, os bens públicos digitais de *uso especial* se particularizam pela restrição de acesso apenas a determinados serviços ou estabelecimentos da Administração, como acontece com sistemas como o Sistema Integrado de Administração Financeira (SIAFI),[237] utilizado pela Administração Federal, ou o Sistema Integrado de Ações Judiciais Digital (SIAJ),[238] desenvolvido pela Prodam, sociedade de economia mista do Município de São Paulo.

Ainda os bens públicos digitais podem ser *dominicais* quando não se encontram afetados ao serviço público, como nos casos de substituições de sistemas na Administração, por exemplo, quando o Sistema Integrado de Administração de Recursos Humanos (SIAPE) foi substituído pelo Sistema de Gestão de Pessoas (SIGEPE).[239]

A essas formas de uso se aplicam as mesmas regras previstas para os bens públicos físicos.

No entanto, os bens públicos digitais, por sua própria natureza, permitem ir além. Permitem o *uso compartilhado*. Isto é, admitem o uso *simultâneo* por mais de um beneficiário, em especial a Administração não perde o acesso ao bem que lhe pertence em razão do acesso ao mesmo bem por outras pessoas. Explique-se: no compartilhamento, o uso não é comum, ou seja, não é de livre acesso a todos. O uso do bem é realizado pela Administração e por outras pessoas *determinadas*, de forma simultânea. Por exemplo, o sistema SEI não é aberto ao público, contudo é utilizado, simultaneamente, tanto pelo TRF da 4ª Região, seu criador, quanto por outros entes da federação.

Essa ideia de compartilhamento é possível encontrar também na aquisição de *licenças de uso* de softwares. Nesse ponto, discordamos dos autores que defendem que, quando a Administração adquire uma

---

[237] Sistema Integrado de Administração Financeira – SIAFI. Disponível: https://www.gov.br/tesouronacional/pt-br/siafi. Acesso em: 15 abr. 2025.

[238] Sistema Integrado de Ações Judiciais Digital – SIAJ. Disponível em: https://siajd.prefeitura.sp.gov.br/UC_AUT_001_AutenticarUsuario?ReturnUrl=%2f. Acesso em: 15 abr. 2025.

[239] Disponível em: https://www.siapenet.gov.br/portal/Servico/Direito.asp. Acesso em: 15 abr. 2025.

licença de uso de software comercial, este torna-se bem público.[240] Para nós, a aquisição das licenças de uso não torna a Administração proprietária do software, mas mera usuária simultânea do mesmo software, o que não o torna bem público. Com isso, os deveres de cuidado e de manutenção, que no mundo virtual geralmente se dá por meio das constantes atualizações do programa, decorrem do uso da coisa, tal como acontece, por exemplo, nas locações de bens imóveis urbanos em que, nos termos do art. 23, inciso XII e §1º, da Lei nº 8.245/91, o locatário é obrigado ao pagamento das despesas ordinárias de manutenção e conservação do condomínio.

Assim, o compartilhamento de acesso ao bem, característica inerente aos bens digitais, decorrente da realidade de uma sociedade interconectada, potencializa seu uso, extraindo o máximo aproveitamento possível dos recursos disponíveis.

O compartilhamento de bens da Administração revela, como se verá mais adiante, uma significativa mudança na forma de utilização dos bens públicos *por terceiros*, antes centrada na propriedade. Isso porque os institutos tradicionais de transferência do uso de um bem público — autorização, permissão e concessão de uso — alienam temporariamente o *uso privativo* a terceiros, seja por outras pessoas da Administração federal, estadual e municipal, seja por particulares. Isto é, o beneficiário da detenção poderá frui-la *com exclusividade*.

Nem se diga que instrumentos como o convênio ou acordos de cooperação poderiam realizar o compartilhamento de uso, pois essas ferramentas exigem a realização de objetivos comuns e elaboração de um plano de trabalho, envolvendo, por vezes, repasses financeiros. Aqui não. Está-se a tratar apenas do uso. A Administração não deseja realizar um objetivo comum, tampouco ajuste de plano de trabalho, mas apenas permitir o uso do bem por outra pessoa pública ou privada.[241]

Aderimos integralmente à indagação formulada por Carolina Zancaner Zockun, Flávio Garcia Cabral, Leandro Sarai e Maurício Zockun: "uma primeira preocupação que vem à mente diz respeito à gestão dos bens públicos em geral. Como as inovações podem impactar essa gestão?"[242]

---

[240] ZOCKUN, Carolina Zancaner; CABRAL, Flávio Garcia; SARAI, Leandro; ZOCKUN, Maurício. *Manual de Direito Administrativo Digital*. São Paulo: Almedina, 2024, p. 231.

[241] Remetemos o leitor ao ponto 3.1.2.

[242] ZOCKUN, Carolina Zancaner; CABRAL, Flávio Garcia; SARAI, Leandro; ZOCKUN, Maurício. *Manual de Direito Administrativo Digital*. São Paulo: Almedina, 2024, p. 213.

Para nós, o advento dos bens digitais e o consequente aprofundamento da interconexão do tecido social provocam um abalo nas estruturas da gestão dos bens públicos, demandando mudanças teóricas capazes de retirar a centralidade da propriedade que traz consigo o uso com exclusividade para atribui-la ao máximo acesso ao uso, independentemente de quem seja o proprietário. Dito de outro modo, a fruição do bem público não precisa mais ser atribuída a um destinatário com exclusividade, deixando a Administração sem o uso da coisa. O uso pode, e deve, ser, ao mesmo tempo, mantido pela Administração e transferido a outrem sem exclusividade.

Essa possibilidade de compartilhamento trazida pela realidade digital, ao se chocar com a tradição jurídica de uso por terceiros, impõe uma mudança de mentalidade na gestão dos bens físicos da Administração, a fim de adequá-los à nova realidade da sociedade em rede.

2.7 Os bens públicos na sociedade em rede: a nova dinâmica de uso dos bens públicos

A velocidade do desenvolvimento dos recursos tecnológicos na sociedade interconectada, com a ampliação, por exemplo, das chamadas "Cidades Inteligentes" (*Smart Cities*)[243] e a diretriz legal de implantação de um "Governo como Plataforma" (art. 3º, inciso XXIII, da Lei do Governo Digital), tem provocado um profundo impacto na maneira de pensar a gestão dos bens públicos físicos.

A chegada dos bens digitais abala o método tradicional de administração do patrimônio público pautado na ideia de propriedade, em que o uso constitui apenas um dos atributos do direito do proprietário, lastreado no uso *com exclusividade* como regra. Ou o titular da propriedade pública a utiliza com exclusividade (uso especial) ou transfere a sua fruição a terceiros com exclusividade (pela maneira atual de autorização, permissão e concessão de uso).

Na sociedade da conectividade pouco importa quem é o titular. O importante é o acesso às facilidades proporcionadas pelo bem. Quem criou o portal gov.br? Qual é o valor de troca desse portal eletrônico? Essas perguntas não são formuladas por quem o acessa, pois o usuário

---

243 OLHAR DIGITAL. Cidades inteligentes crescerão mais de 20% até 2025. Disponível em: https://olhardigital.com.br/2024/04/16/pro/cidades-inteligentes-crescerao-mais-de-20-ate-2025-entenda-infraestrutura/. Acesso em: 17 abr. 2025.

somente quer o acesso aos serviços ali disponibilizados pelo tempo estritamente necessário à sua demanda.

Como será abordado mais adiante, no mundo contemporâneo, as diferentes formas de uso do bem ganham destaque. Nessa esteira, já tivemos a oportunidade de deixar consignado que "o recurso disponível não se afigura um fim em si mesmo, mas o caminho para se alcançar a solução do problema",[244] pois o que se deseja realmente é "o buraco e não a furadeira".[245]

A propriedade, portanto, deixa de ser condição *sine qua non* para a satisfação das demandas sociais. Se pensarmos a *gestão pública em rede*, por meio das estruturas de outras entidades públicas e instituições privadas parceiras, pode tornar desnecessário, por exemplo, desapropriar um imóvel para atender a uma demanda por ensino infantil. Pouco importa o titular dos bens disponibilizados para os serviços públicos, mas sim a disponibilização dos serviços à população.

Se é verdade que a gestão pública na sociedade em rede exige que o administrador volte o *olhar para fora*, buscando novos parceiros para o desempenho da função pública, é também verdade que esse olhar deve, da mesma forma, voltar-se *para dentro*.

Torna-se indispensável *conferir dinamismo aos bens de titularidade da Administração*, de maneira a ampliar as formas de uso do mesmo bem e permitir que outras pessoas, públicas e privadas, possam acessá-los para o atendimento do interesse público.

Com isso, faz-se necessário o desenvolvimento de um *regime jurídico geral do uso compartilhado de bens públicos*, especialmente dos bens físicos de uso especial da Administração, que, costumeiramente, dispensam maiores preocupações acerca de sua *subutilização*. Como regra, basta estarem afetados ao serviço público, sendo irrelevantes questionamentos acerca do *potencial de uso não utilizado adequadamente*. Agora não basta mais.

Na sociedade em rede, *os bens públicos físicos demandam interconexão com outras Administrações Públicas e com as entidades parceiras do Estado*, unindo esforços para o aumento da gama de serviços públicos disponibilizados à população, que, a cada dia, reclama, com justiça, por mais direitos.

---

[244] SANTANA, Fabio Paulo Reis. *Compartilhamento de recursos na Administração Pública*: limites e possibilidades. Curitiba: Appris, 2021, p. 20.

[245] BOTSMAN, Rachel; ROGERS, Roo. *O que é meu é seu*: como o consumo coletivo está mudando o nosso mundo. Porto Alegre: Bookman, 2011, p. 20.

Some-se a isso a crescente concentração de riqueza em escala transnacional[246] e o crescimento da automatização do processo produtivo,[247] que levam ao achatamento do poder aquisitivo de grande parcela da população e, em muitos casos, aumenta os níveis de pobreza nos países.

Para fazer frente a essa realidade, a Administração precisa desenvolver novas teorias jurídicas capazes de, como aponta o Visconde do Uruguay, produzir "boas instituições administrativas apropriadas às suas circunstâncias".[248]

Assim, para atender às demandas sociais numa sociedade em rede, é necessário que os *recursos públicos também estejam em rede, interconectados*, a fim de ampliar a capacidade de resposta da Administração Pública. Federalismo não deve implicar isolamento, ilhas de poder, mas sim *atuação coordenada*.

Dessa forma, os *bens públicos devem ser utilizados na forma de redes de cooperação*, tanto no uso *interno* pelos órgãos administrativos, quanto no uso *externo* por terceiros, entidades públicas e instituições privadas, permitindo usos simultâneos do mesmo bem público por diversos órgãos e pessoas jurídicas distintas.

Portanto, é por meio dos contornos do *regime jurídico geral do uso compartilhado* que a Administração conferirá *dinamismo à gestão dos bens públicos*, tanto dos bens físicos quanto dos bens digitais.

---

[246] EBC. Ritmo de concentração de renda aumenta, mostra relatório Oxfam 2025. Disponível em: https://agenciabrasil.ebc.com.br/economia/noticia/2025-01/ritmo-de-concentracao-de-renda-aumenta-mostra-relatorio-oxfam-2025. Acesso em: 17 abr. 2025.

[247] RAMOS, Cleuber Arruda; RIBEIRO, Paulo Francisco; BARBOZA, Wellington Santos; DIAS, Márcio José; ALCÂNTARA, Gabriel Araújo Macedo. O avanço da automação industrial no brasil: cenário atual e perspectivas futuras. *Revista FT*. Disponível em: https://revistaft.com.br/o-avanco-da-automacao-industrial-no-brasil-cenario-atual-e-perspectivas-futuras/. v. 28. ed. 134. maio 2024.

[248] URUGUAY, Visconde do. *Ensaio sobre o direito administrativo*. t. I. Rio de Janeiro: Thypographia Nacional, 1862, p. IV.

CAPÍTULO 3

O USO DOS BENS PÚBLICOS POR TERCEIROS

3.1 A outorga do uso privativo de bens públicos

3.1.1 Características da outorga de uso privativo

Como visto, o uso do bem público, quando deixa de ser igualitário e concorrente, passa, então, a ter natureza de uso *privativo*, porque é utilizado por determinada pessoa com exclusão das demais.

Nesse sentido, Maria Sylvia Zanella Di Pietro sustenta que os bens públicos também podem classificados em bens de uso comum e bens de uso privativo, afirmando que o traço distintivo é a *exclusividade ou não* do uso,[249] de modo que o uso daqueles se dá "em igualdade de condições, por todos os membros da coletividade, sem necessidade de consentimento individualizado por parte da Administração"[250] enquanto o uso desses "se exerce, com exclusividade, por pessoas determinadas, mediante título jurídico conferido individualmente pela Administração".[251]

Assim, por meio do *uso privativo*, a Administração Pública concede a terceiro, entidade pública ou privada, *com exclusividade*, o uso de bem público, valendo-se de instrumentos jurídicos tais como a autorização, a permissão e a concessão de uso.

---

[249] DI PIETRO, Maria Sylvia Zanella. *Uso privativo de bem público por particular*. 3. ed. São Paulo: Atlas, 2014, p. 17.

[250] *Ibid.*, p. 18.

[251] *Ibid.*, p. 18.

Essa utilização pelo terceiro, com *exclusividade*, depende da compatibilidade do uso pretendido com a finalidade do bem e de demonstração do interesse público, sendo desnecessária prévia autorização legislativa,[252] salvo nos casos previstos em lei.

O *interesse público* pode ser evidenciado, por exemplo, pela serventia que a ocupação pelo terceiro pode gerar à coletividade (como no caso da instalação de uma banca de jornal), ou pela remuneração como contraprestação pelo uso do bem público, ou, ainda, pela redução dos custos de manutenção que a outorga de uso pode proporcionar.

Nos termos do art. 76, inciso I, da Lei nº 14.133/2021 (antigo art. 17, inciso I, da Lei nº 8.666/93), a alienação de bens imóveis depende de prévia autorização legislativa, no entanto, como a outorga de uso privativo não implica alienação do bem público, torna-se *despicienda a autorização legislativa*, salvo nas hipóteses expressamente previstas por lei.[253]

Desse modo, não encontra guarida a possibilidade de outorga de uso em caráter perpétuo,[254] sob pena de caracterizar *alienação indireta*.

Não se confunda a definitividade com o *prazo indeterminado*. Uma outorga de uso em caráter precário, por exemplo, pode ser conferida por prazo indeterminado, podendo ser, a qualquer tempo, reivindicada pelo outorgante. Porém, nunca em caráter perpétuo.

O art. 2º, incisos I e IV, da Lei nº 14.133/2021 prevê a incidência da lei de licitações e contratos sobre as permissões e concessões de uso de bens públicos, assim como sobre as concessões de direito real de uso de bens públicos.

Não se olvida o entendimento perfilhado por Hely Lopes Meirelles, que contrapõe o uso comum ao *uso especial*, sendo este realizado tanto pelo Poder Público quanto pelo particular,[255] mas sempre com *"privatividade"*.[256]

Edmir Netto de Araújo aduz que, dentre os bens públicos, somente os *bens dominicais* "podem ter seu uso trespassado por instrumentos

---

[252] MELLO, Celso Antônio Bandeira de. *Curso de Direito Administrativo*. 35. ed. São Paulo: Malheiros, 2021, p. 876; NAKAMURA, André Luiz dos Santos. *Bens públicos*. Belo Horizonte: Fórum, 2022, p. 117.

[253] Como, por exemplo, o disposto no artigo 49, inciso XVI, da Constituição Federal, que exige aprovação prévia do Congresso Nacional para concessão de terras públicas com área superior a dois mil e quinhentos hectares.

[254] NAKAMURA, André Luiz dos Santos. *Bens públicos*. Belo Horizonte: Fórum, 2022, p. 119.

[255] MEIRELLES, Hely Lopes. *Direito Administrativo Brasileiro*. 42. ed. São Paulo: Malheiros, 2016, p. 643.

[256] *Ibid.*, p. 643.

jurídicos de direito privado, como enfiteuse, locação, arrendamento"; ao passo que os *bens de uso comum do povo e os de uso especial* "só podem (e quando podem) ter seu uso propiciado por instrumentos de direito público, tais como autorização, permissão e concessão de uso, nos quais a supremacia da Administração se revela pelo regime jurídico de direito público".[257]

Para Maria Sylvia Zanella Di Pietro, no tocante aos bens dominicais, o *instrumento adequado varia conforme a finalidade ou não de utilidade pública*. Assim, "se a utilização se der para fins de utilidade pública (mercado municipal, por exemplo), o instituto adequado é a concessão de uso, contrato tipicamente administrativo; se a utilização se der para proveito exclusivo do particular (como residência) e não para exploração de atividade de utilidade pública, o instituto adequado será a locação".[258]

Contudo, Diogenes Gasparini aponta que "esses instrumentos, instituídos pelo Direito Privado, não devem ser utilizados pelo Poder Público, embora não haja qualquer vedação nesse sentido".[259]

O autor justifica seu posicionamento aduzindo que, ao se valer de instrumentos do direito civil, a Administração "equipara-se ao particular e abre mão de suas prerrogativas", sendo, assim, inadequado aos negócios jurídicos entre Administração e os administrados, pois deve prevalecer sempre o interesse da coletividade sobre o interesse particular.[260]

Floriano de Azevedo Marques Neto defende a possibilidade de locação de bens públicos dominicais, com lastro no art. 87 do Decreto-Lei nº 9.760/1946, mas reconhece que essa locação não se sujeita às regras da locação comum. Seria uma espécie de locação *sui generis*.[261]

O STJ possui julgado no sentido do reconhecimento da natureza de direito público da remuneração percebida pelo uso de bens dominiais, mesmo nos casos de locações.

---

[257] ARAÚJO, Edmir Netto de. *Curso de Direito Administrativo*. 3. ed. São Paulo: Saraiva, 2007, p. 1100.

[258] DI PIETRO, Maria Sylvia Zanella. *Direito Administrativo*. 37. ed. Rio de Janeiro: Forense, 2024, p. 263.

[259] GASPARINI, Diógenes. *Direito Administrativo*. 2. ed. São Paulo: Saraiva, 1992, p. 519.

[260] *Ibid.*, p. 519.

[261] MARQUES NETO, Floriano de Azevedo. Regime jurídico e utilização dos bens públicos. *In:* DALLARI, Adilson Abreu; NASCIMENTO, Carlos Valder do; MARTINS, Ives Gandra da Silva (coord.). *Tratado de Direito Administrativo*. São Paulo: Saraiva, 2013. v. 2, p. 439.

> EMENTA: A remuneração pelo uso de bem público não configura aluguel e o disciplinamento do ajuste, firmado entre a empresa pública e a particular, não se submetem às normas ditadas à locação comum, e sim do Direito Público. Forçando, caso admitida a locação, mesmo assim, não escaparia dos preceitos de Direito Público (arts. 1º e 54, Lei 8.666/93). (STJ, REsp nº 267099/BA, T2, Rel. Min. Eliana Calmon, j. 16/04/2002, p. 27/05/2002).

Para nós, no tocante aos *bens dominicais*, cabe ao administrador público decidir pela melhor solução no caso concreto, à luz do interesse público envolvido, podendo optar por instrumentos de direito privado ou de direito público, pelo que se recomenda a utilização de instrumentos de direito público, com vistas à melhor preservação do interesse público.

Por fim, cabe destacar que *inexiste lei nacional com regras gerais* sobre o tema do uso de bens públicos, o que confere aos entes federativos "liberdade para qualificar as modalidades administrativas de disposição dos seus bens".[262]

Para alguns autores, os instrumentos de autorização, permissão e concessão de uso se restringem à outorga de uso a particulares, porém, para nós, haja vista a *autonomia federativa* para dispor de seus próprios bens e a *inexistência de vedação legal de âmbito nacional*, nada impede que esses instrumentos sejam utilizados indiscriminadamente para o uso tanto por outros entes e entidades da Administração quanto por particulares.

Cabe, então, analisar as características dos instrumentos idôneos a permitir a outorga de uso privativo de bem público a terceiros.

3.1.1.1 Autorização de uso

A autorização de uso é tradicionalmente definida como o ato administrativo unilateral e discricionário, a título precário, concedido para que o terceiro, público ou privado, faça uso privativo do bem, podendo ser gratuito ou oneroso, simples (sem prazo) ou qualificada (com prazo), conferida no interesse privado do beneficiário.

---

[262] LUFT, Rosângela. *Concessão de uso*. Disponível em: https://enciclopediajuridica.pucsp.br/verbete/115/edicao-1/concessao-de-uso. Acesso em: 04 maio 2025.

Celso Antônio Bandeira de Mello sustenta que a autorização de uso traduz "ato unilateral pelo qual a autoridade administrativa faculta o uso de bem público para utilização episódica de curta duração".[263]

Para Maria Sylvia Zanella Di Pietro, a autorização é ato unilateral porque basta a manifestação de vontade da Administração. É ato discricionário porque o consentimento se dá conforme a conveniência e oportunidade da Administração. É ato precário porque pode ser revogado a qualquer tempo, quando o uso se tornar contrário ao interesse público.[264]

Por ser conferida no interesse privado do beneficiário, é, como regra, outorgada em caráter transitório, bem como dispensa a licitação e a autorização legislativa. No entanto, segundo Di Pietro, "a fixação de prazo tira à autorização o caráter de precariedade, conferindo ao uso privativo certo grau de estabilidade; vincula a Administração à obediência do prazo".[265]

Conforme defende Di Pietro, a autorização de uso se encontra inserida no conceito amplo de autorização administrativa, que compreende a ideia de todo ato administrativo unilateral, discricionário e precário pelo qual a Administração faculta ao particular: **(i)** o uso de bem público (autorização de uso), ou **(ii)** a prestação de serviço público (autorização de serviço público), ou **(iii)** o desempenho de atividade (autorização como ato de polícia)[266]

Thiago Marrara e Luciano Ferraz apontam que "no campo da gestão de bens públicos, esse ato jurídico da Administração Pública geralmente assume dois propósitos": **(i)** as autorizações para viabilizar o uso comum extraordinário, possuindo caráter de "ato liberatório de polícia administrativa", com o objetivo de controle do uso de bem público de uso comum do povo, com vistas à proteção do bem e do interesse público; e **(ii)** as autorizações de uso privativo de bem público.[267]

No Município de São Paulo, a autorização de uso é formalizada por portaria, para atividades ou usos específicos e transitórios, pelo

---

[263] MELLO, Celso Antônio Bandeira de. *Curso de Direito Administrativo*. 35. ed. São Paulo: Malheiros, 2021, p. 875.

[264] DI PIETRO, Maria Sylvia Zanella. *Direito Administrativo*. 37. ed. Rio de Janeiro: Forense, 2024, p. 778.

[265] *Ibid.*, p. 778-779.

[266] *Ibid.*, p. 230-231.

[267] MARRARA, Thiago; FERRAZ, Luciano. *Tratado de direito administrativo*: direito administrativo dos bens e restrições estatais à propriedade. Coordenação Maria Sylvia Zanella Di Pietro. 2. ed. São Paulo: Thomson Reuters Brasil, 2019. v. III, p. 245.

prazo máximo de 90 dias, exceto quando se destinar a formar canteiro de obra ou de serviço público, hipótese em que o prazo corresponderá ao da duração da obra ou do serviço, conforme estipula o parágrafo 5º do art. 114 da Lei Orgânica.

Edmir Netto de Araújo sustenta que "as autorizações de uso não criam, para o autorizatário, um dever, mas uma faculdade da utilização por ele solicitada",[268] tendo em vista que a outorga se dá no interesse do terceiro.

Para Clovis Beznos, a autorização de uso também se dá no interesse público, quando observado o fim mediato do ato. Assim, enquanto o *fim imediato* contempla o interesse do particular, o *fim mediato* se traduz na viabilização de um direito fundamental constitucionalmente assegurado.

Por exemplo, no caso de autorização de uso para a instalação de banca de jornal, o fim imediato do ato diz respeito à utilização do espaço pelo interessado, mas o fim mediato revela o interesse público na concretização do direito fundamental à informação.

Portanto, perfilhando o entendimento do autor, entendemos que a autorização de uso consiste no ato administrativo unilateral e discricionário, a título precário, para uso com exclusividade pelo particular, podendo ser gratuita ou onerosa, conferida no interesse público, quanto ao fim mediato, e no interesse privado do beneficiário, quanto ao fim imediato.

3.1.1.2 Permissão de uso

Permissão de uso é "ato unilateral, precário e discricionário quanto à decisão de outorga, pelo qual se faculta a alguém o uso de um bem público", precedida, sempre que possível, de licitação ou de procedimento que assegure tratamento isonômico entre os particulares.[269]

Oswaldo Aranha Bandeira de Mello aponta que a permissão de uso "se faz a título precário e em caráter transitório, como seja a de colocação de banca para venda de jornais na via pública".[270]

---

[268] ARAÚJO, Edmir Netto de. *Curso de Direito Administrativo*. 3. ed. São Paulo: Saraiva, 2007, p. 1101.

[269] MELLO, Celso Antônio Bandeira de. *Curso de Direito Administrativo*. 35. ed. São Paulo: Malheiros, 2021, p. 876.

[270] MELLO, Oswaldo Aranha Bandeira de. *Princípios Gerais de Direito Administrativo*. 3. ed. São Paulo: Malheiros, 2010. v. I, p. 560. Note que há divergência doutrinária em relação ao instrumento adequado para a instalação de bancas de jornal.

Maria Sylvia Zanella Di Pietro aduz que, na permissão de uso tal qual na autorização de uso, há possiblidade de fixação de prazo, sendo *simples*, quando outorgada sem prazo, e *qualificada*, quando houver prazo entabulado.[271]

A autora defende que o prazo constitui "uma autolimitação ao seu poder de revogá-lo",[272] que somente será possível quando a outorga se revelar contrária ao interesse público ou incompatível com a afetação do bem, obrigando a Administração, em qualquer hipótese, "a compensar pecuniariamente o permissionário pelo sacrifício de seu direito antes do termo estabelecido".[273]

A permissão de uso qualificada se reveste da *mesma estabilidade* da concessão de uso, assemelhando-os os institutos quanto a esse ponto, diferenciando-se, no entanto, em relação aos demais aspectos, como, por exemplo, na forma de constituição, por ato unilateral, no caso das permissões, e por contrato, no caso das concessões.[274]

A permissão de uso é ato *intuitu personae*, não sendo, como regra, permitida a transferência da permissão para outrem[275]

André Luiz dos Santos Nakamura esclarece a diferença entre a autorização e a permissão de uso de bem público: **(i)** enquanto a autorização se dá no interesse privado, na permissão deve haver a demonstração de interesse público, bem como **(ii)** pelo fato de que autorização se destina às situações mais episódicas, mais curtas.[276]

A precariedade deve ser condição da outorga de permissão de uso nos casos de usos anormais do bem, isto é, em que a utilização privativa contrasta com a afetação do bem ou com sua destinação principal.[277]

Assim, *a contrario sensu*, quanto mais o uso pelo terceiro, entidade pública ou privada, ocorrer em consonância com a destinação específica do bem, mais estabilidade a relação poderá ter.

Sobre o tema, a jurisprudência do STF possui entendimento de longa data no sentido de que a permissão de uso de bem público não gera direito subjetivo ao permissionário, sendo admitida a revogação pela Administração Pública a qualquer tempo.

---

[271] DI PIETRO, Maria Sylvia Zanella. *Direito Administrativo*. 37. ed. Rio de Janeiro: Forense, 2024, p. 780.

[272] *Ibid.*,

[273] *Ibid.*,

[274] *Ibid.*, p. 780-781.

[275] NAKAMURA, André Luiz dos Santos. *Bens públicos*. Belo Horizonte: Fórum, 2022, p. 126.

[276] *Ibid.*, p. 127.

[277] DI PIETRO, Maria Sylvia Zanella. *Direito Administrativo*. 37. ed. Rio de Janeiro: Forense, 2024, p. 780.

> EMENTA: Tratando-se de permissão de uso de bem público, não gera direito subjetivo ao permissionário, sendo lícita sua revogação pela Administração Pública. (STF, RE Nº 87290, 1ª T, Rel. Min. Cunha Peixoto, j. 05/12/1977, p. 10/03/1978).

O Município de São Paulo, com base no art. 114, parágrafo 4º, da Lei Orgânica preconiza que a permissão de uso poderá incidir sobre qualquer bem público, independentemente de licitação e será sempre por prazo indeterminado, sendo formalizada por meio de termo administrativo.

Cabe ressaltar que a característica da unilateralidade da permissão não é pacífica na doutrina.

É conhecido o posicionamento de Hely Lopes Meirelles no sentido de que, embora seja formalizada por meio de ato administrativo unilateral, o ato de permissão possui *natureza negocial*,[278] pois depende da concordância do interessado.

Floriano de Azevedo Marques Neto aduz que a outorga de permissão independe de autorização legislativa e que, embora não exija prévia licitação, deverá ser realizada sempre que houver potencial disputa entre os candidatos.[279]

Sobre a necessidade de licitação, o art. 2º, inciso IV, da Lei nº 14.133/2021 inclui a permissão de uso de bem público como sujeita à licitação, sendo dispensada nas hipóteses previstas nas alíneas "f" e "g" do inciso I do art. 76 da referida lei, que tratam da permissão de uso: **(i)** de bens imóveis residenciais construídos, destinados ou efetivamente usados em programas de habitação ou de regularização fundiária de interesse social desenvolvidos por órgão ou entidade da Administração Pública; e (ii) de bens imóveis comerciais de âmbito local, com área de até 250 m^2 e destinados a programas de regularização fundiária de interesse social desenvolvidos por órgão ou entidade da Administração Pública.

Cabe ainda analisar os casos de utilização de pequenos espaços em prédios públicos para alocação de *caixas eletrônicos* com o objetivo de facilitar a realização de transações bancárias pelos servidores do órgão ou entidade.

---

[278] MEIRELLES, Hely Lopes. *Direito Administrativo Brasileiro*. 42. ed. São Paulo: Malheiros, 2016, p. 644.

[279] MARQUES NETO, Floriano de Azevedo. Regime jurídico e utilização dos bens públicos. *In:* DALLARI, Adilson Abreu; NASCIMENTO, Carlos Valder do; MARTINS, Ives Gandra da Silva (coord.). *Tratado de Direito Administrativo*. São Paulo: Saraiva, 2013. v. 2, p. 427.

Nesse ponto, entendemos que se a permissionária for a *operadora dos pagamentos da folha de pessoal*, a Administração pode se valer de permissão de uso gratuita, inclusive por inexigibilidade de licitação, uma vez que é do interesse da Administração a garantia de que os seus agentes tenham acesso às suas remunerações e evitem sair das dependências da instituição para realizarem as transações bancárias necessárias à sua sobrevivência e de sua família.

Diferentemente ocorre em relação às *demais instituições financeiras*, hipótese em que a permissão de uso deverá ser, sempre que possível, onerosa e precedida de licitação, caso haja pluralidade de interessados, ressalvando que, nesse último caso, poderá haver dispensa de licitação, com base no art. 75, inciso IX, quando a instituição financeira for integrante da Administração Pública, como é o caso da Caixa Econômica Federal e do Banco do Brasil.

A mesma dinâmica deve suceder nos casos de transferência do uso por meio de autorizações e concessões de uso.

3.1.1.3 Concessão de uso

A concessão de uso é "o contrato administrativo pelo qual, como o nome já o indica, a Administração trespassa a alguém o uso de um bem público para uma finalidade específica".[280]

Trata-se, portanto, de uma relação *mais estável* entre a Administração e o terceiro, público ou privado, que gera a este o direito à indenização, caso o contrato seja rompido, por conveniência administrativa, antes do término do prazo certo e determinado.[281]

Maria Sylvia Zanella Di Pietro aponta que a "sua natureza é de contrato de direito público, sinalagmático, oneroso ou gratuito, comutativo e celebrado *intuitu personae*".[282]

Thiago Marrara e Luciano Ferraz esclarecem que o contrato de concessão de uso depende de licitação, salvo nas hipóteses de contratação direta, podendo ter como objeto bens de uso comum do povo, de uso especial e bens dominicais.[283]

---

[280] MELLO, Celso Antônio Bandeira de. *Curso de Direito Administrativo*. 35. ed. São Paulo: Malheiros, 2021, p. 877.

[281] *Ibid.*, p. 877.

[282] DI PIETRO, Maria Sylvia Zanella. *Uso privativo de bem público por particular*. 3. ed. São Paulo: Atlas, 2014, p. 110.

[283] MARRARA, Thiago; FERRAZ, Luciano. *Tratado de direito administrativo*: direito administrativo dos bens e restrições estatais à propriedade. Coordenação Maria Sylvia Zanella Di Pietro. 2. ed. São Paulo: Thomson Reuters Brasil, 2019. v. III, p. 248.

Os autores ainda apontam que a concessão de uso geralmente é destinada às hipóteses em que o particular realiza atividades de grande vulto, que demandam investimentos econômicos significativos, o que justifica o direito à indenização em caso de rompimento contratual prematuro pela Administração.[284]

Como observa André Luiz dos Santos Nakamura, cada ente federativo pode estabelecer a obrigatoriedade de prévia autorização legislativa para a concessão de uso de bem público, como prevê, por exemplo, o art. 19, inciso V, da Constituição do Estado de São Paulo.[285]

No mesmo sentido, a Lei Orgânica do Município de São Paulo, no art. 114, parágrafos 1º e 2º, estabelece a necessidade de *prévia autorização legislativa* e licitação na modalidade concorrência, sob pena de nulidade, podendo ser dispensada a licitação quando o uso se destinar a concessionárias de serviço público, entidades assistenciais ou filantrópicas ou quando houver interesse público ou social devidamente justificado.

O parágrafo 10 do mesmo dispositivo ainda prevê que a autorização legislativa perderá a vigência se o contrato não for formalizado, por escritura pública, dentro de três anos, contados da data da publicação da lei ou da data nela fixada para a prática do ato.

Frise-se que a concessão de uso somente é possível para fins de interesse público e terá que ser compatível com a destinação principal do bem ou atender a outro fim de interesse coletivo.[286]

A concessão de uso pode ocorrer também como *instrumento acessório* ao contrato de concessão de serviço público, em que a concessionária precisa do bem público como condição material para a prestação do serviço público. Por exemplo, nos casos de concessão de rodovias.

Nesses casos, o STF[287] e o STJ[288] têm reconhecido a impossibilidade de cobrança de taxa ou de preço público da concessionária do serviço público pelo uso de bem necessário à prestação do serviço, como, por exemplo, para colocação de postes na faixa de domínio de rodovias.

---

[284] *Ibid.*, p. 248.

[285] NAKAMURA, André Luiz dos Santos. *Bens públicos*. Belo Horizonte: Fórum, 2022, p. 130.

[286] DI PIETRO, Maria Sylvia Zanella. *Direito Administrativo*. 37. ed. Rio de Janeiro: Forense, 2024, p. 781-782.

[287] STF, RE Nº 581.947, Rel. Min. Eros Grau, j. 27/05/2010.

[288] STJ, REsp nº 863.577, Rel. Min. Mauro Campbell Marques, j. 10/08/2010.

3.1.1.4 Concessão de direito real de uso

A concessão de direito real de uso (CDRU) é uma modalidade de outorga de uso como *direito real resolúvel*, instituída pelo art. 7º do Decreto-Lei nº 271/1967, com a redação dada pela Lei nº 11.481/2007, em que, por meio de contrato, por *instrumento público ou particular*, a Administração Pública transfere ao particular, por *prazo certo ou indeterminado*, de forma *gratuita ou onerosa*, terreno público com a finalidade específica de regularização fundiária de interesse social, urbanização, industrialização, edificação, cultivo da terra, aproveitamento sustentável das várzeas, preservação das comunidades tradicionais ou outras modalidades de interesse social em áreas urbanas.[289]

O direito real de uso concedido é transmissível a terceiros por ato *inter vivos* ou *causa mortis*, da mesma forma que os demais direitos reais sobre coisas alheias (como regra, por escritura pública), registrando-se a transferência, como preconiza o parágrafo 4º do art. 7º do diploma mencionado.

Portanto, a concessão de direito real de uso difere da concessão de uso, notadamente em razão de extrapolar a mera natureza obrigacional desta, dispondo das características atinentes aos direitos reais, tais como o direito de sequela, a exigência de registro no cartório competente, dentre outras.

3.1.1.5 Concessão de uso especial para fins de moradia

Prevista no art. 183, parágrafo 1º, da Constituição Federal, e no art. 4º, inciso V, alínea "h", do Estatuto da Cidade – Lei nº 10.257/2001, a concessão de uso especial para fins de moradia foi regulada pela Medida Provisória nº 2.220/2001,[290] que, no art. 1º, previu inicialmente que todo aquele que, até 30 de junho de 2001, possuísse como seu, por cinco anos, ininterruptamente e sem oposição, até 250 m2 de imóvel público

---

289 MELLO, Celso Antônio Bandeira de. *Curso de Direito Administrativo*. 35. ed. São Paulo: Malheiros, 2021, p. 877.

290 Cabe lembrar que a Medida Provisória 2.220, de 04 de setembro de 2001, permanece em vigor por força do disposto no artigo 2º, da Emenda Constitucional 32/2001, que manteve a vigência de medidas provisórias editadas até o dia 11 de setembro de 2001 até que lei posterior as revogue. Não se ignora, no entanto, doutrina abalizada em contrário, como, por exemplo, Celso Antônio Bandeira de Mello, que sustenta a inconstitucionalidade da MP 2.220/2001, sob o fundamento de que fora expedida ao arrepio dos pressupostos constitucionais. (MELLO, Celso Antônio Bandeira de. *Curso de Direito Administrativo*. 35. ed. São Paulo: Malheiros, 2021, p. 878).

situado em área urbana, e que o utilizasse para sua moradia ou de sua família, teria o direito à concessão de uso especial para fins de moradia sobre o imóvel, desde que não fosse proprietário ou concessionário, a qualquer título, de outro imóvel urbano ou rural.

Trata-se de instituto com feição urbanística, disciplinado pelo Estatuto da Cidade, voltado essencialmente à regularização de ocupações irregulares de bens públicos, com o objetivo de conferir efetividade ao direito fundamental à moradia, exigindo, por essa razão, que o destinatário não seja proprietário de outro imóvel.

Tal dispositivo foi posteriormente alterado pela Medida Provisória nº 759/2016, convertida na Lei nº 13.465/2017, que alterou o marco temporal máximo para o preenchimento dos requisitos legais, fixando como termo *ad quem* do prazo o dia 22 de dezembro de 2016.

Em outras palavras, o dispositivo legal não autoriza a outorga de novas concessões de uso especial para fins de moradia, mas reconhece o direito à concessão tão somente para aqueles que cumpriram os requisitos legais até a data mencionada.

A mesma medida provisória, no art. 2º, também prevê a concessão de uso especial para fins de moradia, conferida de *forma coletiva*, para os imóveis com mais de 250 m^2, ocupados até 22 de dezembro de 2016 (com a redação dada pela Lei nº 13.465/2017), por população de *baixa renda*, para sua moradia, por cinco anos, ininterruptos e sem oposição, cuja área total dividida pelo número de possuidores seja inferior a 250 m^2 por possuidor, desde que os possuidores não sejam proprietários ou concessionários, a qualquer título, de outro imóvel urbano ou rural.

Nessa hipótese, o parágrafo 1º dispõe que o novo possuidor pode, para fins de cômputo do período aquisitivo, acrescentar à sua posse o período de posse do seu antecessor, contanto que ambas sejam contínuas.

Esse dispositivo, previsto para a concessão de uso especial coletiva, não encontra paralelo na disciplina da concessão de uso especial individual, de modo que doutrina abalizada sustenta a impossibilidade de uma interpretação extensiva, dada a natureza *intuitu personae* da ocupação para fins de moradia exigida pela Constituição Federal.[291]

[291] HORBACH, Carlos Bastide. Dos instrumentos da política urbana. *In:* MEDAUAR, Odete; ALMEIDA, Fernando Dias Menezes. *Estatuto da Cidade*: Lei nº 10.257, de 10.07.2001 – comentários. 2. ed. São Paulo: RT, 2004, p. 135.

3.1.1.6 Cessão de uso

A definição de *cessão de uso* não encontra consenso na doutrina.

Diogo de Figueiredo Moreira Neto defende que:

> A *cessão de uso* é outra espécie *unilateral* de transferência de utilização de bem público, outorgada em caráter extraordinário e exclusivo, que uma entidade de direito público, titular do domínio, faz a outra pessoa administrativa, sujeita a condições fixadas pela cedente e vinculada a um explícito interesse público.[292]

Assim, para o autor, a cessão de uso está atrelada a um intercâmbio entre *pessoas administrativas*, de acordo com as condições de uso fixadas pela entidade pública cedente, sempre orientada à satisfação de um interesse público.

Todavia, admite Diogo de Figueiredo Moreira Neto que cabe a outorga de cessão de uso em favor de *pessoas de direito privado*, "desde que estas mantenham concomitantemente um vínculo de delegação de algum tipo de atividade pública", como, por exemplo, as entidades privadas da administração indireta, as paraestatais, as concessionárias de serviço público, dentre outras.[293]

Restringindo o espectro de destinatários às pessoas administrativas, Hely Lopes Meirelles define a cessão de uso como a "transferência gratuita da posse de um bem público *de uma entidade ou órgão para outro*, a fim de que o cessionário o utilize nas condições estabelecidas no respectivo termo, por tempo certo ou indeterminado".[294]

No mesmo sentido, José Cretella Júnior sustenta que "a outorga para utilização privativa de bem público, *por particular*, é feita por intermédio dos institutos jurídicos da *autorização*, *permissão* e *concessão*",[295] excluindo do rol a cessão de uso.

Contudo, há autores que não admitem a existência autônoma da cessão de uso, como Maria Sylvia Zanella Di Pietro, que apresenta a cessão de uso como "uma das modalidades de concessão"[296] (contrato

---

[292] MOREIRA NETO, Diogo de Figueiredo. *Curso de Direito Administrativo*. 16. ed. Rio de Janeiro: Forense, 2014, p. 481.

[293] *Ibid.*, p. 482.

[294] MEIRELLES, Hely Lopes. *Direito Administrativo brasileiro*. 42. ed. São Paulo: Malheiros, 2016, p. 645.

[295] CRETELLA JÚNIOR, José. *Tratado do domínio público*. Rio de Janeiro: Forense, 1984, p. 85.

[296] DI PIETRO, Maria Sylvia Zanella. *Direito Administrativo*. 37. ed. Rio de Janeiro: Forense, 2018, p. 947.

administrativo), e não como um instituto jurídico autônomo de transferência do uso de bem público.

A autora prossegue afirmando que o Decreto-Lei nº 9.760/46, que prevê a cessão de uso, é de aplicação restrita à União. "Isto permite concluir que a matéria não foi considerada norma geral, podendo Estados e Municípios seguir suas próprias leis a respeito do assunto."[297]

No mesmo sentido, Rosângela Luft aponta que a ausência de uma normatização genérica em lei nacional faz como sejam identificadas variações entre União, Estados-membros, Distrito Federal e Municípios na regulamentação do instituto. "Isto é efeito da autonomia legislativa e administrativa dos entes federados, o que lhes confere liberdade para qualificar as modalidades administrativas de disposição dos seus bens."[298]

Assim, para nós, a transferência do uso, tanto a entidades e órgãos da Administração quanto a particulares, pode ser realizada por meio dos instrumentos da autorização, da permissão e da concessão de uso, sendo *despicienda* a cessão de uso.

No entanto, *apenas em âmbito federal*, a Lei nº 9.636/1998, que trata do patrimônio público da União, definido pelo Decreto-Lei nº 9.760/1946, admite, no art. 18, a critério do Poder Executivo, e de forma gratuita ou em condições especiais, a *cessão de uso de bens públicos da União* a: **(i)** Estados, Distrito Federal, Municípios e entidades sem fins lucrativos das áreas de educação, cultura, assistência social ou saúde; e **(ii)** pessoas físicas ou jurídicas, em se tratando de interesse público ou social ou de aproveitamento econômico de interesse nacional.

No âmbito da União, a cessão de uso de bens públicos para exploração econômica por particular deverá, como regra, ser onerosa e precedida de licitação, sempre que houver condições de competitividade, conforme dispõe o art. 18, parágrafo 5º, da Lei nº 9.636/1998, salvo nas hipóteses previstas na própria Lei de dispensa de licitação (art. 18, parágrafo 6º) e de dispensa da onerosidade (art. 19, inciso IV) ou autorizativas de pagamento diferido (art. 19, inciso V).

No julgamento da ADI nº 4.970, o STF conferiu interpretação conforme à Constituição para realizar uma interpretação sistêmica do art. 18, vinculando a cessão de uso contida na redação do art. 18,

---

297 *Ibid.*,

298 LUFT, Rosângela. *Concessão de uso*. Disponível em: https://enciclopediajuridica.pucsp.br/verbete/115/edicao-1/concessao-de-uso. Acesso em: 04 maio 2025.

parágrafo 7º, da Lei nº 9.636/1998, dada pela Lei nº 12.058/2009, apenas às hipóteses previstas nos incisos do mesmo artigo.

> EMENTA: Interpretação conforme à Constituição da República do §7º do art. 18 da Lei n. 9.636/1998, acrescentado pela Lei n. 12.058/2009, para admitir a cessão do espaço aéreo sobre bens públicos, do espaço físico em águas públicas, das áreas de álveo de lagos, dos rios e quaisquer correntes d'água, das vazantes e de outros bens do domínio da União, contíguos a imóveis da União afetados ao regime de aforamento ou ocupação, desde que realizada a Estados, ao Distrito Federal, aos Municípios ou a entidades sem fins lucrativos nas áreas de educação, cultura, assistência social ou saúde, ou a pessoas físicas ou jurídicas, nesse caso demonstrado o interesse público ou social ou de aproveitamento econômico de interesse nacional. (STF, ADI nº 4.970, Pleno, Rel. Min. Cármen Lúcia, j. 15/09/2021, p. 22/09/2021).

Assim, é possível a cessão do espaço aéreo sobre bens públicos, do espaço físico em águas públicas, das áreas de álveo de lagos, dos rios e quaisquer correntes d'água, das vazantes e de outros bens do domínio da União, contíguos a imóveis da União afetados ao regime de aforamento ou ocupação, desde que realizada a Estados, ao Distrito Federal, aos Municípios ou a entidades sem fins lucrativos nas áreas de educação, cultura, assistência social ou saúde, ou a pessoas físicas ou jurídicas, demonstrado, nesse caso, o interesse público ou social ou de aproveitamento econômico de interesse nacional.

Também, no Município de São Paulo, o Decreto nº 60.246/2021, no art. 9º, reconhece a cessão de uso como "modalidade de movimentação externa dos bens pertencentes ao Município, com transferência da posse e troca de responsabilidade, de caráter temporário, entre órgãos da Administração Pública Direta, autarquias, fundações e instituições privadas", sendo levado a efeito por meio de instrumento denominado de "auto de cessão" ou nomenclatura correlata.

Por fim, colhe-se da jurisprudência do STF julgado acerca da cessão de uso de *bem de uso comum do povo*, em que se reconheceu a necessidade de *autorização legislativa* para a cessão entre entidades integrantes de esferas distintas, notadamente quando houver modificação do uso.

> EMENTA: A cessão de uso de bem público por parte da Administração serve para que órgãos da mesma pessoa jurídica — ou de pessoas diversas — fiquem incumbidos de desenvolver atividades que, de algum modo, traduzam interesse para a coletividade. É assente em nosso ordenamento a necessidade de autorização legislativa para que

> essa espécie contratual se dê entre entidades integrantes de esferas distintas, na forma dos arts. 48, V, e art. 188, §1º, ambos da Constituição Federal. É que a cessão de bens de uso comum do povo a outros entes não supõe mero ato discricionário da Administração, mormente porque se trata de negócio jurídico com inegável modificação do uso — e por vezes também da finalidade — do patrimônio público, razão pela qual sua ocorrência não prescinde da rigorosa observância do princípio da legalidade administrativa. (STF, ACO nº 3.568 Ref, Pleno, Rel. Min. Ricardo Lewandowski, j. 17/03/2023, p. 22/03/2023)

Passa-se à análise de uma prática costumeira, porém indevida, de uso de convênios e acordos de cooperação como substitutos dos instrumentos adequados de transmissão do uso.

3.1.2 A contrafação na utilização de convênios e acordos de cooperação

A contrafação administrativa, conforme sustenta Ricardo Marcondes Martins, aparece "quando se emprega um *conceito* no direito administrativo *equivocadamente* e, ao fazê-lo, invoca-se, consciente ou inconscientemente, um regime jurídico incompatível com a situação".[299]

Assim, a contrafação administrativa se revela no momento da utilização de determinado conceito de direito administrativo em situação incompatível com esse regime.

Na prática administrativa, é muito comum nos depararmos com convênios e acordos de cooperação firmados *exclusivamente* para a outorga de uso de espaço público a entidades públicas e instituições privadas sem fins lucrativos.

No entanto, como sustenta Maria Sylvia Zanella Di Pietro, o convênio é destinado à "realização de objetivos de interesse comum, mediante mútua colaboração".[300] Dessa forma, para a celebração do convênio, exige-se a presença do elemento da *mútua colaboração*, com vistas à "obtenção de um resultado comum".[301]

Com efeito, nada impede que no bojo do convênio, dentre outras previsões, esteja entabulada a transferência do uso de bem público

[299] MARTINS, Ricardo Marcondes. Teoria das contrafações administrativas. *Revista de Direito Administrativo & Constitucional*, Belo Horizonte: Fórum, ano 3, n. 11, jan./mar., p. 6, 2003.

[300] DI PIETRO, Maria Sylvia Zanella. *Direito Administrativo*. 37. ed. Rio de Janeiro: Forense, 2024, p. 344.

[301] *Ibid.*, p. 344.

como condição para o alcance do interesse comum. Todavia, este não pode ser o único objeto da avença.

Edmir Netto de Araújo defende que dessa busca de *objetivo comum* desejado por todos os partícipes decorre: **(i)** a ausência de vinculação contratual, **(ii)** a inadmissibilidade de cláusula de permanência obrigatória (promovendo o encontro de contas, caso haja denúncia por quaisquer dos partícipes), e **(iii)** inexistência de sanções pela inadimplência.[302]

Com o advento da Lei nº 13.019/2014, conhecida como o Marco Regulatório das Organizações da Sociedade Civil (MROSC), as amplas possibilidades de utilização dos convênios regulados pelo antigo art. 116 da Lei nº 8.666/93 e atual art. 184-A da Lei nº 14.133/2021 sofreram restrição sobretudo em relação às organizações da sociedade civil (instituições privadas sem fins lucrativos, sociedades cooperativas e organizações religiosas), que passam a ser regidos pelos termos de colaboração, de fomento e acordos de cooperação previstos no MROSC.

A partir de então, segundo o art. 84-A, parágrafo único, do MROSC, os referidos dispositivos da Lei Geral de Licitações e Contratos somente passam a disciplinar **(i)** os convênios *entre entes federados ou pessoas jurídicas a eles vinculadas*, e **(ii)** os convênios na área da saúde previstos no art. 199, §1º, da Constituição Federal.

Assim, a *banalização do uso de convênios e de acordos de cooperação como substitutos dos instrumentos adequados de transferência do uso* não encontra abrigo no ordenamento jurídico.

3.1.3 A transferência do uso por meio de títulos jurídicos de natureza privada

Além dos instrumentos típicos do direito público, o uso privativo de *bens dominicais* por terceiros pode ser objeto de instrumentos jurídicos de direito privado.[303]

Floriano de Azevedo Marques Neto sustenta que são também aplicáveis aos bens dominicais os seguintes institutos de direito privado: comodato, aforamento (ou enfiteuse), locação e arrendamento.[304]

---

302 ARAÚJO, Edmir Netto de. *Curso de Direito Administrativo*. 3. ed. São Paulo: Saraiva, 2007, p. 690.

303 Remetemos o leitor ao item 3.1.1 para o debate sobre o uso de instrumentos de direito privado aos bens dominicais.

304 MARQUES NETO, Floriano de Azevedo. Regime jurídico e utilização dos bens públicos. *In:* DALLARI, Adilson Abreu; NASCIMENTO, Carlos Valder do; MARTINS, Ives Gandra

No tocante ao comodato, por se tratar de empréstimo gratuito de coisas infungíveis, esse instituto acaba sendo absorvido pela cessão, autorização, permissão ou concessão de uso.[305]

A enfiteuse, no âmbito da União, regida pelos arts. 99 a 124 do Decreto-Lei nº 9.760/1946, constitui importante fonte de renda para o Poder Público, por meio do recebimento foro e do laudêmio. Porém, consoante o disposto no art. 2.038 do Código Civil, é vedada a constituição de novas enfiteuses, limitando-as aos terrenos de marinha e seus acrescidos.

Em relação à locação, como visto acima, o autor defende a possibilidade de locação de bens públicos dominicais, com lastro no art. 87 do Decreto-Lei nº 9.760/1946, mas reconhece que essa locação não se sujeita às regras da locação comum. Seria uma espécie de locação *sui generis*.[306]

Porém, alerta o autor que os demais entes da federação, quando firmam contrato de locação, submetem-se às normas gerais de direito privado concernentes ao instituto, pois não cabe a interpretação extensiva da regra contida no art. 87 do Decreto-Lei nº 9.760/1946[307] somada à competência privativa da União para legislar sobre direito civil (art. 22, inciso I, da Constituição Federal).

Por fim, cabe destacar que o arrendamento é admitido pelo art. 96 do Decreto-Lei nº 9.760/1946 para os bens da União, não podendo exceder, como regra geral, o prazo de 20 anos, salvo disposição contrária prevista em lei.

O arrendamento de bem público também é permitido no Município de São Paulo, por meio da Lei nº 17.731/2022, no âmbito dos denominados contratos de parceria, assim definidos no art. 1º, parágrafo único, da mencionada Lei, como os contratos de concessão comum, concessão patrocinada, concessão administrativa, concessão regida pela legislação setorial, permissão de serviços públicos, arrendamento de bem público, concessão de direito real e os outros negócios jurídicos que envolvam esforços de entidades públicas e privadas na prestação de serviços públicos.

---

da Silva (coord.). *Tratado de Direito Administrativo.* São Paulo: Saraiva, 2013. v. 2, p. 438-441. No mesmo sentido: ARAÚJO, Edmir Netto de. *Curso de Direito Administrativo.* 3. ed. São Paulo: Saraiva, 2007, p. 1100.

[305] *Ibid.*, p. 438.

[306] *Ibid.*, p. 439.

[307] MARQUES NETO, Floriano de Azevedo. *Regime jurídico e utilização dos bens públicos. In:* DALLARI, Adilson Abreu; NASCIMENTO, Carlos Valder do; MARTINS, Ives Gandra da Silva (coord.). Tratado de Direito Administrativo. São Paulo: Saraiva, 2013. v. 2, p. 440.

3.2 Outorga do uso compartilhado de bens públicos

3.2.1 O uso compartilhado de bens públicos

Como visto, o uso de bens públicos *por terceiros*, seja por outros entes ou entidades públicas, seja por pessoas privadas, é tradicionalmente atribuído para a fruição *com exclusividade*.

Assim, o uso dos bens públicos pode ser realizado de maneira *igualitária e concorrente* e *livre a todos* (uso comum) bem como de forma *exclusiva*, seja pela Administração, seja por terceiros (uso privativo).

Todavia, como demonstrado no tópico 1.8.2 desta obra, quando a utilização não for livre a todos, mas realizada de modo *igualitário e concorrente*, isto é, um bem de uso especial ou dominial sendo utilizado *simultaneamente* por determinados entes e entidades, públicas ou privadas, exigindo, portanto, termo de autorização, permissão ou concessão de uso compartilhado firmado pela Administração.

Nessa hipótese em que a Administração atua na qualidade de proprietária, e não de meramente responsável pela guarda e manutenção (como acontece nos bens de uso comum), teremos o uso *compartilhado*.

Também como já demonstrado, a gestão administrativa na quadra histórica atual exige *atuação concertada* dos agentes públicos, demandando do administrador público o planejamento da função administrativa de forma ampla, integrada com as estruturas dos demais entes da federação e entidades públicas bem como das entidades privadas parceiras do Estado, de maneira a viabilizar o incremento da oferta de serviços públicos com menos recursos possíveis.

Essa *lógica de redes de cooperação*, que é potencializada pelo desenvolvimento das tecnologias da informação e da comunicação, pressiona por uma profunda mudança de mentalidade na gestão dos recursos públicos disponíveis para o alcance das finalidades constitucionais.

Como consequência, a gestão dos bens públicos vai sofrer o impacto dessa nova realidade, reivindicando o desenvolvimento de novas ferramentas jurídicas capazes de conferir *maior dinamismo e integração dos bens públicos* dentro desse cenário em que os *agentes atuam de forma coordenada e interdependente* para o atingimento de maiores níveis de eficiência administrativa.

Nesse contexto, ganham relevo as preocupações acerca do uso adequado dos bens públicos, mormente com vistas a impedir a *subutilização* dos bens públicos, a fim de obrigar o gestor a buscar alternativas de uso diante da constatação de bens subutilizados.

Isso se dá porque não basta mais a afetação de um bem ao exercício da função pública. É necessário verificar se a utilização empreendida atende às *exigências mínimas diante do potencial de uso disponível.*

Caso a resposta seja negativa, o gestor tem o *dever* de adotar as providências necessárias para a *inserção do bem na rede de cooperação* com outras entidades públicas e privadas. Isso ocorre porque os bens públicos devem atender à sua função social e esta se caracteriza pelo fato de que *todas as partes integrantes do bem têm que contribuir para a finalidade pública* que lhe foi atribuída. Caso contrário, a *subutilização rompe o liame entre o bem e o atendimento de sua função social.* Por exemplo, se um determinado andar de um hospital público estiver com utilização bastante inferior à capacidade máxima, há uma afronta à função social desses bens subutilizados, pois estes não se encontram contribuindo adequadamente para a finalidade institucional, de modo que deverá o gestor público promover o adequado aproveitamento do espaço e dos bens que lhe guarnecem.

Para isso, poderá (e deverá) se valer do *compartilhamento desses bens com terceiros,* mantendo consigo a *fruição simultânea* da utilidade do patrimônio. Dizemos "poderá", porque cabe ao gestor, na esfera de sua discricionariedade, a decisão administrativa sobre a melhor solução no caso concreto, pois pode envolver questões sigilosas ou, ainda, relativas à proteção de dados pessoais sensíveis. Todavia, o que *não lhe é dado é a manutenção do estado de subutilização.*

Nessa situação, o compartilhamento do uso aparece no *momento patológico* da gestão pública, ou seja, apresenta-se como solução ao problema identificado.

Contudo, o compartilhamento pode ocorrer a qualquer tempo, com vistas à melhor exploração dos recursos disponíveis, ainda que o bem esteja sendo adequadamente utilizado. Nesse caso, não se apresenta como um dever, mas como um *mandado de otimização.*

A introdução da mentalidade de uso compartilhado dos bens públicos, no sentido de viabilizar e estimular o *uso simultâneo* dos bens públicos pelo seu titular e por terceiros, deve se tornar a *regra* na Administração, com o objetivo de ampliar a satisfação dos anseios da população.

Nos próximos capítulos, serão estudados mais detidamente os *fundamentos e o regime jurídico geral* do uso compartilhado. Por ora, faz-se necessário analisar os *instrumentos jurídicos* a serem manejados para o uso compartilhado.

3.2.2 Autorização, permissão e concessão de uso compartilhado

Como visto, os instrumentos tradicionalmente adotados pela doutrina para a transferência da posse, com exclusividade, para terceiros, públicos e privados, são a autorização de uso, a permissão de uso e a concessão de uso.

Cada um desses instrumentos possui características e finalidades próprias, que justificam a sua existência até os dias de hoje.

A exclusividade do uso, no entanto, não decorre de uma exigência constitucional ou legal imposta à Administração Pública. Por conseguinte, *não há nada que impeça a utilização desses institutos*, já consagrados no direito brasileiro, no âmbito do uso compartilhado, pois o compartilhamento será o *regime jurídico* albergado pelas regras obrigacionais a serem estabelecidas entre os partícipes.

Como cediço, não é da essência do direito administrativo a rigidez de suas formas, todavia isso não significa dizer que seja tutelada juridicamente a denominada contrafação administrativa,[308] como já visto anteriormente.

Esses instrumentos de direito público são aptos ao alcance da finalidade de *consentir com o uso* de bem público por terceiros, de modo que o uso exclusivo traduz uma maneira de exploração do bem.

Este estudo propôs, como visto, que o uso de bem público pode ser classificado em uso comum, uso privativo e, ao lado desses admitidos pela doutrina, *uso compartilhado*.

Por isso, o aproveitamento dos instrumentos da autorização, permissão e concessão de uso nos parece mais adequado do que a indicação de uma nova ferramenta, pois a mudança se verifica apenas no *regime jurídico da maneira do uso*, e não na idoneidade desses instrumentos para a transferência do uso.

Nesse ponto, discordamos do entendimento da União plasmado na Portaria SEGES/ME nº 1.708/2021, que, no art. 2º, inciso VI, prevê o ajuste de um termo de compartilhamento. Isso porque a proliferação de nomen iuris despida de embasamento jurídico que justifique a necessidade de adoção de nome distinto não contribui para a correta compreensão do fenômeno do compartilhamento.

---

308 MARTINS, Ricardo Marcondes. Teoria das contrafações administrativas. *Revista de Direito Administrativo & Constitucional*, Belo Horizonte: Fórum, ano 3, n. 11, jan./mar., p. 6, 2003.

Entretanto, a fim de que não paire confusão a respeito do regime do uso avençado entre os partícipes, afigura-se mais adequado que, diante da classificação que distingue o uso privativo do uso compartilhado, os instrumentos utilizados para a disciplina do compartilhamento sejam a *autorização de uso compartilhado*, a *permissão de uso compartilhado* e a *concessão de uso compartilhado, mantidas as características inerentes a cada um deles*, exceto, evidentemente, a parte em que conferem o uso com exclusividade.

Adiante serão analisadas algumas teorias sobre o uso dos bens públicos.

3.3 Teorias sobre o uso dos bens públicos

3.3.1 O entendimento de Maria Sylvia Zanella Di Pietro

Maria Sylvia Zanella Di Pietro apresenta dois critérios fundamentais para a análise do uso dos bens públicos.

Segundo a autora, o primeiro critério se refere à *exclusividade ou não* do uso do bem público pelos administrados,[309] classificando-se em *uso comum* e *uso privativo*.[310]

O *uso comum* se configura quando ocorre, "em igualdade de condições, por todos os membros da coletividade, sem necessidade de consentimento individualizado por parte da Administração"[311] enquanto o *uso privativo* se exerce, "com exclusividade, por pessoas determinadas, mediante título jurídico conferido individualmente pela Administração".[312]

A autora constata, no entanto, que existem utilizações que não se exercem "com exclusividade (não podendo, por isso, ser consideradas *privativas*), mas que *dependem de determinados requisitos*, tais como, pagamento de prestação pecuniária ou de manifestação de vontade da Administração"[313] (como no caso de festejos ou desfiles em vias públicas).

---

[309] DI PIETRO, Maria Sylvia Zanella. *Uso privativo de bem público por particular*. 3. ed. São Paulo: Atlas, 2014, p. 17.

[310] Entendemos que o uso compartilhado deve ser inserido ao lado dessas modalidades de uso.

[311] *Ibid.*, p. 18.

[312] *Ibid.*, p. 18. No mesmo sentido: ARAÚJO, Edmir Netto de. *Curso de Direito Administrativo*. 3. ed. São Paulo: Saraiva, 2007, p. 1098.

[313] *Ibid.*, p. 22.

Essas utilizações recebem a denominação de *uso comum extraordinário*, em contraposição ao *uso comum ordinário*, que "é aberto a todos, indistintamente, sem exigência de instrumento administrativo de outorga e sem retribuição de natureza pecuniária".[314]

Além disso, Maria Sylvia Zanella Di Pietro sustenta que a expressão "uso comum dos bens públicos", presente no início do art. 103 do Código Civil,[315] possui *sentido mais amplo* do que a modalidade bens de uso comum do povo, abrangendo tanto o *uso comum ordinário* quanto o *extraordinário*, que podem ocorrer nas três modalidades de bens de públicos.

Assim, o *uso comum* pode se dar nos bens de uso comum do povo (faz parte da própria natureza dessa modalidade), nos bens de uso especial (como nos cemitérios e nos aeroportos) e nos bens dominicais (como nas terras devolutas).

O segundo critério adotado por Maria Sylvia Zanella Di Pietro se fundamenta na *conformidade ou não* do uso com o *destino principal* do bem,[316] dividindo-se em *uso normal* e *uso anormal*.

Por *uso normal*, compreende-se "o que se exerce de conformidade com a destinação principal do bem"[317] (como, por exemplo, uma rua aberta à circulação) e, por *uso anormal*, "o que atende a finalidades diversas ou acessórias, às vezes em contraste com aquela destinação"[318] (como no caso da mesma rua fechada temporariamente para comícios ou desfiles).

3.3.2 O entendimento de Celso Antônio Bandeira de Mello

Celso Antônio Bandeira de Mello, por sua vez, reúne os critérios de *exclusividade* (podendo ser comum ou privativo[319]), de *dependência de ato administrativo* (podendo ser ordinário ou extraordinário) e de

---

314 *Ibid.*,

315 Art. 103 do Código Civil. O uso comum dos bens públicos pode ser gratuito ou retribuído, conforme for estabelecido legalmente pela entidade a cuja administração pertencerem.

316 DI PIETRO, Maria Sylvia Zanella. *Uso privativo de bem público por particular*. 3. ed. São Paulo: Atlas, 2014, p. 17.

317 *Ibid.*, p. 25.

318 DI PIETRO, Maria Sylvia Zanella. *Uso privativo de bem público por particular*. 3. ed. São Paulo: Atlas, 2014, p. 25.

319 Da mesma forma, entendemos que o uso compartilhado deve ser inserido ao lado dessas modalidades de uso.

conformidade com a destinação principal (podendo ser normal ou anormal) em uma única categoria, identificando, assim, apenas a existência do *uso comum* e de *usos especiais* em cada espécie de bem público.[320]

Com isso, é possível que bens de uso comum ou de uso especial possam ter uso comum ou uso especial, a depender de "algum ato administrativo reportado a alguma individualização especificadora de tal ou qual utente".

Dessa forma, se o uso for realizado "indistintamente por quaisquer sujeitos, em *concorrência igualitária e harmoniosa* com os demais, *de acordo com o destino do bem* e condições que *não lhe causem uma sobrecarga invulgar*"[321] (ainda que remunerado ou em conformidade com normas gerais), o *uso será comum*. Exemplo: livre tráfego nas ruas, ainda que conforme as regras de trânsito, livre circulação nas rodovias, ainda que mediante o pagamento de pedágio.

Por outro lado, podem ocorrer situações que se afastem das características do uso comum, "por implicarem *sobrecarga* do bem, *transtorno* ou *impedimento para a concorrente e igualitária* utilização de terceiros ou ainda por demandarem até mesmo o desfrute de uma *exclusividade no uso* sobre parte do bem", o que conduz ao *uso especial* do bem público. Nesse caso, será necessária *prévia manifestação* da Administração, por meio de autorização ou permissão de uso, ou dar *prévia ciência* à Administração para que o Poder Público possa vetá-la, se for o caso, a exemplo do exercício do direito de reunião previsto no art. 5º, inciso XVI, da Constituição Federal.[322]

Portanto, é fundamental que não se confunda a classificação dos bens públicos, que podem ser de uso comum, uso especial e dominicais, com o uso conferido ao bem, que pode ser uma utilização comum ou ordinária ou uma utilização especial ou extraordinária, permitindo, assim, que um bem de uso comum possa ter uso especial e um bem de uso especial possa estar em uso comum.

3.3.3 O entendimento de Floriano de Azevedo Marques Neto

Partindo da premissa de que a classificação do Código Civil seria insuficiente, porque adota uma "visão da administração pela estrutura

---

320 MELLO, Celso Antônio Bandeira de. *Curso de Direito Administrativo*. 37. ed. Belo Horizonte: Fórum, 2024, p. 797.

321 *Ibid.*, p. 797.

322 *Ibid.*, p. 797-800.

(bens do patrimônio do Estado) e não pela função (utilidade do bem para o cidadão)",[323] Floriano de Azevedo Marques Neto propõe uma classificação dos bens públicos pautada pelos usos possíveis a serem feitos deles.[324]

Assim, o autor apresenta cinco critérios de distinção do uso (classificação quinquipartite), classificando os bens públicos conforme: **(i)** os *requisitos exigidos* para o indivíduo lançar mão da utilidade, **(ii)** o *grau de rivalidade* do uso, **(iii)** o *tipo de finalidade pública* buscada com o uso (utilidade aferível pelo administrado), **(iv)** a *rentabilidade* do uso (utilidade de gerar receitas para o Poder Público) e **(v)** a *temporalidade* de cada modalidade de uso.[325]

Pelo critério dos *requisitos exigidos* para o indivíduo lançar mão da utilidade, os bens públicos podem ser de uso condicionado ou incondicionado, constituindo-se em bens: **(i)** de uso *livre*, quando inexiste qualquer exigência para o uso, **(ii)** de uso *geral*, quando a exclusão de algum indivíduo decorre de uma exigência objetiva, **(iii)** de uso *específico*, quando a exclusão advém de uma condição subjetiva, por exemplo, exigência de certa titulação para o uso, **(iv)** de uso *privativo*, quando o uso pelo administrado se dá de forma distinta da franqueada ao titular do uso privativo e **(v)** de uso *exclusivo*, quando a exclusão é total, sendo permitido somente a um determinado administrado.[326]

Segundo o *grau de rivalidade* do uso, o bem pode ser considerado **(i)** *rival*, quando a sua utilização por alguém implique automaticamente o impedimento do uso por outrem ou **(ii)** *não rival*, na medida em que o uso não exaure o bem ou possui uma disponibilidade não escassa, suportando um número indefinido de usuários concomitantes ou em sequência.[327]

---

[323] MARQUES NETO, Floriano de Azevedo. *Bens públicos*: função social e exploração econômica. O regime jurídico das utilidades públicas. Belo Horizonte: Fórum, 2009, p. 402-403.

[324] Floriano de Azevedo Marques Neto apresenta uma classificação de bens públicos marcada pela influência da concepção econômica. Segundo o autor, os economistas se utilizam de duas categorias para apartar os bens em geral: a *excludência* e a *rivalidade*. Enquanto por *excludência* entende-se a possibilidade de privação de alguns ou de todos os demais, exceto o seu detentor, da fruição da utilidade, por *rivalidade* compreende-se o fato da natureza do bem ou do seu emprego ser incompatível com o uso concorrente por outrem. Assim, pela combinação das duas categorias, os bens — na visão dos economistas — podem ser classificados em: (i) *bens privados*, sendo aqueles cujo emprego é excludente e rival; (ii) *recursos comuns*, cujo uso é rival, mas não excludente; (iii) *monopólios naturais*, em que o uso geralmente é excludente, mas não rival; e (iv) *bens públicos*, cujo uso não é excludente nem rival. (*Ibid.*, p. 45-46).

[325] *Ibid.*, p. 403-405.

[326] MARQUES NETO, Floriano de Azevedo. *Bens públicos*: função social e exploração econômica. O regime jurídico das utilidades públicas. Belo Horizonte: Fórum, 2009, p. 403-404.

[327] *Ibid.*, p. 404.

Partindo do pressuposto de que a finalidade pública estará sempre presente nas diferentes formas de uso, o autor propõe uma divisão quanto ao *tipo de finalidade pública* buscada com o uso, podendo ser: **(i)** quando a *finalidade do uso se confunde com a própria utilização direta* pelo administrado (por exemplo, usos livres) ou **(ii)** quando o uso é feito por pessoa física ou jurídica, mas com utilidade fruível *indiretamente* pelos administrados (por exemplo, usos específicos realizados pela Administração Pública)[328]

Quanto à *rentabilidade do uso*, caracterizada pela potencialidade de gerar receitas para o Poder Público, entende-se que o uso de bem público pode ter como consequência a geração de receitas para o erário, *sem que haja um interesse econômico direto*, mas tendo como objetivo principal da exigência de pagamento a ordenação do uso ou a conservação do bem. É o que o ocorre, por exemplo, com a cobrança de ingresso em museus públicos.[329]

Cabe destacar que essa rentabilidade não se confunde com a *onerosidade*, em que o pagamento configura uma contraprestação pelo uso. Em outras palavras, o uso oneroso implica uma remuneração paga pelo usuário em razão da fruição do bem.[330]

Por fim, segundo o critério da *temporalidade*, o uso de um bem público pode ser: **(i)** *permanente*, quando o usuário dispõe da utilidade em caráter perene, contínuo e não revogável (por exemplo, o uso de praias), **(ii)** *temporário*, quando vinculado a um termo, que não um prazo, mas uma condição subjetiva do administrado, **(iii)** *aprazado*, quando subordinado a um prazo certo, e **(iv)** *episódico*, quando se confere o uso excepcional do bem, por breve período, a algum ou alguns administrados.[331]

Assim, para o autor, são aplicáveis aos bens públicos os seguintes usos: **(i)** o *uso livre* (por exemplo, vias e logradouros para circulação de pedestres sobre as calçadas), **(ii)** o *uso geral*, que pode ser *gratuito* (por exemplo, não se exige pagamento para a condução de veículos pelas vias urbanas, porém é necessário o preenchimento de exigências objetivas e gerais previstas na legislação tanto para o condutor quanto

---

[328] *Ibid.*, p. 404-405.

[329] *Ibid.*, p. 405.

[330] *Ibid.*, p. 405.

[331] MARQUES NETO, Floriano de Azevedo. *Bens públicos*: função social e exploração econômica. O regime jurídico das utilidades públicas. Belo Horizonte: Fórum, 2009, p. 405-406.

para o veículo) *ou oneroso* (por exemplo, o pagamento de pedágio exigido pelo uso direto da via pública), **(iii)** o *uso específico*, que pode ser *administrativo* (quando o uso é franqueado apenas a agentes no exercício da função administrativa, por exemplo, sede dos governos) ou *utilitário* (quando o uso é autorizado a um administrado que preenche a condição subjetiva de titulação específica, como, por exemplo, o estudante de escola pública que se serve da sala de aula), **(iv)** o *uso econômico*, que pode ser de *interesse geral* (o uso do bem se destina à exploração de uma atividade econômica, porém de interesse geral, como, por exemplo, instalação de bancas de jornal) ou de *interesse particular* (o uso visa à fruição excludente por parte do agente explorador, beneficiando apenas remotamente a coletividade, a exemplo da exploração do subsolo para extração de minérios), e **(v)** o *uso exclusivo* de caráter *não econômico* (quando há uma utilização pelo administrado com nítido caráter de exclusão dos demais, contudo sem a finalidade de obtenção de receitas, como é o caso da concessão de direito real de uso para fins de moradia).[332]

Em relação à *temporalidade*, o uso livre é permanente. O uso geral pode ser permanente ou temporário. O uso específico administrativo pode ser permanente, temporário ou aprazado. O uso específico utilitário pode ser temporário ou aprazado. O uso econômico será sempre aprazado. O uso exclusivo de caráter não econômico pode ser aprazado, temporário ou episódico.[333]

Marques Neto destaca que "as espécies de uso, anteriormente indicadas, podem incidir — e no mais das vezes incidem — concomitantemente sobre um dado bem",[334] podendo ter numa determinada avenida (tida como bem de uso comum do povo), por exemplo, o uso livre pelos pedestres, o uso geral pelos veículos, o uso específico administrativo pelo posto de policiamento, o uso econômico de interesse geral pela banca de jornal e o uso específico utilitário pelo transporte de trens urbanos.

Portanto, faz-se necessária a análise das implicações jurídicas em caso de usos conflitantes do bem público.

---

[332] *Ibid.*, p. 406-412.

[333] *Ibid.*, p. 406-412.

[334] *Ibid.*, p. 412.

3.3.4 A ordenação dos usos

Os bens públicos, conforme apontado, podem comportar vários tipos de usos, porém é possível que eles entrem em rota de colisão entre si, de modo que se afigura crucial a definição de *critérios de prevalência*.

Segundo Thiago Marrara, no caso de choque entre o *uso normal* (primário) e o *uso anormal* (secundário) do bem, deve prevalecer o uso normal, em homenagem ao princípio da legalidade.[335]

Caso o uso anormal seja compatível apenas em certa quantidade, "é lícito que a Administração mantenha a quantidade de usos secundários compatível com os primários (afetados)",[336] devendo garantir a isonomia entre os potenciais interessados no uso secundário.[337]

O autor prossegue, aduzindo que, no caso de conflito entre o *uso comum* e o *uso privativo*, "descabe afirmar, na teoria, uma predominância geral do uso comum sobre o uso privativo quando ambos sejam igualmente normais ou anormais", dependendo da ponderação dos interesses envolvidos no caso concreto.[338]

Marrara defende, ainda, a possibilidade de conflito entre *usos normais* do bem, como, por exemplo, um auditório de faculdade, que pode ser utilizado para aulas, eventos científicos e atividades de extensão.

Nesse caso, "não há uma solução única e perfeita",[339] mas abre-se caminho para a hierarquização dos usos normais pelo legislador ou pela Administração. Não havendo hierarquia previamente estabelecida, só restará "compatibilizar os usos por uma divisão do espaço ou sua reorganização, tendo como base cada caso concreto".[340]

Por fim, aduz o autor que o *uso atual* pode entrar em conflito com o *uso futuro*, especialmente quando o uso atual tem aptidão para reduzir a utilidade do bem para as gerações futuras, evidenciando ausência de sustentabilidade no aproveitamento do recurso público, podendo, inclusive, levá-lo à exaustão.

---

335 MARRARA, Thiago; FERRAZ, Luciano. *Tratado de direito administrativo*: direito administrativo dos bens e restrições estatais à propriedade. Coordenação Maria Sylvia Zanella Di Pietro. 2. ed. São Paulo: Thomson Reuters Brasil, 2019. v. III, p. 234.

336 *Ibid.*, p. 234.

337 *Ibid.*, p. 234-235.

338 *Ibid.*, p. 235.

339 *Ibid.*, p. 236.

340 MARRARA, Thiago; FERRAZ, Luciano. *Tratado de direito administrativo*: direito administrativo dos bens e restrições estatais à propriedade. Coordenação Maria Sylvia Zanella Di Pietro. 2. ed. São Paulo: Thomson Reuters Brasil, 2019. v. III, p. 237.

Nesse cenário, caberá ao Poder Público a "imposição de medidas de restrição de usos atuais".[341]

Cabe destacar ainda o alerta formulado pelo autor no sentido de que o uso múltiplo do bem público deve observância à *sustentabilidade*, de maneira que "não deve permitir o esgotamento de bens essenciais ou a redução indevida de suas utilidades, de modo a obstar o atendimento das necessidades de futuros cidadãos".[342]

Para Floriano de Azevedo Marques Neto, quando a Administração Pública tiver que arbitrar, dentre os vários usos possíveis, aquele que deve prevalecer, seria necessário adotar os seguintes critérios, *na ordem apresentada*, observado o princípio da proporcionalidade e da busca da otimização entre as utilidades possíveis: **(i)** critério da *afetação original*, que diz que o uso decorrente de afetação por lei se imporá como o uso principal sobre todos os demais; **(ii)** critério da *generalidade* ou *abrangência*, que preconiza que prevalecerá o uso que seja acessível a um maior número de administrados; **(iii)** critério da *prejudicialidade* ou da *rivalidade*, que indica que deve ser privilegiado o uso que ofereça mais utilidades aos administrados e **(iv)** critério da *economicidade* ou da *rentabilidade*, que informa que a Administração deve conferir primazia ao uso que apresente maior capacidade arrecadatória para o erário.[343]

Assim, havendo choque de usos, a Administração Pública somente passaria, de forma sucessiva, à análise do critério seguinte, quando critério anterior não der conta de fornecer uma solução razoável para a controvérsia.[344]

Diante disso, é fundamental aprofundar a investigação acerca dos contornos da utilidade, especialmente seu impacto sobre o estudo da função social dos bens públicos.

---

[341] *Ibid.*, p. 238.

[342] MARRARA, Thiago. Uso de bem público. *In:* NUNES JÚNIOR, Vidal Serrano; ZOCKUN, Maurício; ZOCKUN, Carolina Zancaner; FREIRE, André Luiz (coord.). *Enciclopédia Jurídica da PUCSP*. Direito Administrativo e Constitucional. t. II. 2. ed. São Paulo: Pontifícia Universidade Católica de São Paulo, 2022, p. 52.

[343] MARQUES NETO, Floriano de Azevedo. *Bens públicos*: função social e exploração econômica. O regime jurídico das utilidades públicas. Belo Horizonte: Fórum, 2009, p. 420-422.

[344] *Ibid.*, p. 422.

CAPÍTULO 4

A FUNÇÃO SOCIAL DOS BENS PÚBLICOS E A NOÇÃO DE SUBUTILIZAÇÃO

4.1 O uso como elemento caracterizador da função social dos bens públicos

4.1.1 A origem da função social da propriedade

Segundo Léon Duguit, foi Augusto Comte o primeiro a autor no século XIX a apresentar a ideia da função social da propriedade.[345]

Em sua obra, Augusto Comte sustenta que:

> Dans tout état normal de l'humanité, chaque citoyen quelconque constitue réellement um fuonctionnaire public, dont les attributions plus ou moins définies déterminent à la fois les obligations et les prétentions. Ce príncipe universel doit certainement s'étendre jusqu'à la propriété, où le positivisme voit surtout une indispensable fonction sociale, destinée à former et à administrer les capitaux par lesquels chaque géneration prepare les travaux de la suivante. Sagement conçue, cette appréciation normale enneblit as possession, sans restreindre as juste liberté, et même em la faisant mieux respecter.[346]

[345] DIGUIT, Leon. *Les transformations générales du Droit privé depuis le Code Napoléon*. Paris: Librairie Félix Alcan, 1912, p. 158. No original: "cette idée, c'est encore Auguste Comte qui l'a mise, le premier au XIX siècle, particulièrement em relief". Em tradução livre: "esta idea, é novamente Augusto Comte o primeiro do século XIX a colocá-la particularmente em relevo". Conferir também: BEZNOS, Clovis. *Aspectos jurídicos da indenização na desapropriação*. 2. ed. Belo Horizonte: Fórum, 2016, p. 108.

[346] COMTE, Auguste. *Système de Politique Positive ou Traité de Sociologie*: instituant la religion de l'humanité. t. I. réimpression de l'édition 1851-1881. Osnabrück: Otto Zeller, 1967, p. 156. Em tradução livre: "Em qualquer estado normal da humanidade, cada cidadão constitui realmente um funcionário público, cujas atribuições mais ou menos definidas determinam tanto as obrigações como as reivindicações. Este princípio universal deve

Como se vê, Comte apresenta a ideia de função social como *indispensável à formação e administração do capital*, noção que passará a influenciar posteriormente o direito brasileiro.

Léon Duguit, em sua obra sobre as transformações sofridas pelo direito privado, sustenta que "la propriété est une institution juridique qui s'est formée pour répondre à un besoin économique, comme d'ailleurs toutes les institutions juridiques, et qui évolue nécessairement avec les besoins économiques eux-mêmes".[347]

O autor francês aduz, portanto, que o direito de propriedade, assim como todas as demais instituições jurídicas, veio como uma resposta a uma necessidade econômica, que aparece em todas as sociedades.

Essa resposta, na visão do autor, é a seguinte: "c'est le besoin d'affecter certaines richesses à des buts individuels ou collectifs définis, et par suite le besoin de garantir et de proteger socialement cette affectation".[348]

Assim, o direito de propriedade tem por finalidade atender à necessidade econômica de permitir a destinação de determinadas riquezas a certos objetivos individuais ou coletivos definidos e, em razão disso, garantir e proteger socialmente essa destinação.

Em outras palavras, a concepção jurídica de propriedade, na perspectiva do autor, legitima-se pela possibilidade de proteger e de atribuir certas riquezas a objetivos individuais ou coletivos definidos.

E, para isso, são necessárias duas coisas: **(i)** em primeiro lugar, que "tout acte fait conformément à l'un de ces buts soit sanctionné", e que, **(ii)** em segundo lugar, que "tous les actes qui y sont contraíres soient socialement réprimés".[349]

---

certamente estender-se à propriedade, onde o positivismo vê acima de tudo uma função social indispensável, destinada a formar e administrar o capital pelo qual cada geração prepara o trabalho da seguinte. Sabiamente concebida, esta apreciação normal enfraquece a posse, sem restringir a justa liberdade, e até mesmo torná-la mais respeitada".

[347] DIGUIT, Leon. *Les transformations générales du Droit privé depuis le Code Napoléon*. Paris: Librairie Félix Alcan, 1912, p. 148. Em tradução livre: "A propriedade é uma instituição jurídica que foi formada para responder a uma necessidade econômica, como todas as instituições jurídicas, e que necessariamente evolui com as próprias necessidades econômicas".

[348] *Ibid.*, p. 150. Em tradução livre: "é a necessidade de alocar certas riquezas para objetivos individuais ou coletivos definidos, e, por isso, a necessidade de garantir e proteger socialmente esta alocação".

[349] *Ibid.*, p. 151. Em tradução livre: em primeiro lugar, que "todos os atos feitos em conformidade a um desses objetivos, seja sancionado", e, em segundo lugar, que "todos os atos que lhe são contrários, sejam socialmente reprimidos".

Para cumprir o objetivo de proteção da destinação individual ou coletiva da riqueza, o direito de propriedade, albergado pelo ordenamento jurídico, opera por meio da autorização de atos que estiverem em conformidade com ele e por meio da repressão dos atos contrários.

Dessa forma, conclui o autor, "le droit positif ne protege plus le prétendu droit subjectif du propriétaire; mais il garantit la liberté du détenteur d'une richesse de remplir la fonction sociale qui lui incombe par le fait même de cette détention, et c'est ainsi que je puis dire surtout que la propriété se socialise".[350]

O direito positivo, portanto, não tem apenas a finalidade de proteger uma relação de senhorio entre titular e coisa; mais do que isso, o ordenamento jurídico tem o desiderato de proteger a liberdade do detentor da riqueza de cumprir a função social que lhe incumbe em razão dessa condição de detentor de riqueza.

Em outras palavras, o direito não está mais a serviço do titular da riqueza, como outrora, mas sim visa a assegurar o cumprimento da função social inerente àquela riqueza.

Com isso, o autor atribui uma dimensão social intrínseca à noção de propriedade. Por essa razão, Clovis Beznos aponta que, na visão de Duguit, haveria uma "concepção da propriedade-função, em contraposição ao direito subjetivo de propriedade".[351]

Explicando a perspectiva do autor francês, Ricardo Marcondes Martins anota que "a pessoa não teria direitos, mas uma função a cumprir, uma tarefa a executar. Coerentemente, sustentou Duguit, a propriedade não seria um direito, mas uma *função social*".[352]

Ressalte-se que Duguit não está a dizer que a propriedade individual desaparece, mas que a noção jurídica em que baseia a proteção social se modifica,[353] conferindo, assim, *outra fonte de legitimidade para a propriedade*.

Com isso, Duguit demonstra que a concepção jurídica de propriedade deixa de se lastrear no direito subjetivo do proprietário,

---

350 *Ibid.*, p. 160. Em tradução livre: "o direito positivo não protege mais o pretenso direito subjetivo do proprietário; mas ele garante a liberdade do detentor de uma riqueza de cumprir a função social que lhe incumbe pelo fato dessa detenção, e é, por isso, que posso dizer, acima de tudo, que a propriedade se socializa".

351 BEZNOS, Clovis. *Aspectos jurídicos da indenização na desapropriação*. 2. ed. Belo Horizonte: Fórum, 2016, p. 114.

352 MARTINS, Ricardo Marcondes. *Estudos de direito administrativo neoconstitucional*. São Paulo: Malheiros, 2021, p. 528.

353 DIGUIT, Leon. *Les transformations générales du Droit privé depuis le Code Napoléon*. Paris: Librairie Félix Alcan, 1912, p. 160.

conforme a perspectiva do direito romano, e passa a ser concebida como a liberdade para que o detentor da riqueza possa cumprir a função social daquela propriedade.

4.1.2 A função social da propriedade no direito brasileiro

No ordenamento brasileiro, a despeito de a função social da propriedade ter surgido no art. 157, inciso III, da Constituição Federal de 1967, dentre os princípios da ordem econômica, foi somente com a Constituição Federal de 1988, no contexto do Estado Democrático de Direito, que a função social da propriedade passou a estar prevista não apenas no inciso III do art. 170, dentre os princípios da ordem econômica e financeira, mas também no art. 5º, inciso XXIII, compondo o rol de direitos e garantias individuais, ao restringir o exercício do direito de propriedade ao atendimento da função social, por meio da proposição: a propriedade atenderá a sua função social.

Mais ainda, a Constituição passou a prever nos incisos do art. 182, §4º, sanções a serem aplicadas no caso de descumprimento da função social da propriedade urbana definida no plano diretor, estabelecendo a possibilidade de determinação do parcelamento e edificação compulsórios, do IPTU progressivo no tempo e da desapropriação mediante pagamento com títulos da dívida pública resgatáveis em até 10 anos.

Essa mudança na leitura da função social da propriedade trazida pela Constituição de 1988 foi constatada por Clovis Beznos que aponta que "a desapropriação em questão, ao contrário do disposto tradicionalmente em nosso ordenamento, aparece como penalidade".[354]

O fortalecimento da atuação do poder público na atividade de intervenção urbanística acompanhou o processo de urbanização das cidades brasileiras. Conforme dados do IBGE, a ocupação das áreas urbanas aumentou gradativamente ao longo das últimas décadas. Entre os Censos de 1940 e 2000, verificou-se a transformação de um Brasil rural para um Brasil urbano, com o crescimento populacional nas cidades de 31,3% em 1940 para 81,2% em 2000,[355] ultrapassando 84% em 2010.[356]

---

[354] BEZNOS, Clovis. *Aspectos jurídicos da indenização na desapropriação*. 2. ed. Belo Horizonte: Fórum, 2016, p. 122.

[355] IBGE. *Tendências Demográficas:* uma análise da população com base nos resultados dos censos demográficos 1940 e 2000. Disponível em: https://biblioteca.ibge.gov.br/visualizacao/livros/liv34956.pdf. Acessado em 28/09/2024.

[356] GLOBO. Urbanização brasileira. Disponível em: http://educacao.globo.com/geografia/assunto/urbanizacao/urbanizacao-brasileira.html. Acessado em 28/09/2024.

Na década de 1960, quando a Constituição de 1967 consagrou a função social da propriedade, o país possuía cerca de 45% da população nos espaços urbanos, contra cerca de 55% da população rural. Porém, na década 1980, no contexto da Constituição de 1988, o Brasil possuía cerca de 66% da população em áreas urbanas, avançando para cerca de 74% na década de 1990.[357]

Por essa razão, no âmbito infraconstitucional, antes de 1988 era possível identificar a preocupação do legislador com a função social da propriedade rural no Estatuto da Terra (Lei nº 4.504/64), e, somente após o avanço da urbanização, novos diplomas legais, conformando a função social da propriedade urbana, surgiram na esteira da previsão constitucional, como o Estatuto da Cidade (Lei nº 10.257/2001), em matéria urbanística, e o próprio Código Civil, no art. 1.228, parágrafo 1º.

Após a Constituição de 1988, a função social da propriedade rural também sofreu modificação com o advento da Lei nº 8.629/93, que, ao lado do Estatuto da Terra, regulamentam a função social para fins de reforma agrária.

Assim, foi a partir da Constituição de 1988 que a função social da propriedade ganhou novos instrumentos capazes de autorizar a intervenção do poder público na propriedade urbana, com o objetivo de garantir a ordenação das cidades e o bem-estar dos habitantes.

Há doutrina civilista abalizada que sustenta que essa ideia da função social inspirou a disciplina atual do direito de propriedade no ordenamento jurídico brasileiro, uma vez que no Código Civil de 1916 inexistia previsão semelhante.

Flávio Tartuce reconhece que "a função social da propriedade constante da Constituição Federal de 1988 e do Código Civil de 2002 sofreu forte influência da clássica doutrina de León Duguit".[358]

Francisco Amaral anota que "a função social liga-se ao exercício da propriedade de acordo com as exigências do bem comum. Significa que o proprietário não tem apenas poderes, mas também deveres no exercício do seu direito".[359]

Carlos Alberto Dabus Maluf defende que ao antigo absolutismo do direito traduzido no conhecido *jus utendi et abutendi*, "contrapõe-se, hoje, a socialização progressiva da propriedade — orientando-se

---

[357] *Ibid.*,

[358] TARTUCE, Flávio. *Manual de Direito Civil*. 10. ed. São Paulo: Método, 2020, p. 136.

[359] AMARAL, Francisco. *Direito Civil*: introdução. Rio de Janeiro: Renovar, 2003, p. 147.

pelo critério da utilidade social para maior e mais ampla proteção aos interesses e às necessidades comuns".[360]

Nessa esteira, Pietro Perlingieri registra que a função social "deve ser entendida não como uma intervenção 'in odio' à propriedade privada, mas torna-se 'a própria razão pela qual o direito de propriedade foi atribuído a um certo sujeito'".[361]

Sustentando que a função social integra o próprio conteúdo da propriedade, Paulo Lôbo observa que "na contemporaneidade, a função social afastou-se da concepção de limites externos, passando a integrar os próprios conteúdos da propriedade e da posse. Esta é a orientação que se adotou na Constituição de 1988".[362]

Todavia, esse entendimento não é pacífico.

Para Ricardo Marcondes Martins, "o Direito Brasileiro, porém, não acolheu a proposta tal como inicialmente formulada: a propriedade não é uma função social", de modo que a Constituição "garante esse direito mesmo quando haja descumprimento da *função social da propriedade*", salvo contrário não subsistiria direito à indenização quando descumprida a função social.[363]

Assim, para o autor, a função social restringe o direito de propriedade, referindo-se a "*prerrogativas* que devem ser exercidas não no interesse do proprietário, mas no interesse de *outrem* — no caso, da *sociedade*".[364]

Neste estudo, adotamos a posição de Martins, porque se a função social integrasse o conteúdo da propriedade, a violação à função social conduziria ao esvaziamento do direito de propriedade no exato momento em que ela ocorresse. Em outras palavras, o proprietário não deixa de ser proprietário porque violou a função social, tanto é assim que as sanções previstas nos incisos do parágrafo 4º do art. 182 da Constituição pressupõem a manutenção da condição de proprietário, quando impõem, *sucessivamente*, o dever de parcelamento e edificação

---

360 MALUF, Carlos Alberto Dabus. *Limitações ao direito de propriedade*. 3. ed. São Paulo: RT, 2011, p. 73. No mesmo sentido, Orlando Gomes para quem "pode-se concluir pela necessidade de abandonar a concepção romana da propriedade, para compatibilizá-la com as finalidades sociais da sociedade contemporânea". (GOMES, Orlando. *Direitos reais*. 19. ed. Rio de Janeiro: Forense, 2004, p. 129).

361 PERLINGIERI, Pietro. *O direito civil na legalidade constitucional*. Tradução Maria Cristina De Cicco. Rio de Janeiro: Renovar, 2008, p. 940.

362 LÔBO, Paulo. *Direito Civil*: coisas. São Paulo: Saraiva, 2019, p. 152.

363 MARTINS, Ricardo Marcondes. *Estudos de direito administrativo neoconstitucional*. São Paulo: Malheiros, 2021, p. 528.

364 *Ibid.*, p. 534.

compulsórios, IPTU progressivo, além de conferir direito à indenização no caso de desapropriação-sanção.

Dessa maneira, o cumprimento da função social é a justificativa para a tutela da propriedade, que, em caso de persistência no seu descumprimento, pode levar à perda da propriedade, mediante indenização.

Então, cabe perquirir se a propriedade pública também está sujeita ou não aos ditames da função social da forma como constitucionalizada.

4.1.3 O conteúdo da função social se modifica conforme o objeto tutelado

A Constituição Federal de 1988 marca a passagem da função social da propriedade, antes prevista apenas no título da ordem econômica (art. 157, inciso III, da Constituição de 1967), para dentro do rol de direitos e garantias fundamentais, passando a prever no inciso XXIII do art. 5º que a propriedade atenderá a sua função social.

O art. 182, parágrafo 2º, da Constituição brasileira estabelece a *função social da propriedade urbana,* ao dispor que "a propriedade urbana cumpre sua função social quando atende às exigências fundamentais de ordenação da cidade expressas no plano diretor", facultando, no parágrafo 4º, ao Poder Público municipal, mediante lei específica, exigir do proprietário do solo urbano não edificado, subutilizado ou não utilizado, que promova seu adequado aproveitamento, sob pena, sucessivamente, de: **(i)** parcelamento ou edificação compulsórios; **(ii)** imposto sobre a propriedade predial e territorial urbana progressivo no tempo; e **(iii)** desapropriação com pagamento mediante títulos da dívida pública de emissão previamente aprovada pelo Senado Federal, com prazo de resgate de até dez anos, em parcelas anuais, iguais e sucessivas, assegurados o valor real da indenização e os juros legais.

Assim, o atendimento da função social da propriedade urbana é definido pelo cumprimento das disposições estabelecidas na lei do Plano Diretor de cada Município, que é criada obedecendo às diretrizes do Estatuto da Cidade.

A *função social da propriedade rural,* por sua vez, é definida pelo art. 186 da Constituição Federal que preconiza que "a função social é cumprida quando a propriedade rural atende, simultaneamente, segundo critérios e graus de exigência estabelecidos em lei, os seguintes requisitos": **(i)** aproveitamento racional e adequado; **(ii)** utilização adequada dos recursos naturais disponíveis e preservação do meio ambiente; **(iii)** observância das disposições que regulam as relações de trabalho; e **(iv)** exploração que favoreça o bem-estar dos proprietários e dos trabalhadores.

Relativamente à função social da propriedade rural, o Estatuto da Terra e a Lei nº 8.629/93 constituem as leis regulamentadoras que fixam os contornos da utilização do imóvel rural.

Com base nos dois exemplos apresentados, extraídos do texto constitucional e regulamentados por leis específicas, percebe-se, então, que o *conteúdo da função social varia conforme o objeto a ser tutelado* pelo Estado.

Veja-se outro exemplo.

Por meio da Emenda Constitucional nº 19/1998, a Constituição Federal passou a prever, no art. 173, parágrafo 1º, inciso I, que a lei estabeleceria o estatuto jurídico das empresas públicas, das sociedades de economia mista e de suas subsidiárias que explorem atividade econômica de produção ou comercialização de bens ou de prestação de serviços, dispondo, dentre outros aspectos, sobre a *função social das empresas estatais*.

Esse estatuto jurídico das empresas estatais adveio em 30 de junho de 2016, com a Lei nº 13.303, que no art. 27 dispõe sobre a função social da empresa pública e da sociedade de economia mista, estatuindo que as empresas estatais "terão a função social de *realização do interesse coletivo* ou de atendimento a *imperativo de segurança nacional* expressa no instrumento de autorização legal para a sua criação".

No parágrafo 1º do art. 27, a lei minudencia o que se entende por realização do interesse coletivo, prevendo que as estatais deverão ser orientadas para o alcance do bem-estar econômico, para a alocação socialmente eficiente dos recursos geridos, para a ampliação economicamente sustentada do acesso de consumidores aos produtos e serviços oferecidos por elas e para o desenvolvimento ou emprego de tecnologia brasileira para produção e oferta de produtos e serviços dessas estatais, sempre de maneira economicamente justificada.

Nos parágrafos 2º e 3º, do mesmo artigo, há determinação de observância das práticas de sustentabilidade ambiental e de responsabilidade social corporativa compatíveis com o mercado em que atuam, bem como, por meio de convênio ou contrato de patrocínio, de promoção de atividade culturais, sociais, esportivas, educacionais e de inovação tecnológica, desde que comprovadamente vinculadas ao fortalecimento de sua marca.

Como se vê, quando se modifica o objeto a ser tutelado pelo ordenamento jurídico — passando, nos exemplos acima, pelas propriedades urbana e rural, bem como pelas empresas estatais —, o conteúdo da função social também se altera.

4.1.4 A propriedade pública e sua função social

Como constatado, ao trazer para o art. 5º, a Constituição brasileira não distingue a natureza pública ou privada da propriedade, limitando-se a enunciar que "a propriedade atenderá a *sua* função social".

Sílvio Luís Ferreira da Rocha defende que a Constituição Federal não discrimina a propriedade privada da propriedade pública,[365] o que conduz à aplicação do art. 182, parágrafo 2º, da Constituição Federal também à propriedade pública, sujeitando os bens públicos às regras estabelecidas pelo plano diretor, "pois as normas daquele Estatuto (Lei 10.257/2001) buscam ordenar o pleno desenvolvimento das funções sociais da cidade e da propriedade urbana, sem discriminar entre propriedade urbana privada e propriedade urbana pública".[366]

Nesse sentido, caso o legislador constituinte quisesse excluir os bens públicos da disciplina da função social da propriedade urbana o teria feito, como procedido pelo art. 183, parágrafo 3º, da Constituição Federal que expressamente vedou a usucapião de imóveis públicos.

Na mesma esteira, Floriano de Azevedo Marques Neto assevera: "refutamos, então, o entendimento de que o bem público cumpre sua função social pelo simples fato de ser de domínio do ente de direito público. Nada mais equivocado".[367]

Há autores, todavia, que se filiam pelo descabimento do reconhecimento da função social à propriedade pública, como, por exemplo, Nilma de Castro Abe, que sustenta que "a função social da propriedade, prevista no art. 5º, inciso XXIII, da Constituição Federal, deve ser atendida por todos os particulares e não pelo Estado", uma vez que "as sanções jurídicas previstas para o descumprimento da função social da propriedade urbana são imputáveis principalmente aos particulares, sendo inadequadas para punir entes públicos".[368]

---

365 ROCHA, Sílvio Luís Ferreira da. *Função social da propriedade pública*. São Paulo: Malheiros, 2005, p. 140-141.

366 *Ibid.*, p. 140.

367 MARQUES NETO, Floriano de Azevedo. *Bens públicos*: função social e exploração econômica. O regime jurídico das utilidades públicas. Belo Horizonte: Fórum, 2009, p. 396.

368 ABE, Nilma de Castro. *Gestão do patrimônio público imobiliário*: aspectos jurídicos da destinação, delimitação, fiscalização e responsabilidade. Belo Horizonte: Fórum. 2013, p. 69.

Contudo, ousamos discordar. Filiamo-nos ao posicionamento dos autores anteriormente citados, pois a impossibilidade de aplicação das medidas de intervenção urbanística na propriedade previstas no art. 182, parágrafo 4º, da Constituição Federal não impede a incidência de outras medidas intervencionistas definidas pelo Estatuto da Cidade, como, por exemplo, o dever de apresentação de Estudo de Impacto de Vizinhança (EIV) como condição prévia à obtenção de licenças para construção, ampliação ou funcionamento, caso assim seja exigido pelo Poder Público municipal (art. 36 do Estatuto da Cidade), bem como a possibilidade de lei municipal estabelecer a Transferência do Direito de Construir (TDC) em razão da interferência municipal em imóveis públicos (art. 35 do Estatuto da Cidade).

Além disso, em sede do Agravo Regimental na Ação Cível Originária (AgR na ACO) nº 1.208/MS, o plenário do STF fixou entendimento no sentido de que a regra da hierarquia verticalizada prevista na Lei Geral de Desapropriações (Decreto-Lei nº 3.365/41), que veda a desapropriação de bens dos entes maiores realizada por entes menores, não se aplica ao tombamento, permitindo, no caso concreto, o Estado do Mato Grosso do Sul promover a respectiva restrição de uso de imóvel da União, com vistas à preservação do patrimônio histórico, cultural, artístico, turístico e paisagístico de interesse regional.

Assim, a mera incompatibilidade dos instrumentos de política urbana previstos no art. 182, parágrafo 4º, da Constituição Federal com o regime jurídico dos bens públicos *não afasta o reconhecimento da função social da propriedade pública*, uma vez que, como visto, os imóveis públicos se sujeitam, por previsão expressa do Estatuto da Cidade, a outros instrumentos de intervenção urbanística.

Dessa forma, a inaplicabilidade das intervenções urbanísticas de parcelamento e edificação compulsórios, IPTU progressivo no tempo e desapropriação paga com títulos da dívida pública ao patrimônio público não decorre de vedação direta da Constituição à incidência do art. 182, parágrafo 4º, aos bens públicos, mas da *incompatibilidade dos referidos instrumentos de política urbana com o regime jurídico dos bens públicos*, garantido por meio de outras regras constitucionais e leis específicas, como a vedação à usucapião (art. 183, parágrafo 3º; e 191, parágrafo único, da Constituição Federal), a regra da hierarquia verticalizada das desapropriações (art. 2º, parágrafo 2º, do Decreto-Lei nº 3.365/41), a imunidade tributária (art. 150, inciso VI, alínea "a", da Constituição Federal) e a necessária de previsão orçamentária para a despesa pública (art. 167, inciso I, da Constituição Federal).

Também no âmbito do direito privado é possível vislumbrar o dever de a propriedade pública contribuir para a manutenção dos interesses comuns. Nesse sentido, por exemplo, a propriedade de uma ou mais unidades autônomas de um prédio pelo Poder Público não o exime do pagamento da cota condominial para o custeio das despesas comuns, como estabelece o art. 1.315, *caput*, do Código Civil.

Portanto, a despeito da finalidade pública inerente aos bens públicos afetados, *a propriedade pública deve obediência às regras de ordenação coletiva da propriedade*, o que demonstra que a função social das propriedades urbana e rural também se aplica à propriedade pública, no que couber.

Há, ainda, quem entenda que a propriedade pública não se submete à função social, porque a finalidade pública atribuída àquela propriedade supre o objetivo perseguido pela função social.

Entretanto, ousamos discordar, porque finalidade pública e função social da propriedade pública não se confundem, isto é, o fato de um bem se encontrar afetado não significa automaticamente o cumprimento da sua função social, pois enquanto aquela diz respeito à natureza da atividade desempenhada no imóvel, esta se refere ao atendimento das normas previstas no plano diretor ou na legislação urbanística específica.

Assim, parece-nos incompatível que equipamentos públicos que realizem atividades perigosas ou ruidosas, como, por exemplo, usinas nucleares e indústrias petroquímicas, possam se instalar em áreas da cidade de São Paulo destinadas exclusivamente ao uso residencial, como as Zonas Exclusivamente Residenciais (ZER),[369] fazendo com que essa vedação referente à ordenação da cidade estabeleça uma *restrição à utilização da propriedade*, sendo irrelevante a finalidade pública da atividade desenvolvida no local.

Dessa forma, não nos parece que o Poder Público possa livremente desobedecer às "exigências fundamentais de ordenação da cidade",[370] como se a ele tivesse sido conferido um legítimo poder de contribuir para a *desorganização* das cidades.

---

369 Como previsto no art. 33 do Plano Diretor Estratégico da Cidade de São Paulo – Lei Municipal 16.050/2014, as "Zonas Exclusivamente Residenciais – ZER são porções do território destinadas exclusivamente ao uso residencial de habitações unifamiliares e multifamiliares, tipologias diferenciadas, níveis de ruído compatíveis com o uso exclusivamente residencial e com vias de tráfego leve e local".

370 Conteúdo da função social da propriedade urbana descrito no art. 182, parágrafo 2º, da Constituição Federal.

Nesse sentido, o Plano Diretor Estratégico (PDE) da Cidade de São Paulo – Lei Municipal nº 16.050/2014 (com as alterações promovidas pelas Leis Municipais 17.975/2023 e 18.157/2024) – prevê no art. 1º, parágrafo 3º, que o Plano Diretor Estratégico "é o instrumento básico da Política de Desenvolvimento Urbano do Município de São Paulo, *determinante para todos os agentes públicos e privados que atuam em seu território*".

Portanto, sob a nossa perspectiva, a propriedade pública também se submete ao cumprimento da função social constitucionalmente definida.

Sílvio Luís Ferreira da Rocha admite que, além da destinação normal dos bens públicos de uso comum, haja a possibilidade de "outros efeitos da incidência do princípio da função social nos bens de uso comum, que não decorrem da própria finalidade destes bens".[371] Em seguida, esclarece seu posicionamento: "Refiro-me, por exemplo, aos casos de ocupação irregular, por famílias pobres, de áreas localizadas em lotes cujo destino é o de servir de espaços livres de uso público, como praças", que, com o registro do loteamento, passam a integrar o domínio municipal.[372]

Indaga o autor: "pode o princípio da função social justificar a permanência dos ocupantes em área pública, mesmo que eles não tenham o direito ao denominado direito real de moradia?".[373] Responde que sim, porque, nesse caso, haveria a rejeição tanto da pretensão reintegratória quanto da reivindicatória do Poder Público, tendo em vista "outros interesses juridicamente relevantes envolvidos relacionados com o exercício do direito de propriedade de acordo com o princípio da função social".[374]

Com a devida vênia, ousamos discordar nesse ponto.

O debate apresentado pelo autor é muito importante, ganhando ainda mais relevância e atualidade após a pandemia do covid-19, que culminou no aumento de 38% da população em situação de rua, totalizando mais de 281,4 mil pessoas no Brasil, conforme dados do Ipea.[375]

---

[371] ROCHA, Sílvio Luís Ferreira da. *Função social da propriedade pública*. São Paulo: Malheiros, 2005, p. 130.

[372] *Ibid.*, p. 130-131.

[373] *Ibid.*, p. 132.

[374] *Ibid.*, p. 132.

[375] População em situação de rua supera 281,4 mil pessoas no Brasil. Estimativa divulgada pelo Ipea aponta crescimento de 38% desse segmento, durante a pandemia de Covid-19. BRASIL. Instituto de Pesquisa Econômica Aplicada. População em situação de rua supera

A Prefeitura de São Paulo, por exemplo, tomou medidas de zeladoria na Praça da Sé, porém as ações da Municipalidade têm encontrado resistência da população e dos movimentos sociais, com acusações de aporofobia (termo que denota aversão às pessoas pobres e à pobreza), indicando que uma solução pacífica ainda está longe de ser alcançada.[376]

Como mostrou Duguit, a tutela jurídica da propriedade tem a *finalidade* de assegurar que determinadas riquezas sejam destinadas a objetivos individuais ou coletivos definidos, operando-se por meio da autorização de atos que estiverem em conformidade com essa destinação e da repressão dos atos contrários.

Assim, a função social de uma praça pública, por exemplo, diz respeito às finalidades individuais ou coletivas que se esperam de uma praça, e não no tocante ao papel do Estado como um todo. Dito de outro modo, o objetivo de uma praça pública é permitir o passeio e o lazer das pessoas, e não servir de moradia para a população. É nesse contexto que a sua função social deve ser analisada.

O mandamento constitucional contido no art. 5º, inciso XXIII, determina que a propriedade atenda "a *sua* função social", e não a função social do Estado brasileiro, que abrange, dentre outras, a política habitacional.

Como visto anteriormente, a mudança do objeto implica a alteração do conteúdo da função social, de modo que a investigação sobre a função social de determinada propriedade conduz a um resultado diverso da perquirição acerca da função social do Estado como um todo.

Dessa maneira, a função social de uma praça pública deve levar em consideração o exercício do direito de propriedade estatal enquanto praça pública, não se inserindo no conteúdo da função social da praça pública aspectos relacionados ao direito de moradia de terceiros, ainda que pessoas pobres ou em situação de rua, infelizmente uma triste realidade que assola o país.

281,4 mil pessoas no Brasil. Disponível em: https://www.ipea.gov.br/portal/categorias/45-todas-as-noticias/noticias/13457-populacao-em-situacao-de-rua-supera-281-4-mil-pessoas-no-brasil. Acesso em: 12 out. 2023.

376 Praça da Sé está cercada há um mês, e ações de zeladoria geram protestos de moradores de rua, movimentos sociais e comerciantes. GLOBO. São Paulo. Praça da Sé está cercada há um mês, e ações de zeladoria geram protestos de moradores de rua, movimentos sociais e comerciantes. *G1*. Disponível em: https://g1.globo.com/sp/sao-paulo/noticia/2023/05/12/praca-da-se-esta-cercada-ha-um-mes-e-acoes-de-zeladoria-geram-protestos-de-moradores-de-rua-movimentos-sociais-e-comerciantes.ghtml. Acesso em: 12 out. 2023.

Com efeito, mesmo que a solução judicial para o caso concreto eventualmente aponte para a regularização fundiária daquela ocupação ilegal de imóvel público, deve-se creditar essa resposta jurídica ao resultado da ponderação dos valores constitucionais envolvidos — dentre eles, a dignidade da pessoa humana e o direito à moradia —, mas não à exegese do conteúdo da função social da propriedade pública.

Em outras palavras, pode até prevalecer — por conveniência administrativa ou por decisão judicial —, considerando as circunstâncias determinadas pelo caso concreto, o direito à moradia de certo assentamento irregular, entretanto não constitui restrição à propriedade de um imóvel público o dever de se deixar ser ocupado ilegalmente por terceiros, podendo, inclusive, o Poder Público se valer dos instrumentos jurídicos cabíveis para a retomada do bem ocupado ilegalmente.[377]

4.1.5 A análise da função social deve envolver também os bens que guarnecem os equipamentos públicos

A análise da função social dos bens públicos não envolve apenas a verificação da função social da propriedade na perspectiva urbanística, mas também a aferição da *utilização de todos os bens, móveis e imóveis, que guarnecem os equipamentos públicos*, pois o conceito de bens públicos abrange bens móveis e imóveis de titularidade da Administração e que se encontram afetados.[378]

Por essa razão, a investigação acerca da função social dos bens públicos *não pode ser reduzida à relação externa* do equipamento público com a ordenação da cidade, porque deixaria de abarcar os *inúmeros bens do interior* da propriedade imobiliária, que, de igual maneira, compõem os contornos do domínio público.

Assim, a partir da análise da função social, atribui-se ao gestor público um papel central na conformação do uso dos bens públicos, tanto do ponto de vista *externo* (dinâmicas externas), caracterizado pelas relações do equipamento público com a ordenação da cidade, quanto do ponto de vista *interno* (dinâmicas internas), relativo à utilização dos bens públicos móveis e imóveis empregados para o desempenho da atividade pública.

---

[377] Sobre a detenção irregular de bem público, remete-se o leitor ao capítulo 1.

[378] Sobre o conceito de bens públicos, remetemos o leitor ao capítulo 1.

Dessa maneira, não basta, por exemplo, que um hospital público esteja em funcionamento, faz-se indispensável a verificação do adequado uso das unidades internas, tais como salas, auditórios, enfermarias etc.

Todos os bens públicos, móveis e imóveis, devem contribuir para o atingimento dos objetivos sociais e institucionais (interesse público), de modo que a existência de bem público subutilizado demonstra o desatendimento da sua função social, ou seja, da função social *daquela fração* do equipamento público, e não do equipamento público como um todo.

Assim, se o andar de enfermaria de um hospital, por exemplo, estiver em condição de subutilização, fica configurado o descumprimento da função social *daquela enfermaria*, e não do hospital como um todo, exigindo, portanto, a intervenção do gestor naquela unidade administrativa com vistas a sanar a subutilização.

Isso porque não é dado ao administrador público permitir que se mantenha subutilizado um andar de enfermaria de um hospital, por exemplo, porque a situação de subutilização de bem público não contribui para o desenvolvimento das atividades de interesse público, violando, portanto, a função social dos bens públicos.

Dessa forma, deve o gestor conferir a adequada destinação à unidade administrativa subutilizada, podendo, no âmbito da discricionariedade administrativa, auferir renda com o uso dos leitos para reversão às atividades do hospital, compartilhar o uso[379] do andar com outros hospitais públicos ou privados, dentre outras soluções possíveis, *sem desfigurar a finalidade principal do equipamento público* em que se encontra inserido.

Por *subutilização* de bem público deve-se entender a violação à sua função social caracterizada pelo uso abaixo do considerado *mínimo razoável* para o atendimento do interesse público.

Portanto, a partir da análise da função social, atribui-se ao gestor público um *papel central na conformação do uso* dos bens públicos, tanto do ponto de vista *externo* (dinâmicas externas), caracterizado pelas relações do equipamento público com a ordenação da cidade, quanto do ponto de vista *interno* (dinâmicas internas), relativo à utilização dos bens públicos móveis e imóveis empregados para o desempenho da atividade pública.

Nesse contexto de subutilização, isto é, quando ainda há interesse

---

379 O regime geral do uso compartilhado de bens públicos será explorado no próximo capítulo.

da Administração no uso do bem, porém abaixo do mínimo razoável, exsurge a possibilidade de *compartilhamento do uso* como alternativa à disposição do administrador público para, mantendo consigo parcela do uso, permitir o uso simultâneo com outro órgão ou entidade pública ou privada, com vistas a impedir a subutilização.

O problema da subutilização será melhor tratado mais adiante.

4.2 O problema da subutilização dos bens públicos

4.2.1 O conceito de subutilização

A subutilização, em sua concepção jurídica, consiste no estado de subaproveitamento do bem afetado a uma finalidade pública, caracterizado pela *existência de afetação sem a contribuição mínima razoável para os fins estabelecidos para o órgão ou entidade.*

Em outras palavras, embora haja um mandado de otimização constitucional para se buscar o máximo aproveitamento dos recursos públicos (princípio da eficiência), o que ordenamento jurídico *não pode tolerar* é que o uso dado a um bem público seja inferior a um mínimo razoável que justifique sua participação no atingimento da finalidade da instituição.

Assim, para a caracterização do subaproveitamento, faz-se necessária, portanto, a adoção de um parâmetro capaz de balizar a configuração da antijuridicidade, ao que se denomina de *utilização mínima razoável* do bem público.

Por utilização mínima razoável se entende o *quantitativo ou percentual aceitável* de uso efetivo do bem público, sob pena de subutilização.

A utilização mínima razoável pode ser apresentada por *critérios abstratos* ou *relativos.*

O critério *abstrato* é aquele que estabelece *parâmetros prévios e objetivos* de utilização mínima aceitável do objeto, como, por exemplo, uma regra administrativa que estabeleça o dever de uso de auditório para a realização de, pelo menos, 10 eventos por mês.

Dessa forma, caso não atendido o quantitativo mínimo referido, cabe ao administrador público adotar providências para aproveitamento do espaço, em especial por meio do compartilhamento com outras entidades públicas ou privadas.

O critério *relativo* se traduz, por sua vez, na aferição baseada na *realidade de utilização anterior* do bem público, sem que haja uma estipulação prévia e abstrata do mínimo aceitável.

Pode-se tomar como exemplo o uso dos prédios públicos pós-pandemia, em especial após a adoção do regime de teletrabalho, em que se constata uma redução drástica de utilização quando comparada com a situação anterior. Nesse caso, o parâmetro é o uso anterior, e não um percentual ou quantitativo abstratamente estipulado. Então, em termos práticos, se antes a sala de uma repartição pública era ocupada por 10 servidores públicos e agora há um revezamento com a presença simultânea de apenas 02 servidores (20% do potencial de uso), por exemplo, resta evidenciada a subutilização do espaço público, o que impõe a adoção de medidas de aproveitamento pelo gestor.

Portanto, a subutilização implica o reconhecimento da ilicitude caracterizada pela violação do dever de utilização mínima razoável do bem público afetado, podendo ser estabelecido por lei ou por ato administrativo, que preveja critérios absolutos ou relativos de aproveitamento.

Note que o conceito de subutilização, a princípio, não abrange os bens públicos *desafetados*, porque sequer deveriam compor o patrimônio público, notadamente em razão do princípio da subsidiariedade imobiliária, salvo se houver justificativa razoável.

4.2.3 O fundamento da vedação à subutilização

Como visto, o dever de fazer cessar a subutilização, na acepção jurídica apresentada, não decorre *direta e tão somente* do princípio constitucional da eficiência, porque a eficiência, ao impor a máxima utilização dos recursos disponíveis, afigura-se como um mandado de otimização mesmo nas hipóteses de utilização adequada. Dito de outro modo, sempre haverá a possibilidade de melhoria constante da atividade administrativa.

Da mesma forma, a subutilização não se apresenta *diretamente* como um vício no exercício da função pública, pois a função administrativa pode ser desempenhada com excelência dentro de um prédio público subutilizado. Podemos imaginar, por exemplo, um hospital público de referência em cardiologia de alta complexidade, mas que mantém subutilizado alguns andares do edifício.

Assim, o *fundamento* da vedação à subutilização é o *descumprimento da função social dos bens públicos*, ou seja, quando a maneira como o equipamento público é utilizado para o desempenho da função pública se encontra em desacordo com a liberdade dada pelos cidadãos à Administração Pública para a gestão do patrimônio público.

A função social, portanto, exige que todos os bens públicos, móveis e imóveis, contribuam para o exercício da função pública, de modo que *a subutilização demonstra a existência de afetação sem a participação mínima daquela estrutura para a finalidade do órgão ou entidade.*

Nesse cenário, restando configurada a inadequação mínima aceitável do bem público, cabe ao gestor adotar um *plano de ação* para conferir a utilização adequada, valendo-se, por exemplo, do uso compartilhado, ou, em razão do princípio da subsidiariedade imobiliária, da desafetação e posterior alienação.

Por isso é que se sustenta que a função social dos bens públicos não se dá apenas pela destinação pública da propriedade imobiliária, mas é completada pela *utilização conferida a todos os bens móveis e imóveis que participam* do exercício da atividade administrativa.[380]

Assim, os bens públicos cumprem sua função social quando, formalmente, estão inseridos no contexto de organização das cidades e, substancialmente, quando todos os bens móveis e imóveis do equipamento público realizam uma contribuição mínima aceitável para o atingimento dos objetivos sociais e institucionais da função pública.

Tem-se, então, que a função social dos bens públicos extrai sua fonte de legitimidade do *princípio republicano* previsto no art. 1º, *caput*, da Constituição Federal, pois a existência de subutilização indica a presença de um bem — ou de parte dele — que não contribui adequadamente para os objetivos sociais e institucionais.

É possível dizer, ainda, que a função social dos bens públicos sofre o influxo dos princípios da *eficiência administrativa* e da *subsidiariedade imobiliária* como *mandados de otimização*, uma vez que, embora os bens públicos possam dispor, no caso concreto, de uma utilização mínima razoável, é dever da Administração Pública buscar o ideal de máxima utilização dos recursos disponíveis (utilização eficiente) e desfazer-se daquilo que não utiliza ou conferir a este rentabilidade adequada que será revertida ao custeio das finalidades institucionais (utilização subsidiária).

Dessa forma, em razão da fonte constitucional de legitimidade da subutilização, decorre a característica da "nulidade de todas as novas normas introduzidas no sistema que vierem a desrespeitar os

---

[380] Isso porque os bens públicos abrangem bens móveis e imóveis, como dito no capítulo 1, na esteira da lição de Celso Antônio Bandeira de Mello, que aduz que "o conjunto de bens públicos forma o 'domínio público', que inclui tanto bens imóveis como móveis". MELLO, Celso Antônio Bandeira de. *Curso de Direito Administrativo*. 35. ed. São Paulo: Malheiros, 2021, p. 863.

seus preceitos",[381] como preconizam Vidal Serrano Nunes Junior e Luiz Alberto David Araújo.

Portanto, o gestor que deixar de promover o adequado aproveitamento — ou reaproveitamento — dos bens públicos dando ensejo à subutilização produz uma *situação de antijuridicidade*, seja por ação (quando dá causa ao subaproveitamento, sem a correspondente previsão de rearranjo da utilização), seja por omissão (quando, diante do subaproveitamento, não toma as providências cabíveis para a otimização do uso).

4.2.4 A subutilização como evento de ruptura do nexo de causalidade entre o exercício da função pública e o atendimento da função social dos bens públicos

Tradicionalmente, a função social dos bens públicos esteve relacionada diretamente ao exercício da função pública, isto é, bastava o desempenho da atividade de interesse público para caracterizar o cumprimento da função social.

No entanto, como demonstrado acima, a função pública pode ser desempenhada com excelência dentro de um prédio público subutilizado. Por isso, diante da constatação da subutilização, há o descumprimento da função social, pois a maneira como o equipamento público é utilizado para o desempenho da função pública se encontra em desacordo com a liberdade dada pelos cidadãos à Administração Pública para a gestão do patrimônio público, haja vista a existência de afetação sem a participação mínima de determinados bens, ou frações deles, para o atingimento da finalidade da entidade pública.

Assim, a existência de subutilização faz com que ocorra a *ruptura do nexo de causalidade* que estabelecia uma relação direta entre o exercício da função pública e o atendimento da função social dos bens públicos, pois o bem subutilizado não contribui adequadamente para o alcance das finalidades institucionais e, por conseguinte, para a tutela do interesse público.

Dessa forma, a partir do cenário de subutilização, é crucial a adoção das medidas de melhor utilização dos recursos públicos pelo gestor, sob pena de sindicabilidade pelo Poder Judiciário e, sobretudo, pelos Tribunais de Contas no controle da legitimidade e da economicidade.

---

[381] NUNES JUNIOR, Vidal Serrano; ARAÚJO, Luiz Alberto David. *Curso de Direito Constitucional*. 23. ed. Santana de Parnaíba/SP: Manole, 2021, p. 106.

É importante destacar, desde logo, que a identificação da situação de subutilização não pode dar ensejo, como consequência, à substituição da vontade do gestor pela vontade do controlador, em obediência ao princípio da separação dos poderes, de modo a garantir que *o administrador público possa definir o plano de ação* para a correção da antijuridicidade.

Portanto, faz-se necessário o aprofundamento da análise acerca dos critérios de investigação da subutilização.

4.2.5 Critérios para investigação da subutilização

Para a investigação da subutilização, faz-se necessária a indicação de critérios de análise, a fim de que se possa verificar a ocorrência ou não do subaproveitamento patrimonial.

Como analisado, os critérios podem ser de caráter *abstrato* ou *relativo*.

Por critério *abstrato*, entende-se aquele que estabelece *parâmetros prévios e objetivos* de utilização mínima razoável do bem, tais como, regras administrativas que estabeleçam o dever de uso de auditório para a realização de uma quantidade mínima de eventos por mês, que definam utilização mínima de equipamentos eletrônicos por meio de mensuração do quantitativo diário de acessos, impressões realizadas, dentre outros.

Dessa forma, na hipótese de não atendimento do quantitativo mínimo estipulado na normativa, cabe ao administrador público tomar as providências necessárias para aproveitamento do bem público, notadamente por meio do compartilhamento com outros setores do órgão ou com outras instituições públicas ou privadas.

Pelo critério *relativo*, compreende-se a aferição lastreada na *realidade de utilização anterior* do bem público, sem que haja a definição prévia e abstrata do mínimo aceitável. Como exemplo, a subutilização da frota de automóveis próprios em razão da contratação do serviço de transporte de servidores sob demanda por meio de conta corporativa em aplicativos eletrônicos, como, por exemplo, o TáxiGov adotado por diversos entes públicos.[382] Nesse caso, a subutilização não decorre

[382] Em pesquisa, constatou-se a utilização de plataforma digital de transporte sob demanda por diversos entes federativos, como, por exemplo, pela União, pelos Estados do Paraná, Ceará, Maranhão, Minas Gerais, Rio de Janeiro, dentre outros.

de um número ou de um percentual abstrato, mas da observância da capacidade de operação realizada anteriormente.

Assim, os critérios de utilização mínima dos bens públicos podem ser definidos por lei ou, o que mais recomendado, por atos administrativos de cada entidade, que levem em consideração a natureza das atividades desempenhadas.

No âmbito federal, a Portaria Conjunta nº 38/2020 estabeleceu métrica objetiva para medição da ocupação dos escritórios públicos federais a fim de balizar o rateio de despesas comuns em prédios públicos.

Embora não tenha sido desenhada especificamente para a aferição da subutilização, passa-se à análise do ato no tocante à possibilidade de adoção, por analogia, do critério abstrato apresentado.

4.2.5.1 A métrica de ocupação dos escritórios públicos federais

A Administração Pública federal, por meio da Portaria Conjunta 38/2020, estabeleceu, no art. 9º, uma *métrica para o cálculo da ocupação* das áreas de escritório nos imóveis públicos, fixando o índice de 7,00 a 9,00 m^2 por posto de trabalho para servidor, colaborador, terceirizado de escritório ou estagiário em dia normal de atividade, devendo os postos de trabalho serem contados pela metade, quando o trabalhador realizar expediente com carga horária diária média inferior a 06 horas ou em regime de teletrabalho e que demande estação de trabalho, que, neste caso, deverá ser compartilhada.

A partir dessa métrica, portanto, seria possível aferir objetivamente o grau de utilização do imóvel para fins de *rateio das despesas comuns* dos imóveis compartilhados, como prevê o art. 4º, inciso I, da Portaria SEGES/ME nº 1.708/2021.

Embora prevista apenas para o rateio das despesas comuns, não se pode cogitar de transpor essa métrica para a aferição da subutilização de um bem público, porque a estipulação objetiva da medida de um posto de trabalho deixa de considerar as características e a cultura organizacional de cada instituição, que pode se estruturar, por exemplo, mediante o uso de gabinete mais espaçosos, como é o caso de autoridades de alto escalão, ou mesmo de estruturas menores, como as baias de trabalho.

Além disso, como visto, a portaria prevê o cômputo pela metade do posto de trabalho de pessoal em regime de teletrabalho. Porém, é cediço que os regimes de teletrabalho podem se organizar de formas variadas, abrangendo, dentre outras, escalas semanais de 03 dias presenciais por 02 à distância ou, ainda, de 04 dias presenciais por 01 à distância.

Assim, em uma escala semanal de teletrabalho com 04 dias presenciais, por exemplo, o trabalhador que possui uma jornada de 08 horas diárias de trabalho perfaz 32 horas presenciais na semana e, por conseguinte, uma média de mais 06 horas semanais, incidindo na categoria de posto de trabalho integral, conforme o art. 3º, inciso V, da portaria.

A despeito da problematização apresentada, a normativa federal, que busca oferecer uma prévia definição, em abstrato, de métricas de ocupação dos imóveis para fins de rateio das despesas comuns, pode ser identificada com uma referência possível para a aferição da subutilização dos escritórios federais, caso a União assim proceda.

4.2.6 Os limites da sindicabilidade da subutilização

Por se tratar de uma situação antijurídica, a subutilização permite a sindicabilidade pelos órgãos de controle, notadamente em relação ao cumprimento dos limites mínimos previstos nos atos administrativos.

Como sabido, o controle pode ser exercido de forma mais ampla pelos Tribunais de Contas, em especial no tocante à legitimidade e à economicidade da despesa pública, nos termos do art. 70, *caput*, da Constituição Federal, mas também pelo Poder Judiciário, no controle da legalidade, por imposição do art. 5º, inciso XXXV, da Carta Magna.

No entanto, é imperioso destacar que a vontade do controlador não pode se substituir à vontade discricionária legítima do administrador, sob pena de violação ao princípio da separação de poderes.

Dessa maneira, na sua atuação, os órgãos de controle, diante da constatação da subutilização do bem público, devem exigir do administrador que apresente um *plano de ação acompanhado de cronograma de execução* para fazer cessar o subaproveitamento, aplicável tanto nos casos de ausência quanto de existência de norma administrativa que preveja a utilização mínima.

Isso porque a evidência de violação ao dever de conferir utilidade mínima não autoriza, por si só, a interferência dos demais Poderes sobre a solução administrativa mais conveniente e oportuna, desde que seja razoável.

A legitimidade da atividade controladora se extrai diretamente da Constituição Federal, uma vez que a função social dos bens públicos decorre do princípio republicano contido no art. 1º, *caput*.

Haveria maior segurança jurídica se o dever de aproveitamento dos bens públicos subutilizados estivesse previsto em lei de âmbito nacional, capaz de apresentar os contornos do conceito jurídico de subutilização, pois a sua persistência pode sujeitar o gestor a medidas coercitivas impostas pelos controladores.

Todavia, nada impede que a construção do conteúdo da subutilização advenha da atuação administrativa e da jurisprudência dos órgãos de controle, na esteira da própria origem do direito administrativo derivada da jurisprudência do Conselho de Estado francês.

4.3 A eficiência como mandado de otimização: dever de utilização eficiente dos bens públicos

A Emenda Constitucional nº 19/1998, que promoveu a chamada Reforma Administrativa, inseriu no caput do art. 37 da Constituição Federal o princípio da eficiência administrativa.

Segundo Hely Lopes Meirelles, "o princípio da eficiência exige que a atividade administrativa seja exercida com presteza, perfeição e rendimento funcional".[383] Já não se contenta que a função administrativa obedeça apenas à legalidade, passando a se exigir também "resultados positivos para o serviço público e satisfatório atendimento das necessidades da comunidade e de seus membros".[384]

Maria Sylvia Zanella Di Pietro sustenta que o princípio da eficiência apresenta dois aspectos: **(i)** "em relação ao *modo de atuação do agente público*, do qual se espera o melhor desempenho possível de suas atribuições, para lograr os melhores resultados"[385] e **(ii)** "em relação ao *modo de organizar, estruturar, disciplinar a Administração Pública*, também com o mesmo objetivo de alcançar os melhores resultados na prestação do serviço público".[386]

Para Irene Nohara e Antonio Amaru, o princípio da eficiência "é a antítese de desperdício, e uma de suas medidas é a *produtividade*".[387]

---

[383] MEIRELLES, Hely Lopes. *Direito Administrativo Brasileiro*. 42. ed. São Paulo: Malheiros, 2016, p. 105.

[384] *Ibid.*, p. 105.

[385] DI PIETRO, Maria Sylvia Zanella. *Direito Administrativo*. 33. ed. Rio de Janeiro: Forense, 2020, p. 250.

[386] *Ibid.*, p. 250.

[387] NOHARA, Irene Patrícia; MAXIMIANO, Antonio Cesar Amaru. *Gestão pública*: abordagem integrada da Administração e do Direito Administrativo. 1. ed. São Paulo: Atlas, 2021, p. 200.

E prosseguem os autores, sustentando que o "desperdício significa que os resultados podem ter sido atingidos, mas a custo tal e com tantas perdas que muito mais teria sido feito com os mesmos recursos".[388]

Cabe destacar a advertência de Celso Antônio Bandeira de Mello no sentido de que o princípio da eficiência não pode ser concebido senão umbilicalmente ligado ao princípio da legalidade, "pois jamais uma suposta busca de eficiência justificaria postergação daquele que é o dever administrativo por excelência".[389]

Carolina Zancaner Zockun sustenta que o princípio da eficiência não possui apenas um conteúdo puramente econômico, mas apresenta uma estrutura piramidal interdependente, em que se busca "a satisfação do interesse público, por meio de instrumentos legais, com o menor dispêndio de recursos econômicos possível, sem que isso comprometa a qualidade do serviço prestado".[390]

Na esteira da doutrina de Bandeira de Mello, em outra oportunidade, junto com Felipe Gonçalves Fernandes pudemos apontar a importância e a autonomia jurídica do princípio da eficiência, ressaltando, contudo, "a necessidade de interpretação desse princípio em consonância com o arcabouço axiológico do regime jurídico administrativo",[391] sob pena de se obterem soluções administrativas muito eficientes, porém extremamente injustas.

Com isso, quando nos referimos, neste estudo, ao princípio da eficiência, adotamos a premissa de que a solução administrativa mais eficiente pressupõe a adequação à legalidade e aos demais valores tutelados constitucionalmente, o que se aproxima do princípio da boa administração.

Portanto, é inegável a aplicação do princípio constitucional da eficiência por todo o ordenamento jurídico, condicionando a atuação do gestor público, com o objetivo de obter os melhores resultados no exercício da função administrativa, em especial a redução do desperdício de recursos públicos.

---

[388] *Ibid.*, p. 200.

[389] MELLO, Celso Antônio Bandeira de. *Curso de Direito Administrativo*. 35. ed. São Paulo: Malheiros, 2021, p. 107.

[390] ZOCKUN, Carolina Zancaner. *Da terceirização na Administração Pública*. São Paulo: Malheiros, 2014, p. 155.

[391] SANTANA, Fabio Paulo Reis de; FERNANDES, Felipe Gonçalves. Reflexões sobre o princípio da eficiência à luz do regime jurídico administrativo. *In:* NIELSEN JUNIOR, Diógenes (coord.). *Princípios Constitucionais*: diretrizes e aplicabilidade no direito. São Paulo: Toth, 2022, p. 22.

Por conseguinte, faz-se necessário investigar o *procedimento de controle* da gestão do patrimônio público, tendo como parâmetro apenas a eficiência administrativa.

4.3.1 O controle da eficiência patrimonial: Acórdão TCU nº 726/2013

Como cediço, os atos de gestão patrimonial da Administração Pública são sindicáveis pelos órgãos de controle interno e externo, podendo ter como parâmetro o princípio constitucional da eficiência.

Flávio Garcia Cabral anota que a eficiência administrativa é capaz de sofrer controle "por parte do Poder Judiciário, seja no exclusivo aspecto da norma geral e abstrata, seja na verificação da compatibilidade de norma individual e concreta (atos administrativos, em especial) com a norma geral e abstrata".[392]

O controle também pode ser exercido pelos Tribunais de Contas com base no art. 70, *caput*, da Constituição Federal, que prevê a competência do controle externo, a cargo do Parlamento, exercido por meio dos Tribunais de Contas, para fiscalização contábil, financeira, orçamentária, operacional e *patrimonial* dos entes e entidades públicas, sobretudo quanto à legalidade, legitimidade e *economicidade*.

Assim, à parte o debate doutrinário acerca da sindicabilidade do mérito administrativo, é cediço que as Cortes de Contas podem realizar juízo de mérito sobre os atos de gestão do patrimônio público, em especial sobre a vantajosidade do ato praticado pelo gestor público.

Todavia, para que haja uma análise objetiva do caso sob apreço, sem a mera substituição da vontade do controlador sobre a vontade do administrador público, torna-se indispensável a apresentação de parâmetros de controle da eficiência na gestão patrimonial.

Sobre o ponto, a Administração Pública federal conta com um Programa de Modernização da Gestão do Patrimônio Imobiliário da União[393] em curso, prevendo a entrega de produtos, tais como, plano de gestão da informação patrimonial, atualização do mapeamento de processos, desenvolvimento de sistema informatizado, digitalização de documentos e implantação de pontos de videoconferência.

---

[392] CABRAL, Flávio Garcia. *O conteúdo jurídico da eficiência administrativa*. Belo Horizonte: Fórum, 2019, p. 216.

[393] BRASIL. Ministério da Economia. *O que é o Programa de Modernização?* Disponível em: https://www.gov.br/economia/pt-br/assuntos/patrimonio-da-uniao/arquivos-anteriores-privados/programa-de-modernizacao/o-programa. Acesso em: 16 out. 2023.

Dessa maneira, é inegável a indispensabilidade da atuação do controlador, porém é fundamental a atuação com cautela para que a vontade do controlador não se sobreponha à vontade popular manifestada pelas decisões do órgão executivo.

Feita essa advertência, toma-se como referência o Acórdão nº 726/2013, proferido pelo Plenário do Tribunal de Contas da União (TCU) no bojo do Processo nº 018.689/2012-4, sob a relatoria da Conselheira Ana Arraes, iniciado por meio da Portaria de Fiscalização nº 1.753, de 28 de junho de 2012, que determinou o levantamento de informações com o objetivo de conhecer a organização e o funcionamento da Secretaria do Patrimônio da União (SPU) e das respectivas superintendências regionais, bem como catalogar deliberações do Tribunal dirigidas à SPU, com vistas a compreender os entraves no cumprimento das decisões proferidas pela Corte de Contas.

Com base no amplo levantamento realizado pelas unidades de fiscalização do TCU, foi proferido, por unanimidade, na sessão plenária de 03/04/2013, o seguinte acórdão:

> 1.7. Determinar à Secretaria do Patrimônio da União (SPU) que:
>
> 1.7.1. no prazo de 180 dias a contar da ciência desta deliberação, elabore um plano de caracterização do patrimônio imobiliário da União em nível nacional, com cronograma de médio e longo prazos, metas físicas a serem alcançadas em cada ano, estratégia utilizada para priorizar as ações, condizente com as condições operacionais da secretaria e com a urgência da questão;
>
> 1.7.2. apresente, em seus próximos relatórios de gestão (relatório do órgão central da SPU), resumo das ações e resultados alcançados, nacionalmente e por superintendência, a partir do início da execução do citado plano;
>
> 1.7.3. dê ciência desta deliberação, bem como da instrução da unidade técnica, às superintendências regionais da SPU, incluindo os Escritórios Avançados nas cidades de Santos/SP e Teresina/PI, informando ao Tribunal sobre tal providência no prazo de trinta dias a contar da ciência deste acórdão;
>
> 1.8. recomendar à Secretaria do Patrimônio da União (SPU) que atualize seus sítios na Internet, tendo em vista que muitas de suas páginas encontram-se com informações desatualizadas;
>
> 1.9. determinar à Secretaria-Geral de Controle Externo do TCU que:
>
> 1.9.1. oriente suas 26 secretarias de controle externo de âmbito estadual a:
>
> 1.9.1.1. proporem medidas que tenham impacto em toda a SPU ao órgão central daquela unidade do poder Executivo, e não diretamente às superintendências regionais, a exemplo de sugestões de determinações/

> recomendações para que sejam efetuados ajustes em sistemas de tecnologia da informação, sem prejuízo do disposto na Portaria Segecex 13/2011 (peça 42);
>
> 1.9.1.2. incluírem, nas propostas de encaminhamento com determinações/ recomendações/ ciências direcionadas a superintendências da SPU, item sugerindo que seja dada ciência da deliberação que for proferida pelo Tribunal também ao órgão central da SPU;
>
> 1.9.2. dê ciência desta deliberação, acompanhada da instrução da unidade técnica, às 26 secretarias de controle externo estaduais e ao grupo de trabalho instituído pela Portaria Segecex 19/2012;
>
> 1.10. dar ciência desta deliberação, acompanhada da instrução da unidade técnica, à Secretaria do Patrimônio da União (órgão central);
>
> 1.11. determinar à Secretaria de Controle Externo de Fiscalização do Estado – Secex/Admin, que monitore as determinações constantes do item 1.7 deste acórdão em processo específico;
>
> (TCU, Plenário, Processo TC nº 018.689/2012-4, Rel. Min. Ana Arraes, j. 03/04/2013)

Como se verifica, a Corte de Contas federal, de forma muito salutar, decidiu, primeiramente, conhecer a estrutura administrativa da Secretaria de Patrimônio da União, seus processos de trabalho e riscos que podem dificultar ou impedir a adequada execução da gestão patrimonial, para, em seguida, solicitar que a própria SPU apresentasse soluções para os problemas apontados, evitando substituir a vontade do administrador.

Além disso, determinou-se que as secretarias de controle externo do Tribunal, em postura colaborativa, propusessem medidas de otimização dos sistemas de tecnologia de informação, bem como o acompanhamento das soluções apresentadas pela SPU.

De fato, o controle da otimização do uso de bens públicos não decorre de uma regra objetiva, passível de mera subsunção ao caso concreto, depende, antes, da *análise das possibilidades envolvidas*, que, muitas vezes, demandam um olhar acurado para a introdução de inovações na gestão dos recursos disponíveis, tendo sempre como norte o interesse público.

Ricardo Marcondes Martins sustenta que não há um conceito *a priori* de interesse público, que "somente a ponderação pode indicar qual é o interesse público" a ser buscado pelo Estado.[394]

---

394 MARTINS, Ricardo Marcondes. *Abuso de direito e a constitucionalização do direito privado.* São Paulo: Malheiros, 2010, p. 58.

Com isso, entendemos que permitir que a própria administração, em primeiro lugar, busque alternativas para o problema diagnosticado constitui medida salutar que *equilibra o princípio da eficiência com o princípio da separação dos poderes*.

Em segundo lugar, a atuação dos órgãos de controle em colaboração com os órgãos administrativos também traduz providência adequada para a melhoria da prestação dos serviços públicos.

Em terceiro lugar, avaliar a situação patrimonial e as rotinas administrativas anteriores também contribui para o diagnóstico, uma vez que a conclusão pela subutilização ou pelo uso adequado de um bem público, por exemplo, pode se dar em comparação com o uso anterior, e não apenas observando o recorte atual.

Evidentemente, haverá casos que se encontram na zona de certeza positiva ou negativa, nas quais não haverá dúvidas sobre a subutilização do bem público; todavia, haverá casos localizados na zona cinzenta, de modo que a atuação do controlador deve levar em consideração a vontade do administrador público.

Por essa razão, a *legitimidade pelo procedimento*, como visto acima, afigura-se mais consentânea com o conjunto valorativo da Constituição, pois permite, antes de tudo, que o próprio gestor busque alternativas para cessar a subutilização antijurídica do bem público, considerando as experiências e a realidade do órgão ou da entidade.

4.4 A subsidiariedade imobiliária como princípio que veda a atividade especulativa pelo Estado

À parte os bens de uso comum do povo, especialmente os de origem natural, como, por exemplo, rios e mares; o restante do domínio público visa a municiar o aparato estatal das *condições necessárias* para o exercício do múnus público, pois a exploração direta de atividade econômica pelo Estado só é permitida quando necessária aos imperativos de segurança nacional ou de relevante interesse coletivo, como preconiza o art. 173, *caput*, da Constituição Federal.

Assim, o patrimônio público busca permitir que o Estado se desincumba dos deveres que lhe são atribuídos pelo ordenamento jurídico.

Dessa maneira, deve ser reputada inconstitucional toda e qualquer atividade estatal com o objetivo de *especulação imobiliária*, uma vez que constitui intervenção na atividade econômica fora das hipóteses previstas no art. 174 da Constituição Federal.

Ademais, a retenção especulativa imobiliária que resulte em subutilização ou não utilização consiste em atividade indesejada inclusive para a propriedade privada, como se verifica do art. 2º, inciso VI, alínea "e", do Estatuto da Cidade.

Com efeito, quando o Poder Público não confere destinação pública aos bens de seu patrimônio ou mantém em seu poder uma quantidade excessiva de bens dominicais, acaba atuando *indiretamente* como especulador imobiliário, porque a titularidade de bens públicos os retira da livre circulação, promovendo a escassez dos bens livres, o que, por conseguinte, conduz à elevação dos preços de mercado.[395]

Nesse sentido, Patrícia Baptista afirma que não se justifica que a Administração Pública "seja uma autêntica imobiliária para a gestão de um patrimônio que não se preste à realização direta de um dado interesse público",[396] sustentando, assim, que os bens dominicais devam ostentar essa condição apenas *transitoriamente*, caso contrário, a "Administração Pública deveria ser obrigada a aliená-lo" ou a justificá-lo.[397]

Floriano de Azevedo Marques Neto aduz que "o Estado só poderá deter a propriedade sobre aqueles bens que sejam necessários ao cumprimento das funções que lhe são reservadas".[398]

Assim, a incorporação de um bem ao patrimônio público pressupõe a retirada dele do domínio privado, de modo que o ingresso de um bem no domínio público exige a finalidade de *interesse coletivo*, sob pena de o Estado se transformar indiretamente em agente especulador imobiliário.[399]

Concordamos com os autores. Em nosso entendimento, a Administração deve buscar se desfazer dos bens dominicais, a não ser que haja

---

395 MARQUES NETO, Floriano de Azevedo. *Bens públicos*: função social e exploração econômica. O regime jurídico das utilidades públicas. Belo Horizonte: Fórum, 2009, p. 399.

396 BAPTISTA, *Patrícia. Regime jurídico dos bens públicos*: perspectiva civilista, funcionalização e outros temas. *In:* NUNES JÚNIOR, Vidal Serrano; ZOCKUN, Maurício; ZOCKUN, Carolina Zancaner; FREIRE, André Luiz (coord.). *Enciclopédia Jurídica da PUCSP*. Direito Administrativo e Constitucional. t. II. 2. ed. São Paulo: Pontifícia Universidade Católica de São Paulo, 2022, p. 18.

397 *Ibid.*, p. 18-19.

398 MARQUES NETO, Floriano de Azevedo. *Bens públicos*: função social e exploração econômica. O regime jurídico das utilidades públicas. Belo Horizonte: Fórum, 2009, p. 399.

399 Segundo censo de 2022, o Município de São Paulo possui quase 590 mil imóveis vazios, entre apartamentos e casas, o que representa 18 vezes a população de rua da cidade. Conferir em: PETRICILO, Carlos. Censo 2022: São Paulo tem quase 590 mil imóveis vazios, 18 vezes a população de rua da cidade. *Folha de S.Paulo.* Disponível em: https://www1.folha.uol.com.br/cotidiano/2023/07/sao-paulo-tem-quase-590-mil-imoveis-vazios-18-vezes-a-populacao-de-rua-da-cidade.shtml#:~:text=Com%20quase%2032%20mil%20pessoas,quarta%2Dfeira%20(28). Acesso em: 16 out. 2023.

uma fundada expectativa de *utilização futura* do bem ou que, excepcionalmente, *persista o interesse público* na manutenção do bem dominical, por questões, por exemplo, de segurança nacional ou de proteção ao meio ambiente. Isso porque o Poder Público não pode atuar como especulador imobiliário, retirando da livre iniciativa, que é fundamento da República (art. 1º, inciso IV, da Constituição Federal), ativos de valor considerável.

Todavia, a despeito da incidência do princípio da subsidiariedade, a realidade do patrimônio imobiliário dos entes públicos mostra um diagnóstico distinto.

4.4.1 O diagnóstico do patrimônio imobiliário da União

Para fins desta pesquisa, adotar-se-á como referência o banco de dados do patrimônio imobiliário da União, tendo em vista a maior confiabilidade dos dados disponíveis e o maior detalhamento das informações.

Conforme dados extraídos do sítio eletrônico do Tribunal de Contas da União,[400] a Administração Pública federal, em 2022, possuía pouco mais de 723 mil imóveis, perfazendo um patrimônio imobiliário de cerca de R$ 1,34 trilhão.

Para que se possa ter uma dimensão da vastidão do patrimônio federal, o estado com o maior orçamento da federação, o Estado de São Paulo, era titular de mais de 35 mil imóveis em janeiro de 2025.[401]

Abaixo, apresenta-se o compilado dos dados obtidos a partir dos informativos mensais de arrecadação patrimonial da União,[402] elaborados pela Secretaria do Patrimônio da União, referente à *renda total obtida pelo patrimônio federal*, envolvendo foros, laudêmios, taxas de ocupação, alugueres, arrendamentos, cessões de uso, condenações por posse ou ocupação ilícita, permissões de uso e alienações, nos anos de 2022, 2023 e 2024.

---

[400] BRASIL. TCU. Tribunal de Contas da União. *Gestão do patrimônio imobiliário público federal*. Disponível em: https://sites.tcu.gov.br/listadealtorisco2022/gestao_do_patrimonio_imobiliario_publico_federal.html. Acesso em: 24 jan. 2025.

[401] SÃO PAULO (estado). Poder Executivo do Estado de São Paulo. *Portal da Transparência*. Disponível em: https://www.transparencia.sp.gov.br/Home/Patrimonio. Acesso em: 24 jan. 2025.

[402] BRASIL. Ministério da Gestão e da Inovação em Serviços Públicos. Secretaria do Patrimônio da União (SPU). *Arrecadação patrimonial*. Disponível em: https://www.gov.br/gestao/pt-br/assuntos/patrimonio-da-uniao/transparencia/arrecadacao-patrimonial. Acesso em: 24 jan. 2025.

Meses	2022	2023	2024[403]
Janeiro	R$ 40.287.967,44	R$ 85.686.008,08	R$ 76.754.079,46
Fevereiro	R$ 70.851.807,72	R$ 64.838.294,04	R$ 51.438.561,01
Março	R$ 178.527.311,16	R$ 17.895.014,31	R$ 51.368.781,82
Abril	R$ 69.355.937,50	R$ 48.005.653,43	R$ 51.764.778,50
Maio	R$ 307.146.823,78	R$ 87.490.901,39	R$ 72.698.915,06
Junho	R$ 346.598.966,59	R$ 387.555.406,61	R$ 707.494.305,26
Julho	R$ 82.098.113,58	R$ 82.886.318,50	R$ 97.866.091,63
Agosto	R$ 122.837.793,37	R$ 81.930.144,06	R$ 878.110.254,03
Setembro	R$ 938.115.819,25	R$ 73.643.148,38	R$ 961.160.265,37
Outubro	R$ 1.019.694.805,33	R$ 84.257.327,99	-
Novembro	R$ 111.614.014,37	R$ 76.912.546,63	-
Dezembro	R$ 109.719.340,47	R$ 82.737.042,73	-
Total	**R$ 3.396.848.700,56**	**R$ 1.173.837.806,15**	**R$ 2.948.656.032,14**

Fonte: Elaboração do autor.

Em que pesem as vultosas cifras contabilizadas, o relatório do TCU aponta que "esse patrimônio é gerido de forma ineficiente" e que os imóveis "não estão identificados e cadastrados de forma correta nos sistemas da Secretaria de Patrimônio da União".[404]

O relatório ainda indica que o gasto com imóveis "é elevado e afeta, significativamente, o Custo Brasil (Imóveis da União)", sendo considerado de alto risco.[405]

Conforme os indicadores, a gestão patrimonial da União é considerada de *alto risco*, uma vez que: **(i)** as despesas anuais com aluguel são de, aproximadamente, R$ 1,6 bilhão; **(ii)** as despesas com cotas condominiais são estimadas em R$ 180 milhões; **(iii)** a depreciação dos bens é da ordem de R$ 18 bilhões; **(iv)** a União deixa de arrecadas receitas patrimoniais, como foro e laudêmio, com imóveis dominiais

---

403 A ausência de dados em alguns meses decorre da falta de informações disponíveis até a data da consulta realizada.

404 BRASIL. TCU. Tribunal de Contas da União. *Gestão do patrimônio imobiliário público federal.* Disponível em: https://sites.tcu.gov.br/listadealtorisco2022/gestao_do_patrimonio_imobiliario_publico_federal.html. Acesso em: 24 jan. 2025.

405 *Ibid.,*

não caracterizados corretamente; e **(iv)** atualmente existem mais de 10 mil imóveis federais desocupados no país.[406]

O relatório recomendou as seguintes soluções:

> (i) incentivar o processo de desinvestimento, como forma de reduzir a má destinação de recursos imobiliários da União;
>
> (ii) identificar imóveis que não se adequam à finalidade pública, podendo gerar novas receitas para a União e reduzir despesas de gestão; e
>
> (iii) utilizar recursos de tecnologia da informação para potencializar a eficiência, eficácia e efetividade dos processos de alienação de imóveis da União.[407]

Como se vê, a despeito do comando do princípio da subsidiariedade recomendar o ingresso cauteloso de bens imóveis no domínio público, devendo ser sempre orientado pela necessidade de interesse coletivo, o que se verifica, na prática, é a má gestão do patrimônio público — no recorte feito por esta pesquisa para a Administração Pública federal — e uma quantidade significativa de imóveis desocupados ou não identificados de forma correta nos sistemas da SPU, implicando elevado dispêndio ineficiente de recursos e ausência de arrecadação, o que estimula a busca por soluções jurídicas que visem a gerar receitas ou a reduzir despesas com os bens públicos.

4.4.2 Ônus de justificativa qualificada

A Administração deve procurar se desfazer dos bens dominicais, a não ser que haja uma razoável expectativa de utilização futura do bem ou que, excepcionalmente, *persista o interesse público* na manutenção do bem dominical, por questões, por exemplo, de segurança nacional ou de proteção ao meio ambiente, pois o Estado não pode atuar como especulador imobiliário, retirando da livre iniciativa, que é fundamento da República (art. 1º, inciso IV, da Constituição Federal), ativos de valor considerável. É o que denomina de *princípio da subsidiariedade imobiliária*.

Assim, a gestão ineficiente do patrimônio imobiliário de titularidade do Poder Público, em especial da União, somada à incidência do princípio da subsidiariedade imobiliária conduzem à necessidade de imposição do ônus de *justificativa qualificada* para a

---

406 *Ibid.*,

407 *Ibid.*,

aquisição da propriedade pública, seja por meio dos instrumentos de direito privado, seja por meio de desapropriações, bem como para a locação ou outras formas de utilização de bens de terceiros pela Administração.

Essa justificativa qualificada deve envolver a elaboração de um *estudo técnico preliminar*, a exemplo do previsto no art. 6º, inciso XX, da Lei nº 14.133/2021, no qual a Administração deve demonstrar, com exatidão, o problema a ser resolvido e a melhor solução encontrada.

Além disso, deve ficar também demonstrado que as *alternativas de utilização* de bens de propriedade da própria entidade ou de outras entidades da Administração Pública foram esgotadas, sobretudo na perspectiva da possibilidade de *uso compartilhado*, que será analisado mais detalhadamente no próximo capítulo.

Portanto, a subsidiariedade imobiliária, aliada à ineficiência administrativa da gestão do patrimônio público, impõem um ônus argumentativo ao gestor público de *justificativa qualificada* da aquisição ou da contratação imobiliária.

Por fim, cabe destacar que o art. 74, parágrafo 5º, inciso II, da Lei nº 14.133/2021 já exige a "certificação da inexistência de imóveis públicos vagos e disponíveis que atendam ao objeto" previamente à aquisição ou locação de imóveis.

Adiante será analisada a centralidade do uso como um fenômeno mundial.

4.5 A centralidade do uso: primazia da utilidade sobre a comutatividade

Como aponta Floriano de Azevedo Marques Neto,[408]

> todo o regime jurídico dos bens públicos, conforme vimos anteriormente, foi pautado em uma concepção tradicional de propriedade, que se estrutura sobre algumas premissas: (i) a relação jurídica entre proprietário e bem conferiria àquele direitos plenos de disposição, uso, fruição e gozo; (ii) o objeto de propriedade seria predominantemente pensado como objeto dotado de materialidade; (iii) o valor da propriedade seria estipulado a partir de sua aptidão para troca, e não predominantemente em função de sua capacidade para uso.

[408] MARQUES NETO, Floriano de Azevedo. *Bens públicos*: função social e exploração econômica. O regime jurídico das utilidades públicas. Belo Horizonte: Fórum, 2009, p. 387.

O regime jurídico dos bens públicos, conforme afirma o autor, baseia-se numa concepção tradicional de propriedade, oriunda do direito civil, que se fundamenta em três premissas: **(i)** a primeira, refere-se à noção de que a relação jurídica estabelecida entre o proprietário e o bem confere àquele o *ius utendi*, o *ius fruendi* e o *ius abutendi*; **(ii)** a segunda, pressupõe que o bem objeto da propriedade é predominantemente dotado de *materialidade*; e **(iii)** a terceira, de que o valor da propriedade se apresenta atrelado à sua aptidão para a troca, e não em razão de sua *capacidade para o uso*.

Em outras palavras, a doutrina costuma apresentar o bem público ainda muito arraigado a uma noção de senhorio do titular sobre o objeto, que, na maioria das vezes, possui uma materialidade, cujo valor estaria predominantemente relacionado à comutatividade.

Nesse sentido, o autor sustenta que a própria concepção de bem público como coisa *extra commercium* traz consigo a compreensão da prevalência da propriedade, uma vez que o critério para a extracomercialidade decorre da impossibilidade de alienação do bem público,[409] sem considerar, por exemplo, as inúmeras possibilidades de uso que lhe podem conferir rentabilidade.

Todavia, a noção de direito de propriedade, mesmo no direito civil, tem sofrido profundas transformações, perpassando tanto os aspectos de *desmaterialização* e de *funcionalização* da propriedade quanto o desenvolvimento de novas formas de *rentabilização* da propriedade pública, caracterizada pela "gestão eficiente com vistas à geração de receitas",[410] como se passa a verificar.

4.5.1 As transformações sofridas pela propriedade

O século XX foi marcado por profundas mudanças na forma de produção, distribuição e consumo de bens, bem como nas relações sociais. Perpassadas por duas guerras globais e uma guerra fria, as formas de percepção de riqueza sofreram importantes transformações.

Francisco Amaral anota que "o século XX assiste a grandes transformações na propriedade, como instituição e como direito, por efeito do processo de mobilização e de desmaterialização da riqueza".[411]

---

[409] *Ibid.*, p. 388.

[410] MARQUES NETO, Floriano de Azevedo. *Bens públicos*: função social e exploração econômica. O regime jurídico das utilidades públicas. Belo Horizonte: Fórum, 2009, p. 389.

[411] AMARAL, Francisco. *Direito Civil*: introdução. Rio de Janeiro: Renovar. 2003, p. 146.

Mais adiante, prossegue o autor, "a propriedade contemporânea apresenta-se, assim, caracterizada pelo pluralismo de seus objetos, tendo mais significado a *atividade* do que a *titularidade* do sujeito proprietário, em função do interesse social".[412]

Da mesma forma, há o reconhecimento de que o direito de propriedade, assim como qualquer outro direito, não é absoluto, podendo ser limitado por questões de ordem pública e de bem-estar da coletividade, como preconiza o art. 29 da Declaração Universal dos Direitos Humanos de 1948.

A funcionalização também é sentida na teoria dos contratos, em que autores, como Teresa Negreiros,[413] reconhecem a necessidade de reformulação do princípio da relatividade, com vistas a permitir a proteção de situações jurídicas de terceiros alheios à relação contratual.

Faz-se mister, portanto, analisar essas transformações.

4.5.1.1 A desmaterialização da propriedade

Floriano de Azevedo Marques Neto sustenta que "há a crescente '*desmaterialização da propriedade*', entendida como o deslocamento de importância dos bens materiais para os bens intangíveis".[414]

Segundo o autor, "vivemos um processo de '*desmaterialização da riqueza*', na medida em que os ativos intangíveis passam a ter muito mais importância econômica do que os bens materiais".[415]

A desmaterialização da riqueza, fenômeno percebido no capitalismo contemporâneo, é ditada, sobretudo, pelo avanço da tecnologia e do conhecimento humano, provocando o deslocamento do centro do capitalismo para atividades econômicas que não envolvem a produção de bens.

Esse fenômeno pode ser demonstrado por meio da comparação entre as listas das companhias mais valiosas do mundo ao longo das últimas décadas.

O Global 2000 ranking, publicado pela Forbes, em 06/06/2024, apontou que as cinco companhias com maior *valor de mercado* são, nesta

---

412 *Ibid.*, p. 147.

413 NEGREIROS, Teresa. *Teoria do contrato*: novos paradigmas. Rio de Janeiro: Renovar, 2006, p. 232.

414 NEGREIROS, Teresa. *Teoria do contrato*: novos paradigmas. Rio de Janeiro: Renovar, 2006, p. 388.

415 *Ibid.*, p. 389.

ordem: Microsoft (U$$ 3,1 tri), Apple (U$$ 2,9 tri), Nvidia (U$$ 2,3 tri), Alphabet (U$$ 2,1 tri) e Amazon (U$$ 1,92 tri).[416]

Assim, na lista das cinco companhias mais valiosas do mundo, constam cinco empresas de tecnologia, sendo todas de origem estadunidense.

Em 2011, as cinco maiores empresas do mundo eram, nesta ordem: ExxonMobil (U$$ 406 bi), Apple (U$$ 376 bi), PetroChina (U$$ 277 bi), Royal Dutch Shell (U$$ 237 bi) e ICBC (U$$ 228 bi)[417]

Dessa maneira, em 2011, a lista das cinco companhias mais valiosas do mundo era composta por três empresas petrolíferas, uma empresa de tecnologia e um banco. Dentre elas, duas de origem estadunidense, duas chinesas e uma anglo-holandesa.

E se recuarmos mais 10 anos no tempo, em 2001, as cinco maiores companhias do mundo eram, nesta ordem: General Electric (U$$ 477 bi), Cisco Systems (U$$ 305 bi), ExxonMobil (U$$ 286 bi), Pfizer (U$$ 264 bi) e Microsoft (U$$ 258 bi) [418]

Nesse ano, a lista das cinco companhias mais valiosas do mundo era composta por uma de equipamentos eletroeletrônicos, duas empresas de tecnologia, uma petrolífera e uma farmacêutica, sendo todas estadunidenses.

Como se vê, enquanto em 2001, o topo do ranking era majoritariamente ocupado pela indústria (eletroeletrônica, petrolífera e farmacêutica), em 2011, viveu-se a corrida do petróleo, culminando, atualmente, com a predominância de empresas globais que, em sua maioria, não possuem como atividade central a produção industrial de bens, mas, antes, são capazes de coletar padrões de comportamento e de consumo dos usuários.

É importante destacar que o valor da empresa percebido pelo mercado não reflete a quantidade de ativos dessas empresas, ou seja, a maioria das companhias mais valiosas do mundo possuem ativos que representam apenas 10% ou menos do patrimônio de outros grandes conglomerados.

---

416 MURPHY, Andrea; SCHIFRIN, Matt. The Global 2000. *Forbes*, 2024. Disponível em: https://www.forbes.com/lists/global2000/. Acesso em: 24 jan. 2025.

417 INSPER. Notícias. O que mudou em 10 anos na lista das empresas mais valiosas do mundo. Disponível em: https://www.insper.edu.br/noticias/o-que-mudou-em-10-anos-na-lista-das-empresas-mais-valiosas-do-mundo/. Acesso em: 03 set. 2023.

418 INSPER. Notícias. *O que mudou em 10 anos na lista das empresas mais valiosas do mundo*. Disponível em: https://www.insper.edu.br/noticias/o-que-mudou-em-10-anos-na-lista-das-empresas-mais-valiosas-do-mundo/. Acesso em: 03 set. 2023.

De acordo com o mesmo Global 2000 ranking, da Forbes, empresas como ICBC (U$$ 6,5 tri), Agricultural Bank of China (U$$ 5,8 tri), China Construction Bank (U$$ 5,4 tri), Bank of China (U$$ 4,6 tri) e JPMorgan Chase (U$$ 4 tri) possuem uma *quantidade de ativos* muito superior às cinco empresas com maior *valor de mercado* do mundo, quais sejam, Microsoft (U$$ 484,3 bi), Apple (U$$ 337,4 bi), Nvidia (U$$ 65,7 bi), Alphabet (U$$ 407,4 bi) e Amazon (U$$ 531 bi), o que evidencia que a percepção de valor, no capitalismo contemporâneo, não se encontra mais atrelada à capacidade de troca (quantidade de bens).[419]

Portanto, no capitalismo atual, a capacidade de troca perde percepção de valor em favor de atividades econômicas que envolvem ativos intangíveis, revelando, assim, o fenômeno da desmaterialização da riqueza.

4.5.1.2 A funcionalização da propriedade

Além do fenômeno da desmaterialização, a propriedade passa por um processo de *funcionalização*, em que a proteção da propriedade pelo ordenamento jurídico somente se justifica enquanto estiver alinhada à sua função social.

Assim, a *tutela da propriedade*, cujo foco se assentava na relação de senhorio com o objeto, torna-se legitimada pela função que desempenha em determinada comunidade.

Como visto, Léon Duguit, ao tratar das transformações ocorridas na propriedade, demonstra que a concepção jurídica da propriedade deixa de se basear no direito subjetivo, conforme estatuía a doutrina romanística, e passa a ser concebida como a liberdade para que o detentor da riqueza possa cumprir a sua função social.[420]

Da mesma forma, já foi apontada a necessidade de observância da função social pelo titular da propriedade, inclusive por meio de autores do direito civil, de modo que se remete o leitor ao início deste capítulo.

---

419 MURPHY, Andrea; SCHIFRIN, Matt. The Global 2000. *Forbes*, 2024. Disponível em: https://www.forbes.com/lists/global2000/. Acesso em: 24 jan. 2025.

420 DIGUIT, Leon. *Les transformations générales du Droit privé depuis le Code Napoléon*. Paris: Librairie Félix Alcan, 1912, p. 160.

4.5.1.3 A rentabilização dos bens públicos

Atrelada à funcionalização da propriedade, somam-se as transformações ocorridas no papel do Estado, em razão das crescentes demandas da população e da escassez de recursos disponíveis, dado que a solução mais simples, consubstanciada no aumento da carga tributária, encontra ampla rejeição na sociedade.

Esse cenário exige do Estado, de um lado, a ampliação da delegação de serviços públicos aos particulares, com a adoção de instrumentos mais eficientes de intervenção na economia; e, de outro, a busca por "mecanismos alternativos para financiar o cumprimento de suas funções, porquanto os mecanismos tradicionais — arrecadação tributária, endividamento e emissão de moeda — mostram-se esgotados".[421]

Dessa maneira, é crucial que o regime jurídico dos bens públicos amplie seu horizonte de possibilidades em direção à *rentabilização dos bens públicos*, assim entendida como a gestão eficiente, com vistas à geração de receitas e à redução de custos, a fim de permitir a máxima disponibilização de serviços públicos à população.[422]

Nesse sentido, Nilma de Castro Abe registra que "certamente o Poder Público não tem apenas o direito (poder) de gozar, mas sim o dever de obter renda patrimonial, assegurando a boa gestão do imóvel em nome da coletividade".[423]

O fato de o patrimônio público estar fora do comércio não significa que não possa ser objeto de aproveitamento econômico, desde que destinado a uma finalidade de interesse coletivo.

Além do dever do gestor de promover a arrecadação de receitas patrimoniais tradicionais decorrentes da exploração dos imóveis públicos, tais como, alugueres, outorgas onerosas, taxas de ocupação, dentre outras; é essencial que o administrador público, imbuído do

---

421 *Ibid.*, p. 389.

422 Tradicionalmente, a doutrina constitucional identifica os direitos sociais à necessidade de dispêndio de recursos orçamentários para sua efetivação. Porém, há doutrina abalizada que promove uma diferenciação da natureza jurídica entre os direitos tidos como sociais. Para Vidal Serrano Nunes Junior, "é visível certa assincronia entre os direitos citados. O direito à saúde e o direito à educação, de fato, exigem do Estado uma atividade prestacional [...]. Já quando falamos em pisos salariais ou em limitação da jornada de trabalho, cogitamos do Estado uma atividade normativa e reguladora". (NUNES JUNIOR, Vidal Serrano. *A Cidadania Social na Constituição de 1988*: estratégias de positivação e exigibilidade judicial dos direitos sociais. São Paulo: Editora Verbatim, 2009, p. 63).

423 ABE, Nilma de Castro. *Gestão do Patrimônio Público Imobiliário*: aspectos jurídicos da destinação, delimitação, fiscalização e responsabilidade. Belo Horizonte: Fórum, 2013, p. 152.

imperativo da eficiência administrativa, esteja atento às novas formas de rentabilização dos bens públicos.

Floriano de Azevedo Marques Neto aponta que "uma mesma coisa (suporte material) pode comportar dois ou mais usos de interesse geral".[424] E prossegue o autor: "os bens públicos não têm, nem devem ter, uma afetação única, comportando múltiplos usos e, consequentemente, múltiplas afetações".[425]

Com essa perspectiva, o autor lança um olhar de *otimização* sobre a gestão dos bens públicos, admitindo a possibilidade de um determinado objeto estar afetado a dois ou mais usos, simultaneamente, conferindo proeminência à utilidade do patrimônio público.

Maria Sylvia Zanella Di Pietro já reconhecia essa possibilidade, quando aduz que "cada categoria de bem público pode sujeitar-se, ao mesmo tempo, a mais de uma forma de utilização [...] é o que se dá no caso das águas públicas",[426] cuja finalidade principal é a navegação, mas também atende ao abastecimento da população e ao aproveitamento agrícola.[427]

Assim, sob o imperativo da inovação, deve ser estimulada ao gestor público a descoberta de novas formas de rentabilização dos bens públicos, inclusive admitindo diversas formas de uso do mesmo bem.

4.5.2 A legitimidade pelo uso: a utilidade conforma a função social

Como regra, a *coisa*, na doutrina jurídica tradicional, costuma ser analisada a partir da relação com o seu titular, sendo, de acordo com San Tiago Dantas, "todo objeto do mundo externo suscetível de apropriação".[428]

Nessa linha, o Código Civil, no *caput* do art. 1.228, estabelece que "o proprietário tem a faculdade de usar, gozar e dispor da coisa,

---

[424] MARQUES NETO, Floriano de Azevedo. *Bens públicos*: função social e exploração econômica. O regime jurídico das utilidades públicas. Belo Horizonte: Fórum, 2009, p. 391.

[425] *Ibid.*, p. 423.

[426] DI PIETRO, Maria Sylvia Zanella. *Uso privativo de bem público por particular*. 3. ed. São Paulo: Atlas, 2014, p. 16. A primeira edição desta obra é datada de 1983 e corresponde à publicação de sua tese de doutorado defendida em 1982.

[427] DI PIETRO, Maria Sylvia Zanella. *Uso privativo de bem público por particular*. 3. ed. São Paulo: Atlas, 2014, p. 16.

[428] DANTAS, San Tiago. *Programa de Direito Civil*: parte geral. Rio de Janeiro: Editora Rio, 1979, p. 226

e o direito de reavê-la do poder de quem que injustamente a possua ou detenha".

Ou seja, o uso é uma faculdade do proprietário.

Assim, normalmente, ou o proprietário se encontra no uso da coisa ou o transfere para terceiro, de modo que, gratuitamente ou mediante remuneração, o proprietário deixa de fazer uso do bem em favor de terceiro, que costuma fazê-lo com exclusividade. É o que acontece, por exemplo, nas locações.

Todavia, sobretudo a partir da década de 1960, houve o crescimento das práticas de compartilhamento de bens no mundo privado, culminando com o surgimento, em escala global, dos aplicativos Zipcar, Airbnb e Uber, em 2000, 2008 e 2009, respectivamente.[429]

Nesse diapasão, já sustentamos em outra oportunidade que "a perspectiva da colaboração objetiva alterar a lógica de mercado baseada na ideia de *propriedade* por um modelo pautado pela ideia do *uso*".[430] Isso porque "a tônica da economia colaborativa se torna a busca pelo *acesso* aos bens de consumo, sem necessariamente passar pela efetiva aquisição dos bens".[431]

Dessa forma, ao usuário do Uber, por exemplo, não importa quem seja o proprietário do veículo, apenas lhe interessa a possibilidade de que o veículo conduzido por alguma pessoa (ou mesmo de forma autônoma, como já ocorre nos Estados Unidos[432]) possa lhe transportar ao seu destino.

Além disso, o valor de troca do carro perde importância em relação à utilidade que dele advém, dado que, muitas vezes, o profissional adquire o veículo para, precipuamente, empregá-lo na atividade de transporte de passageiros, e não para propriamente obter uma vantagem patrimonial. Por vezes, sequer o adquire, aluga-o.

Com isso, no mundo contemporâneo, as diferentes formas de uso do mesmo bem ganham mais relevância do que a propriedade.

Nesse sentido, constata-se que "o recurso disponível não se afigura um fim em si mesmo, mas o caminho para se alcançar a solução

---

[429] SANTANA, Fabio Paulo Reis. *Compartilhamento de recursos na Administração Pública*: limites e possibilidades. Curitiba: Appris, 2021, p. 21-22.

[430] *Ibid.*, p. 21.

[431] *Ibid.*, p. 21.

[432] BARRENSE, Heloísa. Uber carros autônomos. *UOL*, 2023. Disponível em: https://www.uol.com.br/tilt/noticias/redacao/2023/05/14/uber-carros-autonomos.htm

do problema",[433] pois o que se deseja realmente é "o buraco e não a furadeira".[434]

Assim, a propriedade deixa de ser condição *sine qua non* para a satisfação das demandas sociais, abrindo espaço para o foco no *acesso* ao bem apenas e tão somente na medida da própria necessidade.

Essa transformação sofrida pela propriedade precisa se espraiar pela gestão dos bens públicos, a fim de otimizar a sua utilidade, permitindo, como dito acima, que uma mesma coisa comporte dois ou mais usos de interesse público.

Uma biblioteca, por exemplo, pode ser um bem de uso especial compartilhado por duas entidades públicas simultaneamente. Uma determinada rua pode, durante o dia, estar franqueada ao uso comum, mas, à noite, estar afetada ao uso especial por algum aparelho público, como um hospital ou uma universidade, por exemplo, inclusive por questões de segurança.

Com essas e outras medidas de maximização do aproveitamento, evita-se a subutilização de bem público, permitindo que o Poder Público gere receita ou reduza despesa, cabendo ao administrador público o importante papel de inovação na gestão do patrimônio público.

Nesse sentido, Floriano de Azevedo Marques Neto chega a sustentar que "parece dar mostras de insuficiência a classificação dos bens a partir da tripartição de usos"[435] todavia, ousamos discordar nesse ponto.

Em nossa visão, as transformações sofridas pela propriedade não exigem, necessariamente, uma reclassificação dos bens públicos,[436] mas apenas a *inclusão das novas possibilidades* de gestão, como o reconhecimento da viabilidade de mesclagem dos usos e a dispensa do fator *exclusividade* como fundamento do uso do bem público, qual seja, o *uso compartilhado* entre entes e entidades públicas e privadas.

Nessa esteira, a centralidade do uso no capitalismo contemporâneo provoca uma deformação no tecido da função social dos bens públicos, porque acentua a necessidade de verificação do uso dado ao

---

433 SANTANA, Fabio Paulo Reis. *Compartilhamento de recursos na Administração Pública*: limites e possibilidades. Curitiba: Appris, 2021, p. 20.

434 BOTSMAN, Rachel; ROGERS, Roo. *O que é meu é seu*: como o consumo coletivo está mudando o nosso mundo. Porto Alegre: Bookman, 2011, p. 20.

435 MARQUES NETO, Floriano de Azevedo. *Bens públicos*: função social e exploração econômica. O regime jurídico das utilidades públicas. Belo Horizonte: Fórum, 2009, p. 391.

436 De fato, Floriano de Azevedo Marques Neto apresenta uma nova classificação dos bens públicos, com base no uso, como se verifica do item 1.9. Neste estudo, não buscamos promover uma reclassificação, mas apenas apresentamos uma nova possibilidade de outorga de uso de bens públicos.

bem para fins de *legitimidade da manutenção da propriedade ou da fruição do bem público.*

Dito de outro modo, passa-se a conferir especial atenção à adequada utilização de todos os bens móveis e imóveis de um equipamento público, sob pena de descumprimento da função social.

Por exemplo, um município, em lugar de manter a locação ou a propriedade de uma infraestrutura, pode pleitear o uso compartilhado da infraestrutura de um município vizinho.

Assim, da mesma maneira que, na física, pela lei da gravitação universal de Isaac Newton se entendeu durante muitos anos que um corpo com maior massa atraía um corpo com menor massa, sendo posteriormente superada pela teoria da relatividade de Albert Einstein, que prevê que essa dinâmica não decorre de uma atração dos corpos propriamente, mas de uma deformação do tecido espaço-tempo provocada pelo corpo de maior massa, que faz com que, consequentemente, o corpo de menor massa seja deslocado em sua direção; a mesma perspectiva pode ser aplicada à gestão dos bens públicos, que, com as múltiplas possibilidades de uso, sofre uma mudança de paradigma para a solução das demandas sociais, deixando o paradigma da propriedade (uso com exclusividade) para o paradigma do uso (uso compartilhado).

Por isso, sustenta-se neste estudo a necessidade de uma *releitura da função social dos bens públicos* para abranger a análise da função social de *todos* os bens móveis e imóveis destinados ao desempenho de determinada atividade administrativa, qualificada pela *eficiência administrativa* e pela *subsidiariedade imobiliária*, transformando a *subutilização* em zona inaceitável de utilização dos bens públicos, devendo o planejamento da gestão dos bens ser orientado pelas múltiplas formas de *uso compartilhado.*

Diante disso, torna-se indispensável a definição dos contornos de um *regime geral do uso compartilhado* de bens públicos, a fim de fixar os parâmetros dessa dinâmica de gestão do uso do patrimônio público.

CAPÍTULO 5

BENS PÚBLICOS EM REDE: O REGIME GERAL DO COMPARTILHAMENTO DE BENS PÚBLICOS

5.1 Distinções importantes

Como demonstrado, a doutrina costuma adotar os conceitos de autorização, permissão e concessão de uso atrelados ao emprego do uso de bem público por terceiros em caráter de exclusividade.

Da mesma maneira, o uso compartilhado não traduz mera tolerância ou licença para a utilização das instalações de um bem de uso especial, porque traz consigo uma maior estabilidade na relação, com direitos e deveres recíprocos, implicando a própria afetação ao uso simultâneo.

Ainda é importante destacar que não se confunda a *gestão comum dos bens públicos* com a *gestão associada de serviços públicos* prevista no art. 241 da Constituição Federal para os consórcios públicos ou convênios de cooperação, pois os consórcios públicos são pessoas jurídicas, de direito público ou de direito privado, criadas pelos partícipes para a realização de objetivos de interesse comum, como estabelece a Lei nº 11.107/2005, ao passo que no compartilhamento não há a criação de uma pessoa jurídica.

Dessa forma, o compartilhamento deve ser concebido na perspectiva da afetação ao *uso simultâneo* do objeto entre as pessoas envolvidas.

Com efeito, o elemento distintivo do compartilhamento se caracteriza pela *afetação* do bem à utilização concomitante pelo titular do bem e por uma ou mais pessoas físicas ou jurídicas partícipes.

Com isso, é cabível o compartilhamento ainda que o uso seja *rival*,[437] isto é, quando o uso por alguém impedir, temporariamente, a utilização por outrem, pois o importante para a configuração do instituto é que a *afetação se dê, de forma simultânea, para todos os envolvidos*. Por exemplo, nos casos de uso compartilhado de uma impressora de grande porte ou de uma sala de videoconferência. Nessa situação, enquanto um usuário estiver desenvolvendo suas atividades, o outro, naturalmente, não pode fazer uso do bem. Todavia, isso não retira o fato de que o bem se encontra afetado ao uso simultâneo.

Contudo, a rivalidade do uso não descaracteriza o compartilhamento, porque *o que define, juridicamente, o uso compartilhado não é a realidade prática (ou econômica), mas sim a afetação*, ou seja, o fato de o bem público estar destinado ao uso simultâneo por duas ou mais pessoas.[438]

Dessa maneira, o que define o uso compartilhado é a *afetação para o uso concomitante*, realizada pela autoridade competente, e não se, efetivamente, o bem público está sendo utilizado mais por um usuário do que por outro ou mesmo se nem sequer foi utilizado por determinado usuário durante certo tempo.

Assim, com a profusão do uso compartilhado por entidades públicas e privadas, ocorrerá o *uso de bens públicos em rede*, permitindo que determinado bem de um titular possa ser utilizado por vários interessados e assim sucessivamente abrangendo os bens dos diversos titulares.

Nada impede, no entanto, que o gestor ao verificar que o bem continua em estado de subutilização, mesmo com o compartilhamento com determinada instituição, empreenda esforços para a ampliação de sujeitos partícipes do uso compartilhado, com vistas à tutela do interesse público.

Cabe destacar que o uso compartilhado não se confunde com o uso comum,[439] pois, neste, a utilização, além de igualitária e concorrente por terceiros, é *livre a todos*, ou seja, dispensa qualquer ato administrativo ou comunicação prévia à autoridade competente.

---

[437] Sobre o conceito econômico de rivalidade, remete-se o leitor ao capítulo 1.

[438] Na esteira da doutrina de Hans Kelsen, o princípio que o rege o direito não é se extrai da realidade, mas decorre de uma determinação normativa, portanto, de uma imputação. Nesse sentido, aponta o autor que "na descrição de uma ordem normativa da conduta dos homens entre si é aplicado aquele outro princípio ordenador, diferente da causalidade [que rege a ordem natural], que podemos designar como imputação. (KELSEN, Hans. *Teoria pura do direito*. 6. ed. Tradução João Baptista Machado. São Paulo: Martins Fontes, 1999, p. 65).

[439] Para a análise das características do uso comum, recomenda-se a leitura do capítulo 1.

Tampouco se confunde com o uso privativo, existente nos bens de uso especial e, tradicionalmente, no uso por particulares, pois, neste, a utilização não é *igualitária e concorrente*, isto é, permite a utilização simultânea por terceiros, como acontece no uso compartilhado.

Além disso, o compartilhamento deve atender a uma *finalidade pública*, caracterizada, dentre outras, pela mitigação do subaproveitamento do bem, pela melhoria na prestação dos serviços públicos e pela eficiência na atuação do Estado.

Por isso, nada impede que a utilização compartilhada ocorra entre órgãos e/ou entidades públicas e particulares, observado o interesse público.

Assim, o compartilhamento de uso se distingue dos instrumentos de *outorga de uso privativo*, porque implica o uso concomitante do bem público pelo titular e pelo interessado.

Ademais, o bem público deve ser utilizado simultaneamente para a *mesma destinação*, sob pena de caracterizar meros usos múltiplos do mesmo bem, cuja possibilidade já é apontada pela doutrina.

Da mesma forma, o compartilhamento não se confunde com a multipropriedade, introduzida no art. 1.358-C do Código Civil pela Lei nº 13.777/2018, que consiste no regime de condomínio em que cada um dos proprietários de um mesmo imóvel é *titular de uma fração de tempo*, à qual corresponde a faculdade de uso e gozo, *com exclusividade*, da totalidade do imóvel, a ser exercida pelos proprietários de forma alternada.

Na multipropriedade, o imóvel é tido por indivisível e não está sujeito à ação de divisão ou de extinção de condomínio, desfrutando os multiproprietários do direito a uma mesma quantidade mínima de dias seguidos durante o ano.

Ademais, o compartilhamento não configura hipótese de desapropriação, pois não implica a perda da propriedade do seu titular, limitando-se a atuar apenas no uso.

Portanto, o compartilhamento consubstancia ferramenta jurídica à disposição do administrador público com o desiderato de impedir a subutilização de bens públicos, ampliar a gama de serviços públicos e garantir a eficiência na gestão pública, podendo, no limite, apresentar-se como alternativa à alienação dos bens ainda passíveis de destinação pública.

Feitas essas distinções, passa-se ao estudo do regime geral do compartilhamento.

5.2 O regime geral do compartilhamento

5.2.1 Compartilhamento em casos específicos

O compartilhamento não é exatamente uma novidade no ordenamento jurídico. Há casos específicos em que podemos encontrar o compartilhamento de bens públicos, mas o direito administrativo carece de uma doutrina geral sobre o compartilhamento.

No entanto, algumas iniciativas pontuais de compartilhamento podem ser encontradas nos serviços regulados, como se passa a expor.

A prestação dos serviços públicos, por ser atividade imprescindível ou de conveniência básica da sociedade em dado tempo histórico,[440] geralmente, é tarefa atribuída ao Estado.

O legislador constituinte brasileiro estabeleceu no art. 175, *caput*, que incumbe ao Poder Público, na forma da lei, diretamente ou sob o regime de concessão ou permissão, sempre por meio de licitação, a prestação de serviços públicos.

Celso Antônio Bandeira de Mello define *serviço público* como:

> Toda atividade de oferecimento de utilidade ou comodidade material destinada à satisfação da coletividade em geral, mas fruível singularmente pelos administrados, que o *Estado assume como pertinente a seus deveres e presta* por si mesmo ou por quem lhe faça as vezes, sob um *regime de Direito Público* — portanto, consagrador de prerrogativas de supremacia e de restrições especiais -, instituído em favor dos interesses definidos como públicos no sistema normativo.[441]

Contudo, como aponta Alexandre Santos de Aragão, a partir da década de 1990, fortaleceu-se a ideia de que a reserva de titularidade do serviço público em favor do Estado "não impede que exista concorrência em sua prestação".[442]

Nesse contexto, verifica-se uma aproximação entre os sistemas do serviço público e da *public utilities*, compreendida esta, diferentemente daquele, como *atividades privadas* sujeitas a especial disciplina e controle em razão da necessidade de proteção do interesse público.[443]

---

440 MELLO, Celso Antônio Bandeira de. *Curso de Direito Administrativo*. 35. ed. São Paulo: Malheiros, 2021, p. 660.

441 *Ibid.*, p. 657.

442 ARAGÃO, Alexandre Santos de. *Curso de Direito Administrativo*. 2. ed. Rio de Janeiro: Forense, 2013a, p. 453.

443 ARAGÃO, Alexandre Santos de. *Direito dos Serviços Públicos*. 3. ed. Rio de Janeiro: Forense, 2013b, p. 100.

Alexandre Santos de Aragão afirma que essa distinção vem se diluindo atualmente, porque muitos países que adotam o sistema dos serviços públicos e que os mantêm sob a titularidade estatal possuem legislações que asseguram "o maior número possível de mecanismos de mercado, tornando excepcional a exclusividade das concessões", aplicando, inclusive, a legislação consumerista,[444] como é o caso do modelo brasileiro.

No Brasil, com o advento da Lei das Concessões e Permissões de Serviços Públicos (Lei nº 8.987/1995), passou-se a admitir, com base no art. 16, que a outorga de concessão ou permissão *não terá caráter de exclusividade*, salvo no caso de inviabilidade técnica ou econômica justificada no ato que manifesta a conveniência da outorga da concessão ou permissão, publicado previamente ao edital de licitação.

Assim, nesse contexto de multiplicidade de prestadores de serviço público surge a necessidade de *compartilhamento da infraestrutura*. Isso se justificaria porque, se cada concessionária ou permissionária tivesse que instalar a sua própria infraestrutura para a prestação dos serviços públicos, a multiplicação das infraestruturas afigurar-se-ia irracional do ponto de vista econômico e urbanístico, configurando, assim, a sua gestão como um *monopólio natural*.[445]

Dessa forma, como registra mencionado autor, a lei consagra a *separação* entre a *gestão da infraestrutura* e a *prestação do serviço público*, de modo que "o titular da gestão da rede, ainda que também preste o serviço, terá a obrigação de, remuneradamente, dar acesso à rede aos demais prestadores do serviço, seus concorrentes".[446]

A obrigação de compartilhamento das infraestruturas de serviços públicos, inspirada na *essential facilities doctrine* (teoria das instalações essenciais) do direito econômico estadunidense, passou a ser prevista, em especial, nos setores da energia elétrica, das telecomunicações e do petróleo, como estabelecem a Lei Geral de Telecomunicações (Lei nº 9.472/1997), a Lei Geral das Antenas (Lei nº 13.116/2015), e mais especificamente na Resolução Conjunta nº 1/1999 da Aneel, Anatel e ANP, na Resolução Anatel nº 683/2017 e na Resolução Normativa Aneel nº 1.044/2022.

---

444 *Ibid.*, p. 102.

445 *Ibid.*, p. 457.

446 *Ibid.*, p. 457.

Por exemplo, o art. 73 da Lei das Telecomunicações estabelece que as prestadoras de serviço terão direito ao uso de postes, dutos, condutos e servidões pertencentes ou controlados por outras prestadoras.

Por sua vez, o art. 14, *caput*, da Lei de Antenas prevê a obrigação do compartilhamento da capacidade excedente da infraestrutura de suporte, exceto quando houver justificado motivo técnico.

Há, no entanto, doutrina abalizada, como, por exemplo, Ricardo Marcondes Martins que rechaça essa aproximação realizada pela legislação infraconstitucional entre o modelo europeu e o modelo brasileiro, aduzindo que "o *novo* conceito de serviço público no direito europeu nada tem a ver com o conceito de serviço público no direito brasileiro".[447]

Prossegue o autor, sustentando que o serviço público e a atividade econômica são "campos inconfundíveis",[448] por dois motivos: primeiro, porque "o agente normativo considerou certas atividades materiais de fornecimento de utilidades e comodidades incompatíveis com a liberdade"[449] e segundo, porque "o objeto dessas atividades corresponde ao *mínimo vital*",[450] não podendo ficar ao *livre arbítrio* dos agentes econômicos.[451]

A par de iniciativas específicas consagradas no ordenamento, inexiste no ordenamento jurídico e na doutrina a fixação dos contornos de um *regime geral do compartilhamento*, capaz de abarcar genericamente os bens móveis e imóveis da Administração, viabilizando sua utilização indiscriminada, a fim de compreender uma utilização dos bens públicos em rede.

Ademais, a ausência de um regime geral dá ensejo a manejo de atos normativos que, a pretexto de utilizarem a expressão "compartilhamento", não realizam propriamente o compartilhamento de bens públicos.

---

447 MARTINS, Ricardo Marcondes. *Teoria Jurídica da Liberdade*. São Paulo: Editora Contracorrente, 2015, p. 190. Nota de rodapé.

448 *Ibid.*, p. 190.

449 *Ibid.*, p. 190-191.

450 *Ibid.*, p. 191.

451 *Ibid.*, p. 191.

5.2.2 Conceito

Uma aproximação[452] da compreensão jurídica do fenômeno do uso compartilhado revela instituto jurídico que disciplina *o uso* de bem público, em caráter *simultâneo*, por órgãos e entidades públicas ou privadas, de maneira *individualizada ou individualizável* e para a *mesma destinação*, com vistas ao atendimento do *interesse público*.

Assim, conhecer o regime jurídico de um determinado instituto consiste em identificar o conjunto sistemático de princípios e regras que "o peculiariza em confronto com outros blocos de regras".[453]

É o que se passa a realizar.

5.2.3 Regras gerais

5.2.3.1 Princípios específicos aplicáveis

Por se tratar de bens públicos, estão sujeitos aos *princípios gerais* da Administração Pública, previstos no art. 37, *caput*, da Constituição Federal, quais sejam, legalidade, impessoalidade, moralidade, publicidade e eficiência.

No entanto, é possível identificar três *princípios específicos* que norteiam o dever de compartilhamento: a eficiência administrativa, a subsidiariedade imobiliária e a função social dos bens públicos.

A *eficiência administrativa* que impõe o dever de otimização do uso dos recursos públicos disponíveis, traduzindo o imperativo de "fazer mais com menos".

A *subsidiariedade imobiliária* que indica que a Administração somente deve retirar da livre circulação os bens estritamente necessários ao exercício da função pública. Por esse princípio, duas condutas administrativas são vedadas: (i) agir como um especulador imobiliário, mantendo em seu patrimônio bens sem destinação pública aguardando sua valorização futura, e (ii) manter estoque de bens imóveis sem destinação pública, sem a devida justificativa de interesse público.

A *função social dos bens públicos* que aponta que todos os bens públicos, móveis e imóveis, que guarnecem os equipamentos

---

452 É conhecida a frase do poeta franco-uruguaio Jules Supervielle, em sua autobiografia intitulada *Boire à la source*, "l'homme ne peut aboutir qu'à des à peu près" (em tradução livre: "o homem pode chegar apenas a aproximações").

453 MELLO, Celso Antônio Bandeira de. *Curso de Direito Administrativo*. 35. ed. São Paulo: Malheiros, 2021. Introdução.

públicos devem contribuir adequadamente (mínimo razoável) para o cumprimento da finalidade pública institucional e social. Em decorrência desse princípio, não é permitida a subutilização de bens públicos.

Por fim, pode-se argumentar se a função social seria ou não um princípio, mas a própria Constituição Federal, no art. 170, inciso III, reconhece a função social da propriedade como princípio do direito brasileiro.

5.2.3.2 Dispensa a licitação

O uso compartilhado caracteriza-se pela possibilidade de uso de bem público, de maneira simultânea, por órgãos e entidades públicas ou privadas, de forma individualizada ou individualizável e para a mesma destinação, com vistas ao atendimento do interesse público.

Por se tratar de tema relacionado à gestão do patrimônio público, cada ente federativo possui *autonomia político-administrativa* para definir a maneira como os seus bens serão utilizados para o desempenho da função administrativa.

Cabe lembrar que o compartilhamento *não implica a alienação* do bem público. Muito pelo contrário. Por meio do compartilhamento, busca-se conferir maior aproveitamento ao bem, evitando-se, assim, a alienação.

Com isso, por não configurar hipótese de alienação, é descabida a incidência das regras previstas na Lei de Licitações e Contratos, notadamente no art. 76 da Lei nº 14.133/2021 (antigo art. 17 da Lei nº 8.666/1993).

Pela mesma razão, o uso compartilhado *prescinde de prévio processo de licitação*, que se encontra previsto no art. 37, inciso XXI, da Constituição Federal para obras, serviços, compras e alienações.

Todavia, caso haja pluralidade de interessados, a Administração deve adotar um *processo seletivo público*, a fim de garantir a isonomia e a imparcialidade na escolha do interessado.

5.2.3.3 Formalização

O compartilhamento, como regra, não será formalizado por meio de convênio entre entes e entidades públicas, com base no art. 184 da Lei nº 14.133/2021 (antigo art. 116 da Lei nº 8.666/93), pois este depende de um plano de trabalho de interesse comum, o que não ocorrerá quando o objetivo for *apenas a utilização do bem* pelo interessado. Nessa situação, os partícipes poderão pactuar termo de *autorização, permissão ou concessão de uso compartilhado*, já abordados no item 3.2.2.

No entanto, pode acontecer que os entes e entidades públicas unam esforços para o desempenho de uma finalidade comum, sendo o compartilhamento do bem uma condição para o exercício da atividade ou, em alguns casos, a própria atividade em si, quando caracterizada pela efetiva gestão comum do bem público com uso compartilhado. Nessa hipótese, o *convênio poderá ser firmado*.

Ademais, em razão da autonomia político-administrativa, cada ente federativo pode estipular *requisitos específicos* para o compartilhamento do uso, tal qual nos casos de autorização, permissão e concessão de uso.

À parte as regras específicas que o distinguem, aplicam-se ao compartilhamento, no que couber, as mesmas regras previstas para a autorização, permissão e concessão de uso, pois, como visto, a mudança se verifica apenas no *regime jurídico da forma de uso*, e não na idoneidade desses instrumentos para a transferência do uso. Por essa razão, adota-se autorização, permissão e concessão de *uso compartilhado*.

Nada impede que na autorização, permissão e concessão de uso compartilhado esteja prevista a possibilidade de integração de suas disposições por meio de resoluções, portarias ou outros atos administrativos posteriores que irão disciplinar pormenorizadamente a utilização conjunta.

5.2.3.4 Abrange bens móveis e imóveis

Não se vislumbra impedimento jurídico para que o compartilhamento recaia sobre *bens móveis e imóveis*, pois, além de inexistir vedação no ordenamento, ambos estão abrangidos pelo conceito de bens públicos.

5.2.3.5 Gratuito ou oneroso

A utilização compartilhada pode ser *gratuita* ou *onerosa*, sendo *gratuita* quando não abrange dispêndio de recursos pelo ente ou entidade solicitante (compartilhamento gratuito), e *onerosa* quando abrange aporte de recursos, bens ou pessoal (compartilhamento oneroso).

Nada impede que o titular do bem, no âmbito de sua discricionariedade, exija, além do referido rateio das despesas, uma *contrapartida* pelo uso do bem, com periodicidade livremente estipulada pelas partes.

Isso porque pode acontecer sobretudo em razão de o concedente ter a necessidade de amortizar investimentos realizados para a melhoria e expansão das condições de uso do bem, de modo até mesmo a ampliar as possibilidades de compartilhamento.

5.2.3.6 Regras financeiras e operacionais

A avença deve conter a previsão de *regras financeiras* que contemplem, não apenas a contrapartida pelo uso do bem, mas também o *rateio das despesas* mensais ou conforme outra periodicidade mais adequada.

Da mesma forma, deve conter *regras operacionais* que dizem respeito às condições de utilização compartilhada, definindo *direitos e obrigações* de cada um dos partícipes para a melhor atingimento dos objetivos do compartilhamento.

5.2.3.7 Cláusula penal e garantias contratuais

Além das medidas acima, é possível ainda a previsão de *cláusula penal* em caso de descumprimento, bem como a constituição de *garantias contratuais* ou de *vinculação de receitas*, com o objetivo de assegurar o repasse dos recursos necessários para o adimplemento das despesas.

5.2.3.8 Controle

Pode-se admitir também mecanismos de *controle*, como, por exemplo, a possibilidade de *interrupção* da utilização por falta de pagamento, nos usos compartilhados não destinados ao atendimento das necessidades básicas da população, assim como a periodicidade da *prestação de contas* e os instrumentos de *transparência* na gestão do bem compartilhado.

5.2.3.9 Denominação dos partícipes

Na relação de uso compartilhado, pode-se denominar aquele que solicita o compartilhamento de *solicitante*, e aquele cujo bem é objeto do compartilhamento de *concedente*, denominações que nos auxiliarão, mais adiante, na análise do compartilhamento forçado.

5.2.3.10 Subutilização tolerada e compartilhamento como mandado de otimização

Como apontado, a subutilização do patrimônio público caracteriza situação antijurídica, de modo que constitui dever do gestor dar cabo da antijuridicidade existente.

Cabe o alerta de que constitui dever do administrador público adotar medidas de otimização do uso, mesmo sem restar evidenciado o subaproveitamento, em homenagem à constitucionalização do princípio da eficiência administrativa. Isto é, a promoção de medidas de uso eficiente dos bens públicos deve ser uma tônica na Administração Pública, ainda que não constatada o estado de subutilização.

Todavia, a subutilização pode, quando devidamente justificada por razões de interesse público, passar a ostentar a condição de utilização adequada, quando, por exemplo, tem-se um gabinete ocupado por Ministro da Suprema Corte, cujas dimensões podem ser equiparadas ao mesmo espaço composto por várias mesas de trabalho ocupadas por seus assessores em uma sala ao lado. Nessa situação, o aparente subaproveitamento pode ser tolerado em razão da necessidade de recebimento dos advogados e de eventuais autoridades, ainda que por curtos períodos.

Assim, o aparente subaproveitamento pode ser justificado por razões de interesse público, deixando de configurar uma situação antijurídica.

5.2.4 Regras específicas do compartilhamento com o particular

Se o bem público pode ser utilizado com exclusividade por um particular, com muito mais motivo pode ser compartilhado com este, porque, nesse caso, a Administração continua com a fruição do bem.

Para fins de compartilhamento, o *interesse público é um pressuposto da relação jurídica*, de modo que, quando o interesse privado ingressa na relação jurídica, aquele deve se sobrepor a este, ficando a cargo do Poder Público a tarefa de delimitar os contornos do compartilhamento, pois, como registra Celso Antônio Bandeira de Mello, é "o Estado quem, por definição, juridicamente encarna os interesses públicos".[454]

---

[454] MELLO, Celso Antônio Bandeira de. *Curso de Direito Administrativo*. 35. ed. São Paulo: Malheiros, 2021. Introdução.

Dessa forma, quando a Administração compartilha o uso de bem público com o particular ou quando particulares o compartilham entre si por delegação da Administração, devem incidir sobre essa *relação jurídica mais estreita* com o Poder Público as prerrogativas da Administração, como expressão do "estado de especial sujeição do indivíduo".[455]

Renato Alessi afirma que o direito à prestação do serviço pela Administração constitui o núcleo essencial da relação jurídica, ao lado do qual aparecem *outros elementos de conteúdo acessório.*

Assim, "el elemento más interesante de dicho contenido accesorio está integrado por el *poder disciplinario* que sobre los usuarios corresponde a la Administración que presta el servicio", podendo expedir normas internas à relação jurídica e sancionar comportamentos, para o fim de "una mejor prestación del servicio".[456]

Com isso, são aplicáveis às relações jurídicas em que haja a presença do particular as *cláusulas exorbitantes*, prevendo, dentre outros, poderes de fiscalização, de sanção, de alteração contratual, de rescisão unilateral e de retomada do bem, caso esteja sob a guarda do administrado, tudo com vistas ao melhor desempenho da função pública.

Havendo, portanto, rescisão unilateral por parte da Administração nos compartilhamentos com prazo determinado, em regra, cabe *indenização*. Nas hipóteses em que o uso compartilhado decorre de ato precário, em regra, é descabida a indenização ao administrado.

Ademais, é salutar que a Administração, além da constituição de *garantias contratuais*, com o objetivo de assegurar o adimplemento das despesas ou de indenizações, estabeleça mecanismos de *controle*, como, por exemplo, a possibilidade de interrupção da utilização por falta de pagamento.

---

[455] A distinção entre supremacia geral e supremacia especial ou sujeição geral e sujeição especial é corrente nas doutrinas alemã, italiana e espanhola, sendo amplamente difundida no Brasil a partir dos estudos de Celso Antônio Bandeira de Mello. Aponta o autor: "De acordo com tal formulação doutrinaria, que a doutrina brasileira praticamente ignora, a Administração, com base em sua supremacia geral, como regra não possui poderes para agir senão extraídos diretamente da lei. Diversamente, assistir-lhe-iam poderes outros, não sacáveis diretamente da lei, *quando estivesse assentada em relação específica que os conferisse*. Seria esta relação, portanto, que, em tais casos, forneceria o fundamento jurídico atributivo do poder de agir, conforme expõe, na Itália, Renato Alessi, entre tantos outros". (*Ibid.*, p. 790).

[456] ALESSI, Renato. *Instituciones de Derecho Administrativo*. 3. ed. t. II. Barcelona: Bosch, 1970, p. 391-392. Em tradução livre: "o elemento mais interessante do dito conteúdo acessório está integrado pelo poder disciplinar que sobre os usuários corresponde à Administração que presta o serviço" [...] "uma melhor prestação do serviço".

5.2.5 Regras específicas do compartilhamento entre órgãos e entidades da Administração Pública

O compartilhamento entre pessoas jurídicas da Administração Pública, como regra, seguirá as disposições do regime geral descritas no início do capítulo, complementadas pelas previsões específicas contidas no ajuste firmado entre os partícipes.

Contudo, na relação entre pessoas da Administração, pode ocorrer o denominado compartilhamento forçado do uso, que se passa a investigar.

5.2.5.1 Compartilhamento forçado

O compartilhamento pode se tornar um *direito* da entidade solicitante em face do titular do bem, quando estiverem presentes *quatro requisitos*: **(i)** a *ausência de prejuízo* à utilização do bem pelo titular, característica inerente ao uso compartilhado; **(ii)** a demonstração da *possibilidade técnica e jurídica* do compartilhamento; **(iii)** que o bem público se encontra em estado de *subutilização* (antijuridicidade); e **(iv)** demonstração da *relevância social do uso* pretendido pelo interessado (prevalência do uso socialmente mais relevante).

Assim, digamos que, para viabilizar a prestação de serviço público em sua localidade, um município necessite fazer uso compartilhado de certo bem público de titularidade do município vizinho que se encontra subutilizado. Nesse caso, entendemos que, desde que presentes os quatro requisitos acima (a *ausência de prejuízo* à continuidade do serviço público, as *possibilidades técnica e jurídica* do compartilhamento, a *subutilização* e o uso *socialmente mais relevante*), o titular do bem passa a ter o *dever jurídico* de se sujeitar ao compartilhamento.

Vamos analisar cada um desses requisitos.

O compartilhamento forçado parte da *premissa* de que no compartilhamento o uso é *simultâneo sem prejuízo* à continuidade do serviço público prestado pelo seu titular, ou seja, *o ente concedente vai continuar usufruindo da utilidade do bem concomitantemente com o ente solicitante sem prejuízo à continuidade do serviço público*. Caso contrário, isto é, se o ente solicitante pleitear o uso *com exclusividade*, não se estará diante do uso compartilhado, de modo que o acesso involuntário ao uso será vedado.

Com isso, torna-se fundamental a comprovação da possibilidade do uso compartilhado conforme requerida. Para isso, é indispensável a demonstração tanto da *possibilidade técnica* do compartilhamento, caracterizada pela elaboração de laudo técnico que comprove que o bem comporta o uso compartilhado pretendido, quanto da *possibilidade jurídica*, por meio da demonstração do atendimento às legislações aplicáveis, como, por exemplo, normas ambientais e urbanísticas.

Some-se a isso, a caracterização do estado de *subutilização*, que evidencia a ilicitude na gestão do patrimônio, revelando a necessidade, e a urgência, de fazer cessar a utilização inapropriada dos bens públicos.

Por conseguinte, diante do cotejo dos interesses envolvidos, que coloca, de um lado, a antijuricidade experimentada pela subutilização e, de outro, a relevância social do uso pretendido pela entidade solicitante, deve prevalecer o *uso socialmente mais relevante*.[457]

Dessa forma, com a comprovação dos quatro requisitos, o direito de *propriedade do ente concedente deve sofrer restrição pelo uso compartilhado* em favor do ente solicitante.

Assim, por exemplo, se um determinado município, buscando expandir seu serviço público de saneamento básico, e após realizar estudos técnicos e de impacto ambiental, chega à conclusão de que a melhor solução seria a utilização compartilhada da rede subutilizada de água e esgoto de município vizinho, tem-se que é possível o compartilhamento forçado da infraestrutura sanitária.

No entanto, haja vista a autonomia federativa dos entes, prevista no art. 18, *caput*, da Constituição Federal, o compartilhamento forçado deve decorrer de *decisão judicial*, mediante prévia intimação da entidade pública concedente para que, em prazo razoável, promova o adequado aproveitamento do bem público ou demonstre a inexistência do estado de subutilização.

Ressalte-se que, como visto, o compartilhamento não configura hipótese de desapropriação, logo se tem por inaplicável a regra contida no art. 2º, parágrafo 2º, da Lei Geral de Desapropriações (Decreto-Lei nº 3.365/41), que veda a desapropriação de bens públicos de titularidade dos entes ditos maiores pelos entes menores.[458] Por isso, nada impede

[457] A ideia de prevalência do interesse público mais relevante quando há conflito entre entes públicos também pode ser encontrada na obra de Clovis Beznos ao tratar da possibilidade de desapropriação de bens públicos, em que o autor adota posicionamento no sentido de que o art. 2º, §2º, do Decreto-Lei 3.365/41 não foi recepcionado pela Constituição de 1988, do modo que apenas o exame do caso concreto pode justificar a desapropriação de bem de um ente por outro e conclui: "existindo conflito entre entidades públicas quanto ao mesmo bem público passível de desapropriação, a prevalência do interesse público mais relevante será evidentemente o critério para a solução da questão" (BEZNOS, Clovis. *Aspectos jurídicos da indenização na desapropriação*. 2. ed. Belo Horizonte: Fórum, 2016, p. 82).

[458] Sobre o ponto, conferir a crítica de Clovis Beznos exposta na nota de rodapé anterior.

que os entes ditos menores promovam ações de compartilhamento forçado de bens de titularidade de entes ditos maiores.

Desse modo, o compartilhamento forçado pode figurar como um *instrumento de intervenção urbanística,*[459] desde que previsto no plano diretor e em lei específica municipal, permitindo a imposição pelos municípios de restrições ao uso de bens públicos no seu território, com o objetivo de ordenação dos espaços urbanos.

Digamos, por exemplo, que exista no perímetro urbano de determinado município um parque estadual abandonado e totalmente descuidado. Nesse caso, o equipamento público estadual pode ser alvo de lei municipal que autorize o *compartilhamento forçado do uso* de bem público, a fim de permitir a realização de obras de revitalização do parque estadual pelo município, com a possibilidade de *gestão comum* do equipamento público pelos entes envolvidos para fins de manutenção do bem.

Cabe lembrar que, como visto, o uso compartilhado deve se dar com a *mesma finalidade* por todos os partícipes. Dessa maneira, no nosso exemplo, o requerimento de compartilhamento forçado do parque estadual feito pelo município somente pode ser realizado para o fim de manter o parque com a *mesma destinação,* não podendo conferir a ele destinação diversa.

5.2.6 Gestão comum

A tendência natural é que o titular defina unilateralmente as regras de utilização por terceiros, especialmente em razão do resquício de uma tradição da propriedade, no entanto, é desejada a *mais ampla participação possível* de todos os envolvidos na definição das condições da pactuação e na administração cotidiana, notadamente quando envolver emprego de recursos pelos partícipes envolvidos.

Assim, sempre que possível, recomenda-se a criação de um *comitê gestor* do bem compartilhado com representantes dos partícipes, a fim de que, por meio de expedição de resoluções ou outros atos administrativos, alcance o melhor atendimento do interesse público dos partícipes.

---

[459] Como se extrai da expressão "entre outros instrumentos" do caput do art. 4º do Estatuto da Cidade, o rol de instrumentos de intervenção urbanística apresentado pela Lei Federal possui caráter meramente exemplificativo, permitindo, portanto, o surgimento de novas ferramentas legais para a ordenação das cidades.

A gestão comum, exercida por meio de decisões, ações e responsabilidades assumidas por todos os envolvidos, é uma determinação que também pode ser encontrada no Estatuto da Metrópole (Lei nº 13.089/2015).[460]

5.2.7 Limites ao compartilhamento

O compartilhamento, no entanto, encontra *limite* na *sustentabilidade* do uso, de maneira que o esgotamento de bens essenciais e a redução indevida de suas utilidades podem constituir óbice para o uso compartilhado.

Do mesmo modo, o *descumprimento* das regras estabelecidas para o uso também se afigura fronteira para o compartilhamento, pois a entidade concedente não pode ser obrigado a custear despesas relativas a outros entes e entidades (regras financeiras) bem como suportar o desatendimento às condições de utilização comum (regras operacionais).

5.3 Potencialidades específicas de compartilhamento

O compartilhamento, como visto, pode abranger tanto *bens móveis* quanto *imóveis* de titularidade da Administração afetados à utilidade pública.

A utilização compartilhada, como já apresentado, é uma realidade, nos *serviços públicos regulados*, como nos serviços de energia elétrica, telecomunicações e petróleo, bem como em relação ao acesso a *dados constantes em bases de cadastro e de informações fiscais* pela Administração tributária da União, Estados e Municípios, como preconiza o art. 37, inciso XXII, da Constituição Federal.

Assim, passamos a analisar algumas situações específicas de possibilidade de compartilhamento de bens públicos.

5.3.1 Serviços públicos

Conforme dados do portal da transparência, no setor de energia elétrica, há atualmente 52 concessionárias e 52 permissionárias.[461] Na

---

[460] Aqui evita-se o termo "gestão compartilhada" para não confundir com a noção de compartilhamento de bens adotada neste estudo.

[461] ANEEL. Disponível em: https://www.gov.br/aneel/pt-br/assuntos/distribuicao/outorgas#:~:text=O%20servi%C3%A7o%20p%C3%BAblico%20de%20distribui%C3%A7%C3%A3o,de%20cada%20regi%C3%A3o%20do%20pa%C3%ADs. Acesso em: 04 maio 2025.

área do petróleo, existem 86 concessionárias operando nas etapas de produção e de exploração.[462] No que diz respeito às telecomunicações, a Anatel indica a existência de 218.552 entidades prestadoras de serviços de telecomunicações, abrangendo serviços telefônicos, móveis e via rádio.[463]

Nesse cenário de multiplicidade de prestadoras de serviços públicos, que evidencia a complexidade da gestão pública, o regime jurídico do compartilhamento de bens públicos permite *ampliar o horizonte de possibilidades* para a melhoria da eficiência na prestação de serviços públicos.

A Lei nº 8.987/1995, no art. 11, prevê que o edital de licitação pode permitir a geração de *receitas alternativas*, com ou sem exclusividade, com o objetivo de favorecer a modicidade das tarifas, o que evidencia sua nítida feição de tutela do interesse público.

Essas receitas alternativas, complementares, acessórias ou derivadas de projetos associados correspondem aos valores recebidos em decorrência da exploração econômica de atividades que tangenciam o contrato de concessão, mas que com ele não se identificam.

Marcos Augusto Perez anota que a qualificação *alternativa* "decorre do fato de o objeto contratual identificar-se com uma atividade diversa daquela geradora desse tipo de receita. Daí a existência de uma atividade principal [...] e atividades acessórias".[464]

Assim, essas receitas (também incluídas as reduções de custos, pois também impactam a modicidade tarifária) podem decorrer de bens empregados à atividade principal ou a atividades ancilares, de modo que, ao que interessa a este estudo, são aquelas derivadas dos *bens afetados*.

Isso porque, no caso de uma concessão de aeroporto, por exemplo, a geração de receitas complementares pode advir da exploração compartilhada de *totens* eletrônicos contendo, alternadamente, avisos importantes e propaganda de marcas instalados dentro do perímetro

---

[462] ANP. Disponível em: https://www.gov.br/anp/pt-br/centrais-de-conteudo/dados-abertos/relacao-de-concessionarios. Acesso em: 04 de maio 2025.

[463] ANATEL. Disponível em: https://informacoes.anatel.gov.br/paineis/outorga-e-licenciamento. Acesso em: 04 maio 2025.

[464] PEREZ, Marcos Augusto. Receitas alternativas, complementares, acessórias ou derivadas de projetos associados. *In:* NUNES JÚNIOR, Vidal Serrano; ZOCKUN, Maurício; ZOCKUN, Carolina Zancaner; FREIRE, André Luiz (coord.). *Enciclopédia Jurídica da PUCSP*. Direito Administrativo e Constitucional. t. II. 2. ed. São Paulo: Pontifícia Universidade Católica de São Paulo, 2017, p. 4.

aeroportuário, não sendo, portanto, um espaço de uso exclusivo para propaganda comercial.

Assim, entendemos que o compartilhamento se afigura solução jurídica apta a constituir receita alternativa e redução de custos nas permissões e concessões de serviços públicos.

5.3.2 Consórcios públicos

O art. 241 da Constituição Federal, após a Emenda nº 19/1998, passou a prever a possibilidade de União, Estados, Distrito Federal e Municípios se organizarem por meio de *consórcios públicos* para *gestão associada de serviços públicos* e *transferência total ou parcial de encargos, serviços, pessoal e bens* essenciais à continuidade dos serviços transferidos.

Regulamentando a regra constitucional, adveio a Lei nº 11.107/2005, que no art. 1º, autoriza que os entes contratem consórcios públicos para a realização de *objetivos de interesse comum*, tais como a gestão associada de serviços públicos.[465]

O art. 4º, inciso XI, alínea "a", da Lei, prevê, ainda, que, por meio do contrato, os entes podem transferir suas competências para o consórcio público.

A despeito da previsão legal, esse entendimento, no entanto, não é pacífico. Para Ricardo Marcondes Martins, um ente federativo "não pode passar a outro suas competências privativas, nem mesmo compartilhá-las",[466] salvo quando essa transferência ou esse compartilhamento forem exigidos pela ponderação das circunstâncias fáticas e jurídicas ou forem admitidos pelo constituinte originário, a exemplo do art. 22, parágrafo único, da Constituição Federal.[467]

Caso assim não fosse, argumenta o autor, o modelo federativo constitucionalizado seria como "um castelo de areia", porque estaria à livre disposição dos entes.[468]

À parte a discussão relativa à constitucionalidade do instituto, é necessário destacar que o compartilhamento dos bens administrados pelos consórcios públicos pode ser útil aos partícipes, especialmente

---

[465] Já ficou demonstrado, nesta obra, que a gestão associada de serviços públicos dos consórcios públicos não se confunde com a gestão comum de bens públicos.

[466] MARTINS, Ricardo Marcondes. *Estudos de direito administrativo neoconstitucional*. São Paulo: Malheiros, 2021, p. 441-442.

[467] *Ibid.*, p. 442.

[468] *Ibid.*, p. 442.

porque estes, muitas vezes, abrangem municípios pequenos, que dispõem de poucos recursos orçamentários para atender às demandas locais, bem como podem envolver prestação de serviços públicos que ultrapassa os limites territoriais de cada município isoladamente.

Conforme Censo demográfico do IBGE de 2022,[469] o Estado brasileiro é composto por 5.568 municípios, sendo que 88,23% deles (4.914 municípios) possuem até 50 mil habitantes.

Em levantamento realizado pela Confederação Nacional dos Municípios,[470] atualmente existem 724 consórcios públicos em todo o país, sendo 276 na região sudeste, 192 no sul, 163 no nordeste, 68 no centro-oeste e 25 no norte do Brasil. Todavia, 14,1% dos municípios brasileiros ainda não participam de nenhum consórcio, totalizando 786 municípios.

Dos consórcios existentes, 347 são multifinalitários e 313 possuem apenas uma finalidade específica. Ainda que não exclusivamente, 337 atuam na área da saúde, 271 no saneamento, 225 no meio ambiente, 200 na cultura e 183 na infraestrutura.

Assim, o compartilhamento de bens públicos pode contribuir para a ampliação das possibilidades de realização de objetivos de interesse comum no âmbito dos consórcios públicos.

5.3.3 Contratos de eficiência da Lei nº 14.133/2021

O portal de transparência da União aponta, ainda, que, no ano de 2024, o valor total dos contratos administrativos firmados, envolvendo serviços, obras, compras, bens, materiais e outros, atingiu a marca de R$ 124,62 bilhões.[471] O que demonstra a importância das contratações públicas na realização da função administrativa.

Com o advento da nova Lei de Licitações e Contratos (Lei nº 14.133/2021), passou a ser admitida a possibilidade de contratação que gere economia para a Administração, ao que se denomina de *contrato de eficiência*.[472]

---

[469] IBGE. *Censo Demográfico de 2022*. Disponível em: https://censo2022.ibge.gov.br. Acesso em: 03 maio 2025.

[470] Confederação Nacional dos Municípios. Disponível em: https://consorcios.cnm.org.br/. Acesso em: 03 maio 2025.

[471] Portal da transparência da União. Disponível em: https://portaldatransparencia.gov.br/contratos?ano=2024. Acesso em: 04 maio 2025.

[472] Sobre os contratos administrativos com remuneração variável vinculada ao desempenho do contratado, conferir: NÓBREGA, Marcos; ASSUNÇÃO, Ihuru; TORRES, Ronny

Nos termos do art. 6º, inciso LIII, da Lei, o contrato de eficiência consiste no pacto cujo objeto se traduz na prestação de serviços, que pode incluir a realização de obras e o fornecimento de bens, com o objetivo de *proporcionar economia ao contratante*, na forma de redução de despesas correntes, ou de *gerar receita*, remunerado o contratado com base em percentual da economia gerada.

Assim, a lei introduz no sistema de compras públicas um modelo de contratação em que a contratada se remunera conforme a economia ou a receita gerada para a Administração.

Nesse ponto, o compartilhamento de bens públicos pode *fundamentar* o entabulamento de contratos de eficiência, em que a contratada, por meio de estudo dos bens subutilizados na região, pode apresentar um projeto que proporcione redução significativa das despesas da Administração.

A lei ainda estabeleceu que esses contratos podem ser firmados por prazos extensos, permitindo que sejam celebrados por até 10 anos, nos casos de contratos sem investimento do particular (inciso I), ou por até 35 anos, quando se tratar de contratos com investimento (inciso II).

Portanto, o compartilhamento desfruta de significativo potencial para a utilização e desenvolvimento dos contratos de eficiência previstos na Lei nº 14.133/2021.

5.3.4 Terceiro setor

A sociedade civil organizada compõe o que se denomina de terceiro setor e possui atribuição fundamental para o atingimento dos objetivos da República previstos no art. 3º da Constituição Federal.

Atuando em diversas áreas de interesse do Estado, como saúde, educação, assistência social e cultura, as entidades parceiras buscam complementar a função administrativa, podendo, por isso, receber, por meio de termos de colaboração ou de fomento, recursos financeiros e bens públicos para a realização de suas atividades de interesse público.

O Marco Regulatório das Organizações da Sociedade Civil (MROSC) (Lei nº 13.019/2014) prevê, no art. 5º, o fortalecimento da sociedade civil e a transparência na aplicação dos recursos públicos,

---

Charles L. *Nova lei de licitações e remuneração variável: uma abordagem à luz do nexo econômico-jurídico*. Disponível em: https://ronnycharles.com.br/wp-content/uploads/2021/12/Artigo-Remuneracao-variavel-MN-IHURU-E-RONNY-final.pdf. Acesso em: 07 dez. 2023.

devendo essas entidades obedecerem aos princípios da legalidade, da legitimidade, da impessoalidade, da moralidade, da publicidade, da economicidade, da eficiência e da eficácia.

As organizações da sociedade civil, compostas pelas entidades privadas sem fins lucrativos, sociedades cooperativas e organizações religiosas, integram a teia de atuação do Estado na prestação dos serviços públicos, que passa a poder contar, não apenas com os seus próprios meios, diretamente ou por delegação, mas também com a estrutura de instituições parceiras, com vistas à ampliação da rede de serviços colocados à disposição da população.

Com base nas informações obtidas pelo portal Transfere.gov, a União registrou 10 mil repasses financeiros a entidades sem fins lucrativos, em todos os estados da federação, totalizando mais de R$ 1,07 bilhão, no período de janeiro a dezembro de 2024.[473] O Estado de São Paulo, de acordo com os dados disponíveis no portal Parcerias Sociais, possui atualmente 1.647 parcerias em andamento na Administração Direta, envolvendo tanto termos de colaboração e de fomento quanto acordos de cooperação.[474]

Assim, o compartilhamento de bens públicos com o terceiro setor traduz potencialidade importante para o incremento da capilaridade do atendimento público, pois essas instituições, muitas vezes, alcançam grupos vulneráveis e regiões do território que, infelizmente, carecem dos serviços mais básicos.

5.4 Contrafações administrativas no compartilhamento

Em que pesem as potencialidades do uso compartilhado, há experiências no ordenamento que, embora denominadas de compartilhamento, assemelham-se a outros institutos jurídicos existentes, razão pela qual são denominadas de *contrafações administrativas*.

Como visto, Ricardo Marcondes Martins aponta que a contrafação administrativa aparece "quando se emprega um *conceito* no direito

---

[473] Transfere.gov. Disponível em: https://portaldatransparencia.gov.br/transferencias/consulta?paginacaoSimples=true&tamanhoPagina=&offset=&direcaoOrdenacao=asc&de=01%2F01%2F2024&ate=31%2F12%2F2024&tipoFavorecido=3&colunasSelecionadas=linkDetalhamento%2Cuf%2Cmunicipio%2Ctipo%2CtipoFavorecido%2Cacao%2ClinguagemCidada%2CgrupoDespesa%2CelementoDespesa%2CmodalidadeDespesa%2Cvalor&ordenarPor=mesAno&direcao=desc. Acesso em: 04 maio 2025.

[474] Parcerias Sociais SP. Disponível em: https://www.parceriassociais.sp.gov.br/OSC/OSC/Termos_Acordos. Acesso em: 04 maio 2025.

administrativo *equivocadamente* e, ao fazê-lo, invoca-se, consciente ou inconscientemente, um regime jurídico incompatível com a situação".[475]

Em outras palavras, quando se utiliza um conceito de direito administrativo numa situação *incompatível* com esse regime, verifica-se a contrafação administrativa.

Adiante serão analisados alguns regramentos em que ocorre contrafação administrativa no uso do conceito jurídico de compartilhamento.

5.4.1 Atualização cadastral referente à ocupação dos imóveis de uso especial pela Administração federal: Portaria Conjunta nº 38/2020

A Portaria Conjunta nº 38, de 31 de julho de 2020, ao fixar prazos para a atualização cadastral das informações referentes à *ocupação dos imóveis, próprios ou de terceiros, de uso especial* utilizados pela *União, suas autarquias e fundações públicas*, determinou, no art. 2º, *caput*, que a Secretaria de Patrimônio da União, em articulação com a antiga Secretaria de Gestão do Ministério da Economia (competência atualmente conferida ao Ministério da Gestão e Inovação em Serviços Públicos, por força do art. 32, inciso VII, da Lei nº 14.600/2023), implemente iniciativas, ações e projetos que proporcionem "ocupação otimizada e compartilhada dos imóveis de uso especial utilizados pela União, pelos órgãos e entidades da administração pública federal direta".

Os parágrafos 1º e 3º do mesmo dispositivo legal permitem que os órgãos do *Poder Legislativo*, do *Poder Judiciário*, do *Ministério Público da União*, bem como as *empresas estatais* participem das estratégias de ocupação otimizada e compartilhada de bens públicos mediante subscrição de *termo de adesão*.

Ademais, o parágrafo 3º do art. 5º estabelece que caso o imóvel seja compartilhado, "a atualização cadastral deverá ser realizada pelo órgão responsável pela área abrangida no respectivo termo de entrega ou cessão, com vistas à implementação da política de rateio".

Verifica-se, então, que o instrumento jurídico adotado pela portaria para concretizar o compartilhamento foi o *termo de entrega* ou *cessão* da área do imóvel, que ficará sob a responsabilidade do órgão beneficiado.

---

[475] MARTINS, Ricardo Marcondes. Teoria das contrafações administrativas. *Revista de Direito Administrativo & Constitucional*, Belo Horizonte: Fórum, ano 3, n. 11, jan./mar., p. 6, 2003.

No entanto, a cessão de uso se afigura instituto jurídico conhecido na doutrina dos bens públicos e, como já apresentado neste estudo, implica a transferência da utilização do bem para *uso com exclusividade* por outro órgão ou entidade, inclusive de natureza privada.

O parágrafo 4º do art. 5º preconiza que "caso opte pelo compartilhamento do imóvel da União, a parcela do imóvel disponibilizada deverá ser revertida para SPU, que fará a destinação para o outro órgão ou entidade da administração pública", a fim de implementar a política de rateio.

No mesmo sentido, o dispositivo adota uma perspectiva de disponibilização de parcela do imóvel e de correspondente destinação a outro órgão ou entidade, *evidenciando a utilização exclusiva de parte do bem*.

Quanto ao modo de utilização das áreas de imóveis ditos compartilhados, o art. 8º as classifica em áreas privativas e comuns, sendo *privativas* as áreas de *uso exclusivo* por parte de um único órgão ocupante do imóvel, e *comuns* as áreas de *uso comum* pelos diferentes órgãos que ocupam o imóvel.

Assim, as denominadas áreas privativas do imóvel compartilhado se assemelham às características inerentes à cessão de uso, de modo que a concepção de compartilhamento concebida pela Portaria se confunde com o conceito de uso privativo já existente na doutrina dos bens públicos.

Ademais, nas áreas privativas não há rateio de despesas, uma vez que os custos são individualizados e ficam exclusivamente a cargo do órgão ou entidade usuária.

Por sua vez, em relação às áreas de uso comum dos imóveis, também parece inexistir o compartilhamento de uso propriamente dito, pois *o uso das áreas comuns dos edifícios decorre da transferência do direito de uso das áreas privativas* pelo proprietário ou condômino ao destinatário, conforme estabelece o art. 1.331, parágrafo 2º, do Código Civil, formalizado seja por meio de contrato de locação, seja por meio dos instrumentos de direito administrativo.

Nesse sentido, o art. 23, parágrafo 1º, da Lei das Locações de Imóveis Urbanos (Lei nº 8.245/91) estabelece que as despesas ordinárias de condomínio, tais como, consumo de água e esgoto, gás, luz e força das áreas de uso comum; limpeza, conservação e pintura das instalações e dependências de uso comum; manutenção e conservação das instalações e equipamentos hidráulicos, elétricos, mecânicos e de segurança, de uso comum; manutenção e conservação das instalações e equipamentos de uso comum destinados à prática de esportes e lazer; manutenção e conservação de elevadores, porteiro eletrônico e antenas coletivas; pequenos reparos nas dependências e instalações elétricas e hidráulicas de uso comum; dentre outras, são de responsabilidade do *locatário*.

Dessa forma, o direito ao uso das áreas comuns e o consequente rateio das despesas decorrem, de longa data, da transferência do direito de uso privativo inerente ao direito de propriedade, de modo que, nesses termos, não configuram inovação suficiente a demandar um novo regime jurídico.

O art. 9º institui uma métrica para o cálculo da ocupação das áreas de escritório nos imóveis públicos (denominada de *população principal*), com vistas ao rateio das despesas comuns dos edifícios, fixando o índice de 7,00 a 9,00 m^2 por posto de trabalho para servidor, colaborador, terceirizado de escritório ou estagiário em dia normal de atividade, devendo os postos de trabalho ser contados *pela metade*, quando o trabalhador realizar expediente com carga horária diária média inferior a 06 horas ou em regime de teletrabalho e que demande de estação de trabalho, que neste caso, deverá ser compartilhada.

No entanto, tal critério deixa de considerar as características organizacionais de cada instituição, que pode se estruturar, por exemplo, mediante o uso de gabinete mais espaçoso, como é o caso de autoridades de alto escalão, ou mesmo por meio de estruturas menores, como as baias de trabalho.

Assim, o rateio de despesas baseado apenas numa estimativa genérica, e não na densidade ocupacional real pautada na lotação dos órgãos, afigura-se potencialmente prejudicial para o órgão ou entidade ocupante.

Além disso, como visto, a portaria prevê o cômputo pela metade do posto de trabalho de pessoal em regime de teletrabalho. Porém, é cediço que os regimes de teletrabalho podem se organizar de formas variadas, abrangendo, dentre outras, escalas semanais de 03 dias presenciais por 02 à distância ou, ainda, de 04 dias presenciais por 01 à distância.

Dessa forma, em uma escala semanal de teletrabalho com 04 dias presenciais, por exemplo, o trabalhador que possui uma jornada de 08 horas diárias de trabalho, perfaz 32 horas presenciais na semana e, por conseguinte, uma média de mais 06 horas semanais, devendo ser afastado, portanto, o cômputo pela metade desse posto de trabalho, já que, acima dessa média, a portaria considera como posto de trabalho *integral*. Então, *mesmo situações de teletrabalho poderiam ser consideradas como jornadas de trabalho integral* para fins de compartilhamento de espaço, de acordo com a métrica da portaria.

Conclui-se, então, que, embora seja lícita a livre adoção de critérios entre as partes para o rateio das despesas comuns, a métrica de ocupação dos imóveis adotada pela portaria parece, no entanto, não se apresentar como parâmetro justo para o rateio das despesas.

Portanto, além de não caracterizar compartilhamento, em sua acepção jurídica, há também potencial injustiça no critério de rateio das despesas.

5.4.2 Imóveis públicos da União: Portaria SEGES/ME nº 1.708/2021

A Portaria SEGES/ME nº 1.708, de 12 de fevereiro de 2021, estabelece os procedimentos para o compartilhamento de áreas e rateio de despesas comuns em *imóveis de uso especial* utilizados pelos órgãos e entidades da administração pública federal direta, autárquica e fundacional, conforme disposto no seu art. 1º.

Adotando a mesma sistemática da Portaria Conjunta nº 38/2020, a portaria de 2021, no art. 2º, incisos I e II, distingue as *despesas comuns* das *despesas exclusivas*, sendo aquelas as despesas com "locação de imóveis, serviços de água e esgoto, serviços de limpeza e conservação, vigilância ostensiva e outras despesas compartilhadas entre os órgãos e entidades que ocupam o mesmo imóvel"; e as despesas exclusivas as "destinadas ao atendimento de necessidades específicas de cada órgão ou a prestação de serviços em que seja possível individualizar o uso, incluindo-se os serviços de correios, de telefonia, estagiários, locação de impressoras, manutenção", dentre outros.

O art. 2º, incisos III e IV, cria a figura do órgão gestor, que ficará responsável pela administração dos edifícios utilizados de forma compartilhada, e do órgão cliente, que é aquele que utiliza o imóvel.

O inciso VI do art. 2º da Portaria de 2021 altera o *nomen iuris* do instrumento jurídico que institui a relação de compartilhamento entre os órgãos e entidades, passando a ser denominado de *termo de compartilhamento*, que consiste no documento hábil e vinculativo para a descentralização direta dos créditos para ressarcimento das despesas comuns.

Por meio do termo de compartilhamento, o órgão cliente deverá ressarcir mensalmente o órgão gestor das despesas comuns realizadas, à proporção da área de trabalho ocupada por cada órgão em relação à área total de trabalho da edificação, mediante movimentação de crédito orçamentário e de programação financeira até o vigésimo dia de cada mês, sob pena de multa e de indenização pelos prejuízos decorrentes do atraso conforme a ser pactuado no termo.

A portaria, no art. 2º, inciso V, c/c art. 4º, inciso I, mantém, ainda, o mesmo critério de cálculo da ocupação das áreas de escritório nos imóveis públicos para fins de rateio das despesas comuns adotado pela Portaria Conjunta nº 38/2020.

A despeito de detalhar um pouco mais a forma de ressarcimento das despesas comuns e de alterar o nome do instrumento jurídico hábil, a portaria de 2021 manteve a lógica subjacente à de 2020, pautada na *ideia de propriedade*, uma vez que há, em essência, a transferência do direito de uso de determinada área do imóvel, *em caráter privativo*, para outro órgão ou entidade, ficando o órgão cliente responsável pelo rateio das despesas das áreas comuns, de natureza *meramente acessória*, nos mesmos moldes, como visto, da tradicional locação (art. 23, parágrafo 1º, da Lei nº 8.245/91).

Assim, aplicam-se à Portaria SEGES/ME nº 1.708/2021 as mesmas críticas apresentadas à Portaria Conjunta nº 38/2020.

Constata-se, portanto, que as normativas federais analisadas não inovam no ordenamento jurídico, uma vez que os instrumentos jurídicos tradicionalmente disponíveis ao gestor público dão conta da transferência de uso *com exclusividade* a outros órgãos e entidades da Administração ou a particulares.

5.4.3 Serviços administrativos federais: Portaria MGI nº 43/2023

Além do compartilhamento de áreas em imóveis de uso especial, próprios ou de terceiros, utilizados pela União, tornou-se possível também o *compartilhamento de serviços administrativos* entre os Ministérios, a partir da publicação da Portaria MGI nº 43, de 31 de janeiro de 2023.

Assim, o compartilhamento pode abranger as atividades relacionadas a **(i)** administração patrimonial, de material e de espaço físico entre órgãos, **(ii)** gestão de pessoas, **(iii)** serviços gerais, **(iv)** orçamento e finanças, **(v)** contabilidade, **(vi)** logística, **(vii)** contratos, **(viii)** tecnologia da informação, **(ix)** planejamento governamental e gestão estratégica e **(x)** outras atividades de suporte administrativo, a critério dos órgãos envolvidos.

O art. 2º da portaria classifica como *Ministério provedor* aquele responsável pela prestação de serviços administrativos a um ou a um grupo de ministérios demandantes, e como *ministério demandante* aquele que recebe os serviços de um ministério provedor.

Preconiza o art. 3º que o compartilhamento dos serviços administrativos poderá ocorrer por meio de *arranjo colaborativo* ou *modelo centralizado*. Enquanto aquele consiste na modalidade de gestão compartilhada na qual o ministério provedor executa atividades administrativas para um ou mais ministérios demandantes, o modelo centralizado se caracteriza pela modalidade em que uma unidade centralizadora do Ministério da Gestão e da Inovação em Serviços Públicos (MGI) executa atividades administrativas específicas disponíveis para órgãos e entidades da administração pública federal direta, autárquica e fundacional.

Para a execução dos serviços administrativos compartilhados, o art. 5º estabelece que **(i)** o Ministério da Gestão e da Inovação em Serviços Públicos, por meio da Secretaria de Gestão Corporativa, atenderá os Ministérios da Fazenda, do Desenvolvimento, Indústria, Comércio e Serviços, do Planejamento e Orçamento e dos Povos Indígenas; **(ii)** o Ministério da Agricultura e Pecuária atenderá os Ministérios do Desenvolvimento Agrário e Agricultura Familiar e da Aquicultura e Pesca; **(iii)** o Ministério do Desenvolvimento e Assistência Social, Família e Combate à Fome atenderá o Ministério do Esporte; **(iv)** o Ministério dos Direitos Humanos atenderá os Ministérios das Mulheres e da Igualdade Racial; **(v)** o Ministério dos Transportes atenderá o Ministério de Portos e Aeroportos; **(vi)** o Ministério do Trabalho e Emprego atenderá o Ministério da Previdência Social; **(vii)** o Ministério da Cultura atenderá o Ministério do Turismo; e **(viii)** o Ministério da Integração e do Desenvolvimento Regional atenderá o Ministério das Cidades.

Como se percebe, embora denominada de compartilhamento de serviços administrativos, a atividade disciplinada pela Portaria MGI nº 43/2023 diz respeito à *prestação de serviços entre os órgãos de cúpula da União*, de modo que Ministérios mais estruturados atenderão os demais, conforme a divisão acima fixada.

Pela modalidade de arranjo colaborativo, apresentada no art. 3º, parágrafo 1º, por exemplo, "o Ministério provedor *executa* atividades administrativas para um ou mais Ministérios demandantes", o que revela mera *centralização de atividades-meio* outrora executadas pelos próprios ministérios.

Do mesmo modo, o modelo centralizado de gestão, definido no parágrafo 2º, por exemplo, indica que "a unidade centralizadora do Ministério da Gestão e da Inovação em Serviços Públicos *executa* atividades administrativas específicas, disponíveis para órgãos e entidades" da União, revelando a intenção de *centralização das atividades-meio* no Ministério da Gestão e da Inovação em Serviços Públicos.

Portanto, os rearranjos organizacionais manifestados na mencionada portaria também não apresentam uma inovação do ponto de vista jurídico, mas tão somente uma restruturação administrativa já amplamente conhecida no dia a dia da Administração Pública.

POSFÁCIO

Esta é a primeira vez que escrevo um posfácio. Recebi o convite para escrevê-lo de Fabio Paulo Reis de Santana com muita honra. Em decorrência da admiração que nutro pelo autor, e por ter gostado muito da leitura de seu trabalho, aceitei o desafio de plano. Após o "sim", na maturação para realizar a empreitada, percebi o quão difícil seria cumpri-la. Lembrei-me das advertências realizadas pelo Prof. José Carlos Barbosa Moreira no prefácio que redigira à monografia do ínclito professor Sergio Ferraz.[476] Em resumo — disse ele —, o prefácio apresenta a obra e o autor; a primeira função é bem complicada, pois ou o prefaciador nada tem a acrescentar, a não ser resumir a obra, e produz um texto que só atrasa a leitura, ou discorda do livro prefaciado, de modo que seria o caso de escrever outro livro. Resta a segunda função, e, no caso, o autor do livro, já bastante conhecido, dispensava apresentação.

Ocorre que este não é um prefácio; portanto, essa função não lhe cabe. Quem lê estes comentários certamente já se informou sobre o autor do livro. O que resta, a esse respeito, registrar aqui é que o conheço pessoalmente e asseguro ao leitor que Fabio Paulo é pessoa incomum, dessas que marcam o caminho por onde passam. Hábil socialmente, profissional sério, competente, estudioso e comprometido. Participei de sua banca de doutorado e posso assegurar: Fábio é um cientista dos melhores. Conhece o tema e o enfrenta com brilhantismo. Em síntese, uma pessoa incomum. Mas a missão do posfácio, insisto, não é apresentar o autor nem a obra.

---

[476] MOREIRA, José Carlos Barbosa. Prefácio. *In:* FERRAZ, Sergio. *Assistência litisconsorcial no direito processual civil*. São Paulo: Revista dos Tribunais, 1979, p. VII.

A que se presta, então? Segundo o Houaiss, por analogia a "prefácio", é um texto que vem depois do livro, um "adendo", uma "explicação" ou uma "advertência".[477] O livro de Fabio Paulo Reis de Santana é bastante claro, bem escrito, não precisa de explicação. A dificuldade de minha empreitada é, por evidente, manifesta. Dito isso, registrarei aqui breves comentários sobre a temática da obra. Quando se assiste a um filme ou a uma série dos quais se gosta muito, é bastante comum, nos tempos atuais, procurar comentários sobre eles na internet, em busca de um diálogo com outros que os assistiram. Creio que é bem provável que aconteça algo idêntico após a leitura do livro *Bens públicos em rede: o domínio público no século XXI*. O leitor gostará tanto que terá interesse em ler comentários sobre a temática. Pois bem, é com esse espírito que faço algumas considerações.

Conforme já antecipei ao autor do livro, divergimos em um tema importante. Estou convencido de que a "função social" é um conceito inapropriado para os "bens públicos". Trata-se de uma restrição à liberdade do proprietário: ao invés de poder escolher livremente alternativas sobre o uso e disposição da coisa, o Direito passou a lhe impor uma restrição: não pode o proprietário escolher as alternativas contrárias ao interesse social.[478] Mas, ainda assim, a propriedade privada dá-se no âmbito da liberdade: o proprietário não é obrigado a escolher a utilização que realize otimamente o interesse público.[479] Tudo é diferente quando se trata da Administração Pública. Ela, por definição, não é livre. Deve dar ao bem público a destinação ótima para o interesse público. Em suma: mais do que cumprir a "função social", deve realizar o "interesse público". Minha posição, porém, é minoritária na doutrina. Fabio Paulo seguiu a posição prevalente e considerou que os bens públicos devem, sim, atender à função social. Na prática chegamos ao mesmo lugar por caminhos conceituais diferentes.

Em que pese essa divergência conceitual, concordo com a essência da temática proposta por ele. Como ele bem observou, a utilização de bens públicos carecia de um aprofundamento teórico. A doutrina admite que um bem seja transferido de um órgão a outro por meio da

[477] HOUAISS, Antônio; VILLAR, Mauro de Salles; FRANCO, Francisco Manoel de Mello (ed.). 1. ed., 1. reimpr. *Dicionário Houaiss da língua portuguesa*. Rio de Janeiro: Objetiva, 2009, p. 1530.

[478] MARTINS, Ricardo Marcondes. *Teoria jurídica da liberdade*. 2. ed. São Paulo: Contracorrente, 2023, p. 100-102.

[479] *Idem, ibidem*.

transferência administrativa. Admite, também, que o Poder Público outorgue o uso do bem ao particular ou a outra pessoa pública. Mas, na doutrina brasileira, regra geral, não se fala do "uso compartilhado de bens públicos".[480] Daí a tese apresentada, que ora comento, suprir essa lacuna doutrinária e apresentar um aprofundamento teórico sobre o tema. Fabio Paulo cumpriu a missão com competência ímpar.

Pode o Poder Público, ao invés de outorgar o uso privativo do bem ao particular, por autorização, permissão ou concessão de uso, compartilhar o uso do bem com ele. Nesse caso, Poder Público e particular compartilharão o uso do bem. É possível, também, e me parece até mais comum na prática administrativa, que uma entidade federativa, ou uma pessoa instituída por ela, compartilhe o bem com outra entidade federativa, ou com pessoa jurídica instituída por outra entidade federativa. Trata-se, nesse caso, de um compartilhamento de bem entre Administrações Públicas.

O relacionamento entre as pessoas públicas é um tema pouco explorado pela doutrina brasileira. Raros são os estudos doutrinários que se dedicaram ao assunto. A diferença entre o regime jurídico do compartilhamento com o particular e do compartilhamento com a Administração é evidente: a relação entre o Poder Público e o particular é vertical, trata-se de uma relação de sujeição. Em que pese a controvérsia que existe na doutrina, ao aceitar o compartilhamento, na minha opinião, o particular se insere em uma relação especial de sujeição. Fica sujeito à fiscalização, ao cumprimento de obrigações administrativas impostas no compartilhamento e a ser sancionado administrativamente caso as descumpra.

Tudo é diferente no compartilhamento entre administrações públicas: elas estão em uma relação horizontal de sujeição. Descabe uma entidade — e, com mais razão uma pessoa por ela instituída —, na instância administrativa, sancionar outra.[481] Celso Antônio Bandeira de Mello, ao tratar das relações interadministrativas, considerou ser

---

[480] Exceção digna de nota é: CARVALHO FILHO. José dos Santos. *Manual de direito administrativo*. 38. ed. Barueri: Atlas, 2024, p. 1024-1027

[481] Cf. ATALIBA, Geraldo. *Regime jurídico constitucional das relações entre Municípios e Autarquias federais*. Santo André: Prefeitura Municipal de Santo André, 1966, p. 65 e 135; BANDEIRA DE MELLO, Celso Antônio. Impossibilidade de o INPS multar Municípios. *Revista de Direito Administrativo e Infraestrutura – RDAI*. São Paulo, ano 05, n. 17, p. 373-376, abr.-jun. 2021, p. 374; MARTINS, Ricardo Marcondes. Proteção de dados, competências dos entes federativos e a Emenda Constitucional n. 115/22. *In:* FERRAZ, Sergio; VENTURINI, Otavio; GASIOLA, Gustavo Gil. *Proteção de dados e compliance digital*. 2. ed. Cuiabá: Umanos, 2023, p. 224-227.

possível um conflito entre interesses públicos.[482] Depois de muito refletir sobre o assunto, discordo: o interesse público é o resultado da ponderação dos valores incidentes em cada situação.[483] Ainda que haja interesses previamente colidentes, o interesse público, como resultado da ponderação, será a síntese justa desse conflito. Assim, se o interesse do Município prevalecer em concreto, não me parece lícito que a União ou o Estado insistam em fazer valer seu interesse, e vice-versa. Apesar disso, é perfeitamente possível que duas ou mais entidades federativas, procurem, juntas, satisfazer em concreto o interesse de ambas, compartilhando entre si o uso de seus bens. O tema estudado por Fabio é riquíssimo e de implicações práticas evidentes.

O conceito do compartilhamento e sua classificação já seriam suficientes para uma tese de doutoramento. Ele, porém, indica problemas intricados, e sempre com maestria. O compartilhamento de competências entre entidades federativas foi disciplinado pela Lei dos Consórcios Públicos: Lei nº 11.107/05.[484] Nela, o legislador estabeleceu uma série de formalidades difíceis de serem concretizadas. Dentre elas, cada entidade deve aprovar no seu parlamento uma lei autorizadora do compartilhamento. Aprovadas as leis, a União dá origem a uma nova pessoa jurídica, integrante da Administração indireta de cada um dos signatários do consórcio. Vem sendo bastante comum a fuga desse regime por meio da mudança de rótulos: ao invés de "consórcio", "convênio". Não me parece que basta o administrador público mudar o rótulo para conseguir afastar todas as restrições legais ao compartilhamento. Muitos convênios configuram claras contrafações de consórcios.[485] Dito isso, resta o problema: será que o compartilhamento de um bem público exige a forma do consórcio?

Sustentei que a utilização do consórcio para gestão associada de serviços públicos, por mero acordo político, é, regra geral, inconstitucional porque impacta na forma como a federação brasileira foi traçada na

---

[482] BANDEIRA DE MELLO, Celso Antônio. Desapropriação de bem público. *Revista de Direito Administrativo e Infraestrutura* – RDAI, São Paulo, ano 4, n. 14, p. 113-133, jul.-set. 2020, p. 122.

[483] MARTINS, Ricardo Marcondes. *Abuso de direito e constitucionalização do direito privado*. São Paulo: Malheiros, 2010, p. 58-60; *Teoria jurídica da liberdade*, op. cit., p. 136-137.

[484] Sobre ela, por todos: CARVALHO FILHO, José dos Santos. *Consórcios públicos*. Rio de Janeiro: Lumen Juris, 2009.

[485] MARTINS, Ricardo Marcondes. Descentralização administrativa e contrafações. *Interesse Público*, Belo Horizonte, ano 21, n. 114, p. 47-73, mar.-abr. 2019, p. 61-63.

Constituição da República.[486] A forma federativa, no direito brasileiro, é cláusula pétrea. Assim, compartilhamento de serviços, cuja prestação é de competência privativa de uma entidade, para mim, só é válida se for realizada a título provisório em decorrência da impossibilidade momentânea de uma entidade cumprir seu dever constitucional. Trata-se de um instrumento do federalismo cooperativo, por meio do qual uma entidade ajuda outra.[487]

A utilização do consórcio para realização de competências comuns nada afeta a forma federativa.[488] Quando escrevi meu estudo, não tinha pensado no assunto proposto por Fabio. Motivado por suas reflexões, reconheço: é perfeitamente válida a instituição de consórcio público para o compartilhamento de bens entre entidades federativas ou entre pessoas instituídas por elas. Já antevejo o problema jurídico: mas e o compartilhamento realizado sem a forma de consórcio? Será válido? Se eu tivesse que apostar, apostaria que a comunidade jurídica consagrará a resposta afirmativa. Reconheço que costumo adotar, na Ciência do Direito, posições minoritárias. Parece-me que a forma do consórcio é o caminho jurídico apropriado. Fica aqui a provocação de reflexão, neste posfácio.

O tema dos serviços públicos é um tema apaixonante, talvez o que envolva as controvérsias mais acirradas no direito administrativo. Na minha tese de doutoramento, tentei revelar um "golpe jurídico": em que pese a manutenção de sua disciplina jurídica na Constituição de 1988, tentou-se, infraconstitucionalmente, adotar no Brasil a orientação que se consagrou entre os signatários da União Europeia.[489] Quando celebraram o Tratado da união, os Estados europeus abdicaram, naquele momento, do conceito tradicional de serviço público: serviços de titularidade estatal. Adotaram um conceito muito próximo do conceito inglês de *public utilities*, os serviços de interesse econômico geral

---

[486] MARTINS, Ricardo Marcondes. Titularidade do serviço de saneamento básico à luz da Lei Federal n. 14.026/2020. *Revista Brasileira de Infraestrutura*, Belo Horizonte, ano 11, n. 21, p. 11-44, jan.-jun. 2022, p. 36-39.

[487] *Idem*, p. 32-36.

[488] MARTINS, Ricardo Marcondes. Descentralização administrativa e contrafações, *op. cit.*, p. 62.

[489] Na tese, tentei ser mais técnico: MARTINS, Ricardo Marcondes. *Regulação administrativa à luz da Constituição Federal*. São Paulo: Malheiros, 2011, p. 241 *et seq.* Passei a utilizar a expressão "golpe jurídico" mais recentemente: MARTINS, Ricardo Marcondes. Regulação e serviços públicos. *Revista Brasileira de Infraestrutura – RBINF*, Belo Horizonte, ano 13, n. 25, p. 11-25, jan.-jun. 2024.

(SIEG).[490] Na redação original do tratado, serviços públicos não seriam mais de titularidade do Estado, mas obrigações especiais impostas a certas atividades econômicas. Apesar de o Tratado de Lisboa voltar a prever a possibilidade de os Estados membros terem serviços de titularidade própria, o ressuscitamento dos serviços públicos na Europa continental — após dezenas de livros e centenas de artigos em prol de sua morte — dá-se em um processo historicamente bastante gradual e lento.

O que o Brasil tem a ver com isso? Em sede constitucional, nada. Ele não faz parte da União Europeia, e o texto brasileiro continua prevendo que os serviços públicos incumbem ao Estado (artigo 175).[491] Infraconstitucionalmente, em um "golpe jurídico", tudo! Por força das leis infraconstitucionais, atribuiu-se aos serviços públicos o mesmo regime das atividades econômicas. Por que estou, neste posfácio, tratando de assunto tão polêmico? Porque o tema do compartilhamento diz respeito a um assunto caro para os partidários desse "golpe". A Lei Geral de Concessões prevê que, como regra, os serviços devem ser outorgados a mais de um prestador (Lei nº 8.987/95, artigo 16), de modo que eles concorram entre si. A comunidade jurídica adorou a ideia da "concorrência" no serviço público. Venho apregoando que só há possibilidade jurídica de concorrência quando há liberdade. No caso, o Poder Público não é livre para aceitar uma prestação pior ou mais cara. Deve, sempre, buscar a proposta melhor para o povo. Logo, concorrência se dá na omissão do titular do serviço. Contudo, diante da busca dessa concorrência passou a ser frequente na doutrina a invocação do princípio do compartilhamento da infraestrutura. Quando não é possível outorgar a instauração ou a gestão da infraestrutura a mais de um concessionário, dissocia-se essa outorga da outorga da prestação dos serviços nela realizados. Por conseguinte, as prestadoras do serviço devem ter o direito de utilizá-la.[492]

---

[490] MARTINS, Ricardo Marcondes. *Regulação administrativa à luz da Constituição Federal*, op. cit., p. 174-180.

[491] MARTINS, Ricardo Marcondes; DAL POZZO, Augusto Neves. A obra "Le Service Public" à luz do Direito Brasileiro. *In:* CHEVALLIER, Jacques. *O serviço público*. Tradução, estudo introdutório e notas explicativas de Augusto Neves Dal Pozzo e Ricardo Marcondes Martins. 2. ed. Belo Horizonte: Fórum, 2021, p. 09-17.

[492] Sobre os princípios do compartilhamento da infraestrutura e da interconexão, v. por todos: SALOMÃO FILHO, Calixto. *Regulação da atividade econômica: princípios e fundamentos jurídicos*. São Paulo: Malheiros, 2001, p. 65-66. Ambos os princípios foram concretizados nos arts. 73 e 155 da Lei nº 9.472/97.

Pode-se pensar, então, que o tema do compartilhamento de bens é vinculado a essa proposta, que assolou a doutrina brasileira, de transformar serviços públicos, no tapetão, em atividades econômicas. Ouso discordar. Muitas vezes, como lembra Celso Antônio Bandeira de Mello, é imprescindível que a prestação do serviço público por uma entidade envolva a utilização de bens de outra entidade federativa.[493] Imagine-se o serviço federal de telecomunicações, que necessita instalar equipamentos no solo municipal,[494] ou o serviço municipal de saneamento básico, que necessita utilizar recursos hídricos federais ou estaduais.[495] Perceba-se: a prestação de serviços públicos, muitas vezes, exige o compartilhamento de bens públicos. O tema é, insisto, rico e importante. Apesar disso, regra geral, recebia o silêncio da doutrina. Em boa hora, é publicada esta monografia.

Parabenizo, de público, Fabio Paulo, pela escolha do tema e pelo estudo, tão importante para a Ciência do Direito. Espero que estes breves comentários tenham servido aos leitores que, após lerem a obra, ficaram, tais quais aqueles que assistem a um bom filme, querendo dialogar sobre o tema com alguém que também a leu e gostou. Enfim, continuemos pensando e dialogando, após as provocações que Fabio Paulo nos fez. Estou ansioso para o seu próximo livro. Faço votos de que ele continue nos provocando. Afinal, dom para isso ele tem.

Ricardo Marcondes Martins

Professor de Direito Administrativo da graduação e da pós-graduação *lato* e *stricto sensu* da PUC-SP.

---

493 BANDEIRA DE MELLO, Celso Antônio. Competência urbanística municipal e competência da União em matéria de telecomunicações: interferências. *Revista Trimestral de Direito Público*, São Paulo, v. 43, p. 26-35, 2003.

494 *Idem*, p. 29-31.

495 MARTINS, Ricardo Marcondes. Titularidade do serviço de saneamento básico à luz da Lei Federal n. 14.026/2020, *op. cit.*, p. 18-19.

REFERÊNCIAS

ABE, Nilma de Castro. *Gestão do Patrimônio Público Imobiliário*: aspectos jurídicos da destinação, delimitação, fiscalização e responsabilidade. Belo Horizonte: Fórum. 2013.

ALESSI, Renato. *Instituciones de Derecho Administrativo*. 3 ed. t. II. Barcelona: Bosch, 1970.

ALVES, José Carlos Moreira. *Direito Romano*. v. 1. Rio de Janeiro: Editora Forense, 2002.

ALMEIDA PRADO, Inês Maria dos Santos Coimbra de. *Instrumentos estatais de outorga de uso privativo de bens públicos*. Dissertação (Mestrado em Direito) – Faculdade de Direito, Pontifícia Universidade Católica de São Paulo. São Paulo, 2010.

AMARAL, Francisco. *Direito Civil*: introdução. 5. ed. Rio de Janeiro: Renovar, 2003.

ANDRADE, Letícia Queiroz de. *Desapropriação de bens públicos à luz do princípio federativo*. São Paulo: Malheiros, 2006.

ARAGÃO, Alexandre Santos de. *Curso de Direito Administrativo*. 2. ed. Rio de Janeiro: Forense, 2013a.

ARAGÃO, Alexandre Santos de. *Direito dos Serviços Públicos*. 3. ed. Rio de Janeiro: Forense, 2013b.

ARAÚJO, Edmir Netto de. *Curso de Direito Administrativo*. 3. ed. São Paulo: Saraiva, 2007.

BAPTISTA, Patrícia. Regime jurídico dos bens públicos: perspectiva civilista, funcionalização e outros temas. *In*: NUNES JÚNIOR, Vidal Serrano; ZOCKUN, Maurício; ZOCKUN, Carolina Zancaner; FREIRE, André Luiz (Coord.). *Enciclopédia Jurídica da PUCSP*. Direito Administrativo e Constitucional. t. II. 2. ed. São Paulo: Pontifícia Universidade Católica de São Paulo, 2022.

BARRENSE, Heloísa. Uber carros autônomos. *UOL*, 2023. Disponível em: https://www.uol.com.br/tilt/noticias/redacao/2023/05/14/uber-carros-autonomos.htm

BASTOS, Celso Ribeiro. *Curso de Direito Administrativo*. 4 ed. São Paulo: Saraiva, 2000.

BESSONE, Darcy. *Direitos Reais*. São Paulo: Saraiva, 1988.

BEVILAQUA, Clóvis. *Theoria Geral do Direito Civil*. 2 ed. Rio de Janeiro: Livraria Francisco Alves, 1929.

BEZNOS, Clovis. *Aspectos jurídicos da indenização na desapropriação*. 2. ed. Belo Horizonte: Fórum, 2016.

BOTSMAN, Rachel; ROGERS, Roo. *O que é meu é seu*: como o consumo coletivo está mudando o nosso mundo. Porto Alegre: Bookman, 2011.

BRASIL. [Constituição (1988)]. *Constituição da República Federativa do Brasil*. Promulgada em 5 de outubro de 1988. Disponível em: http://www.planalto.gov.br/ccivil_03/constituicao/constituicao.htm. Acesso em: 20 maio 2023.

BRASIL. *Decreto Lei n. 3.365, de 21 de junho de 1941*. Dispõe sobre desapropriações por utilidade pública. Disponível em: https://www.planalto.gov.br/ccivil_03/decreto-lei/del3365.htm. Acesso em: 10 nov. 2023.

BRASIL. Decreto Lei n. 9.760, de 05 de setembro de 1946. Dispõe sobre os bens imóveis da União dá outras providências. Disponível em: https://www2.camara.leg.br/legin/fed/declei/1940-1949/decreto-lei-9760-5-setembro-1946-417540-publicacaooriginal-1-pe.html. Acesso em: 10 nov. 2023.

BRASIL. *Lei n. 4.717, de 29 de junho de 1965*. Regula a ação popular. Disponível em: https://www.planalto.gov.br/ccivil_03/leis/l4717.htm. Acesso em: 10 nov. 2023.

BRASIL. *Lei n. 8.429, de 2 de junho de 1992*. Dispõe sobre as sanções aplicáveis em virtude da prática de atos de improbidade administrativa, de que trata o §4º do art. 37 da Constituição Federal; e dá outras providências. Disponível em: https://www.planalto.gov.br/ccivil_03/leis/l8429.htm. Acesso em: 10 nov. 2023.

BRASIL. *Lei n. 8.666, de 21 de junho de 1993*. Regulamenta o art. 37, inciso XXI, da Constituição Federal, institui normas para licitações e contratos da Administração Pública e dá outras providências. Disponível em: https://www.planalto.gov.br/ccivil_03/leis/l8666cons.htm. Acesso em: 10 nov. 2023.

BRASIL. *Lei n. 9.636, de 15 de maio de 1998*. Dispõe sobre a regularização, administração, aforamento e alienação de bens imóveis de domínio da União, altera dispositivos dos Decretos-Leis nos 9.760, de 5 de setembro de 1946, e 2.398, de 21 de dezembro de 1987, regulamenta o §2o do art. 49 do Ato das Disposições Constitucionais Transitórias, e dá outras providências. Disponível em: https://www.planalto.gov.br/ccivil_03/leis/l9636.htm. Acesso em: 10 nov. 2023.

BRASIL. *Lei n. 10.257, de 10 de julho de 2001*. Regulamenta os arts. 182 e 183 da Constituição Federal, estabelece diretrizes gerais da política urbana e dá outras providências. Disponível em: https://www.planalto.gov.br/ccivil_03/leis/leis_2001/l10257.htm. Acesso em: 10 nov. 2023.

BRASIL. *Lei n. 12.058, de 13 de outubro de 2009*. Dispõe sobre a prestação de apoio financeiro pela União aos entes federados que recebem recursos do Fundo de Participação dos Municípios - FPM, no exercício de 2009, com o objetivo de superar dificuldades financeiras emergenciais; e dá outras providências. Disponível em: https://www.planalto.gov.br/ccivil_03/_ato2007-2010/2009/lei/l12058.htm. Acesso em: 10 nov. 2023.

BRASIL. *Lei n. 13.465, de 11 de julho de 2017*. Dispõe sobre a regularização fundiária rural e urbana, sobre a liquidação de créditos concedidos aos assentados da reforma agrária e sobre a regularização fundiária no âmbito da Amazônia Legal; institui mecanismos para aprimorar a eficiência dos procedimentos de alienação de imóveis da União; e dá outras providências. Disponível em: https://www.planalto.gov.br/ccivil_03/_ato2015-2018/2017/lei/l13465.htm. Acesso em: 10 nov. 2023.

BRASIL, Lei n. 14.129, de 29 de março de 2021. Dispõe sobre princípios, regras e instrumentos para o Governo Digital e para o aumento da eficiência pública e altera a Lei nº 7.116, de 29 de agosto de 1983, a Lei nº 12.527, de 18 de novembro de 2011 (Lei de Acesso à Informação), a Lei nº 12.682, de 9 de julho de 2012, e a Lei nº 13.460, de 26 de junho de 2017. Disponível em: https://www.planalto.gov.br/ccivil_03/_ato2019-2022/2021/lei/l14129.htm . Acesso em: 09 abr. 2025.

BRASIL. *Linha do tempo.* Disponível em: https://www.gov.br/governodigital/pt-br/estrategia-de-governanca-digital/do-eletronico-ao-digital . Acesso em: 09 abr. 2025.

BRASIL. Ministério da Economia. *O que é o Programa de Modernização?* Disponível em: https://www.gov.br/economia/pt-br/assuntos/patrimonio-da-uniao/arquivos-anteriores-privados/programa-de-modernizacao/o-programa. Acesso em: 16 out. 2023.

BRASIL. Ministério da Gestão e da Inovação em Serviços Públicos. Secretaria do Patrimônio da União (SPU). *Arrecadação patrimonial.* Disponível em: https://www.gov.br/gestao/pt-br/assuntos/patrimonio-da-uniao/transparencia/arrecadacao-patrimonial. Acesso em: 24 jan. 2025.

BRASIL. *Proposta de Política de Governo Eletrônico para o Poder Executivo Federal, de 17 de outubro de 2000.* Disponível em: https://egov.ufsc.br/portal/sites/default/files/anexos/29572-29588-1-PB.pdf . Acesso em: 09 abr. 2025.

BRASIL. TCU. Tribunal de Contas da União. *Gestão do patrimônio imobiliário público federal.* Disponível em: https://sites.tcu.gov.br/listadealtorisco2022/gestao_do_patrimonio_imobiliario_publico_federal.html. Acesso em: 24 jan. 2025.

BUCCI, Maria Paula Dallari. *Direito Administrativo e Políticas Públicas.* São Paulo: Saraiva, 2002.

CABRAL, Flávio Garcia. *O conteúdo jurídico da eficiência administrativa.* Belo Horizonte: Fórum, 2019.

CAETANO, Marcello. *Princípios Fundamentais do Direito Administrativo.* Coimbra: Almedina, 2010.

CARVALHO, Matheus. *Manual de Direito Administrativo.* 7. ed. Salvador: Juspodivm, 2020.

CARVALHO FILHO, José dos Santos. *Manual de Direito Administrativo.* 34. ed. São Paulo: Atlas, 2020.

CASTELLS, Manuel. *A Sociedade em Rede.* 26 ed. Rio de Janeiro: Paz & Terra, 2025.

CHEVALLIER, Jacques. *O Estado de Direito.* Tradução Antonio Araldo Ferraz Dal Pozzo e Augusto Neves Dal Pozzo. 2. ed. Belo Horizonte: Fórum, 2021.

CHEVALLIER, Jacques. *O Serviço Público.* Tradução, estudo introdutório e notas explicativas de Augusto Neves Dal Pozzo e Ricardo Marcondes Martins. Belo Horizonte: Fórum, 2017.

COMTE, Auguste. *Système de Politique Positive ou Traité de Sociologie*: instituant la religion de l'humanité. t. I. réimpression de l'édition 1851-1881. Osnabrück: Otto Zeller, 1967.

CRETELLA JÚNIOR, José. *Curso de Direito Administrativo*. 5 ed. Rio de Janeiro: Forense, 1977.

CRETELLA JÚNIOR, José. *Curso de Direito Romano*: o direito romano e o direito civil brasileiro. 26. ed. Rio de Janeiro: Forense, 2001.

CRETELLA JÚNIOR, José. *Tratado do Domínio Público*. Rio de Janeiro: Forense, 1984.

DALLARI, Adilson Abreu; NASCIMENTO, Carlos Valder do; MARTINS, Ives Gandra da Silva (coord.). *Tratado de Direito Administrativo*. São Paulo: Saraiva, 2013. v. 2.

DANTAS, San Tiago. *Programa de Direito Civil*: parte geral. Rio de Janeiro: Editora Rio, 1979.

DENZIN, Norman K.; LINCOLN, Yvonna S. *O planejamento da pesquisa qualitativa*: teorias e abordagens. Tradução Sandra Regina Netz. Porto Alegre: Artmed, 2006.

DIGUIT, Leon. *Les transformations générales du Droit privé depuis le Code Napoléon*. Paris: Librairie Félix Alcan, 1912.

DI PIETRO, Maria Sylvia Zanella. *Direito Administrativo*. 5. ed. São Paulo: Atlas, 1995.

DI PIETRO, Maria Sylvia Zanella. *Direito Administrativo*. 37. ed. Rio de Janeiro: Forense, 2024.

DI PIETRO, Maria Sylvia Zanella. *Uso privativo de bem público por particular*. 3. ed. São Paulo: Atlas, 2014.

DROMI, Roberto. *Derecho administrativo*. 9 ed. Buenos Aires: Ciudad Argentina, 2001.

DUCROCQ, Théophiple. *Cours de Droit Administratif*. 6 ed. Paris: Ernest Thorin Éditeur, 1881.

FIGUEIREDO, Lúcia Valle. *Curso de Direito Administrativo*. 9 ed. São Paulo: Malheiros. 2008.

FRAGA, Gabino. *Derecho Administrativo*. 7 ed. México: Editorial Porrua, 1958.

FRANÇA. *Constitution du 22 Frimaire an VIII*. Disponível em: https://www.conseil-constitutionnel.fr/les-constitutions-dans-l-histoire/constitution-du-22-frimaire-an-viii. Acesso em: 29 jul. 2023.

FRANÇA. *Lei de Organização Judiciária*, 24 de agosto de 1790. Disponível em: https://www.legifrance.gouv.fr/loda/id/JORFTEXT000000704777/2023-07-30/. Acesso em:29 jul. 2023.

FRITOLI, Fernanda Ghiuro Valentini; SANTANA, Ana Paula Henriques de. *O direito à vida e a sua dimensão jurídica*: uma releitura do mínimo existencial à luz do ordenamento jurídico brasileiro. In: NIELSEN JÚNIOR, Diogenes (org.); SANTANA, Fabio Paulo Reis de (coord). Constituição e Direitos Fundamentais. Londrina, PR: Thoth, 2024.

GASPARINI, Diógenes. *Direito Administrativo*. 2 ed. São Paulo: Saraiva, 1992.

GASSEN, Valcir. *A natureza histórica da instituição do direito de propriedade*. In: WOLKMER, Antonio Carlos. Fundamentos de história do direito. 10 ed. Belo Horizonte: Del Rey Editora, 2019.

GLOBO. São Paulo. *Praça da Sé está cercada há um mês, e ações de zeladoria geram protestos de moradores de rua, movimentos sociais e comerciantes. G1.* Disponível em: https://g1.globo.com/sp/sao-paulo/noticia/2023/05/12/praca-da-se-esta-cercada-ha-um-mes-e-acoes-de-zeladoria-geram-protestos-de-moradores-de-rua-movimentos-sociais-e-comerciantes.ghtml. Acesso em: 12 out. 2023.

GLOBO. *Urbanização brasileira*. Disponível em: http://educacao.globo.com/geografia/assunto/urbanizacao/urbanizacao-brasileira.html . Acessado em 28/09/2024.

GOLDSMITH, Stephen; EGGERS, William D. *Governar em rede:* o novo formato do setor público. Brasília/São Paulo: ENAP/Unesp, 2006.

GOMES, Orlando. *Direitos reais*. 19. ed. Rio de Janeiro: Forense, 2004.

GUANDALINI JUNIOR, Walter. *História do Direito Administrativo Brasileiro*: formação (1821-1895). Curitiba: Juruá, 2016.

GRAU, Eros Roberto. *A Ordem Econômica na Constituição de 1988*. São Paulo: Malheiros, 2010.

GROTTI, Dinorá Adelaide Musetti. *Inviolabilidade do domicílio na Constituição*. São Paulo: Malheiros, 1993.

HORBACH, Carlos Bastide. Dos instrumentos da política urbana. *In*: MEDAUAR, Odete; ALMEIDA, Fernando Dias Menezes. *Estatuto da Cidade*: Lei nº 10.257, de 10.07.2001 – comentários. 2 ed. São Paulo: RT, 2004.

IBGE. *Tendências Demográficas:* uma análise da população com base nos resultados dos censos demográficos 1940 e 2000. Disponível em: https://biblioteca.ibge.gov.br/visualizacao/livros/liv34956.pdf . Acessado em 28/09/2024.

INSPER. Notícias. *O que mudou em 10 anos na lista das empresas mais valiosas do mundo*. Disponível em: https://www.insper.edu.br/noticias/o-que-mudou-em-10-anos-na-lista-das-empresas-mais-valiosas-do-mundo/ . Acesso em: 03 set. 2023.

JUSTEN FILHO, Marçal. *Curso de Direito Administrativo*. 13. ed. São Paulo: Revista dos Tribunais, 2018.

JUSTEN FILHO, Marçal. Exploração econômica de bens públicos: cessão do direito à denominação. *Revista de Direito da Procuradoria Geral do Rio de Janeiro* (edição especial), 2012. Disponível em: https://pge.rj.gov.br/comum/code/MostrarArquivo.php?C=MzU4Mw%2C%2C#:~:text=A%20express%C3%A3o%20%22naming%20rights%22%20ou,dom%C3%ADnio%20sobre%20o%20objeto%20denominado. Acesso em: 07 dez. 2023.

KELSEN, Hans. *Teoria pura do direito*. 6. ed. Tradução João Baptista Machado. São Paulo: Martins Fontes, 1999.

LIMA, Ruy Cirne. *Princípios de Direito Administrativo*. 7. ed. São Paulo: Malheiros, 2007.

LÔBO, Paulo. *Direito Civil*: coisas. São Paulo: Saraiva, 2019.

LONG, Marceau; WEIL, Prosper; BRAIBANT, Guy; DELVOLVÉ, Pierre. *Les grands arrêts de la jurisprudence administrative*. 16. ed. Paris, França: Editions Dalloz, 2007.

LUFT, Rosângela. *Concessão de uso*. Disponível em: https://enciclopediajuridica.pucsp.br/verbete/115/edicao-1/concessao-de-uso. Acesso em: 04 mai. 2025.

MALUF, Carlos Alberto Dabus. *Limitações ao Direito de Propriedade*. 3. ed. São Paulo: RT, 2011.

MARQUES NETO, Floriano de Azevedo. *Bens públicos*: função social e exploração econômica. O regime jurídico das utilidades públicas. Belo Horizonte: Fórum, 2009.

MARQUES NETO, Floriano de Azevedo. Regime jurídico e utilização dos bens públicos. *In*: DALLARI, Adilson Abreu; NASCIMENTO, Carlos Valder do; MARTINS, Ives Gandra da Silva (Coord.). *Tratado de Direito Administrativo*. São Paulo: Saraiva, 2013. v. 2.

MARRARA, Thiago. *Manual de Direito Administrativo*. Vol. II: funções administrativas e bens estatais. São Paulo: Kindle Direct Publishing (KDP), 2018.

MARRARA, Thiago. *Uso de bem público*. *In*: NUNES JÚNIOR, Vidal Serrano; ZOCKUN, Maurício; ZOCKUN, Carolina Zancaner; FREIRE, André Luiz (coord.). *Enciclopédia Jurídica da PUCSP*. Direito Administrativo e Constitucional. t. II. 2. ed. São Paulo: Pontifícia Universidade Católica de São Paulo, 2017.

MARRARA, Thiago; FERRAZ, Luciano. *Tratado de direito administrativo*: direito administrativo dos bens e restrições estatais à propriedade. Coordenação Maria Sylvia Zanella Di Pietro. 2. ed. São Paulo: Thomson Reuters Brasil, 2019. v. III.

MARTINS, Ricardo Marcondes. *Abuso de direito e a constitucionalização do direito privado*. São Paulo: Malheiros, 2010.

MARTINS, Ricardo Marcondes. *Estudos de direito administrativo neoconstitucional*. São Paulo: Malheiros, 2021.

MARTINS, Ricardo Marcondes. Princípio da Titularidade Pública das Coisas de Ninguém. *Revista Trimestral de Direito Público*, v. 56, p. 117-136, 2011.

MARTINS, Ricardo Marcondes. Teoria das contrafações administrativas. *Revista de Direito Administrativo & Constitucional*, Belo Horizonte: Fórum, ano 3, n. 11, jan./mar, 2003.

MARTINS, Ricardo Marcondes. *Teoria Jurídica da Liberdade*. São Paulo: Editora Contracorrente, 2015.

MASAGÃO, Mário. *Curso de Direito Administrativo*. 4d. São Paulo: Revista dos Tribunais, 1968.

MAXIMILIANO, Carlos. *Hermenêutica e aplicação do direito*. 21. ed. Rio de Janeiro: Forense, 2017.

MAYER, Otto. *Derecho administrativo alemán*. t. III. parte especial: el derecho público de las cosas. Buenos Aires: Depalma, 1982.

MEDAUAR, Odete. *Direito Administrativo Moderno*. 21. ed. Belo Horizonte: Fórum, 2018.

MEDAUAR, Odete. *O direito administrativo em evolução*. 3. ed. Brasília, DF: Gazeta Jurídica, 2017.

MEIRELLES, Hely Lopes. *Direito Administrativo Brasileiro*. 18 ed. São Paulo: Malheiros, 1993.

MELLO, Celso Antônio Bandeira de. *Curso de Direito Administrativo*. 35. ed. São Paulo: Malheiros, 2021.

MELLO, Oswaldo Aranha Bandeira de. *Princípios Gerais de Direito Administrativo*. 3 ed. São Paulo: Malheiros, 2010. v. I.

MOREIRA NETO, Diogo de Figueiredo. *Curso de Direito Administrativo*. 2 ed. Rio de Janeiro: Forense, 1974.

MOREIRA NETO, Diogo de Figueiredo. *Curso de Direito Administrativo*. 16. ed. Rio de Janeiro: Forense, 2014.

MURPHY, Andrea; TUCKER, Hank. The Global 2000. *Forbes*, 2023. Disponível em: https://www.forbes.com/lists/global2000/?sh=11825c3f5ac0 . Acesso em: 03 set. 2023.

NAKAMURA, André Luiz dos Santos. *Bens públicos*. Belo Horizonte: Fórum, 2022.

NAKAMURA, André Luiz dos Santos. A nova disciplina da prévia indenização na desapropriação decorrente do Art. 34-A do Decreto-Lei n. 3.365/41. *Revista Direito Mackenzie*, v. 12, n. 2, p. 1-18. Disponível em: http://editorarevistas.mackenzie.br/index.php/rmd/article/view/12461/7543. Acesso em: 10 jul. 2023.

NEGREIROS, Teresa. *Teoria do Contrato*: novos paradigmas. Rio de Janeiro: Renovar. 2006.

NÓBREGA, Marcos; ASSUNÇÃO, Ihuru; TORRES, Ronny Charles L. *Nova lei de licitações e remuneração variável*: uma abordagem à luz do nexo econômico-jurídico. Disponível em: https://ronnycharles.com.br/wp-content/uploads/2021/12/Artigo-Remuneracao-variavel-MN-IHURU-E-RONNY-final.pdf. Acesso em: 07 dez. 2023.

NÓBREGA, Vandick Londres da. *Compêndio de Direito Romano*. 7. ed. Rio de Janeiro: Livraria Freitas Bastos. 1972. v. I.

NOHARA, Irene Patrícia. *Direito administrativo*. 9. ed. São Paulo: Atlas, 2019.
NOHARA, Irene Patrícia; MAXIMIANO, Antonio Cesar Amaru. *Gestão pública*: abordagem integrada da Administração e do Direito Administrativo. 1. ed. São Paulo: Atlas, 2021.

NUNES JUNIOR, Vidal Serrano; ARAÚJO, Luiz Alberto David. *Curso de Direito Constitucional*. 23. ed. Santana de Parnaíba/SP: Manole, 2021.

NUNES JUNIOR, Vidal Serrano. *A Cidadania Social na Constituição de 1988*: estratégias de positivação e exigibilidade judicial dos direitos sociais. São Paulo: Editora Verbatim, 2009.

OLIVEIRA, Rafael Carvalho Rezende. *Curso de Direito Administrativo*. 9. ed. Rio de Janeiro: Método, 2021.

OVIEDO, Carlos Garcia. *Derecho Administrativo*. 5 ed. Madrid: E.I.S.A., 1955.

PEREIRA. Caio Mário da Silva. *Instituições de Direito Civil*. v. III. 21. ed. Rio de Janeiro: Forense, 2017.

PEREZ, Marcos Augusto. Receitas alternativas, complementares, acessórias ou derivadas de projetos associados. *In*: NUNES JÚNIOR, Vidal Serrano; ZOCKUN, Maurício; ZOCKUN, Carolina Zancaner; FREIRE, André Luiz (coord.). *Enciclopédia Jurídica da PUCSP*. Direito Administrativo e Constitucional. t. II. 2. ed. São Paulo: Pontifícia Universidade Católica de São Paulo, 2017.

PERLINGIERI, Pietro. *O direito civil na legalidade constitucional*. Tradução Maria Cristina De Cicco. Rio de Janeiro: Renovar, 2008.

PETRICILO, Carlos. Censo 2022: São Paulo tem quase 590 mil imóveis vazios, 18 vezes a população de rua da cidade. *Folha de S. Paulo*. Disponível em: https://www1.folha.uol.com.br/cotidiano/2023/07/sao-paulo-tem-quase-590-mil-imoveis-vazios-18-vezes-a-populacao-de-rua-da-cidade.shtml#:~:text=Com%20quase%2032%20mil%20pessoas,quarta%2Dfeira%20(28). Acesso em: 16 out. 2023.

PINTARELLI, Camila; SANTOS, Marcelo Fonseca (coord.). *Direito e disrupção:* novos olhares aos institutos jurídicos. São Paulo: Thomson Reuters Brasil, 2025.

POLIZELLI, Demerval L.; OZAKI, Adalton M. (org.). *Sociedade da Informação*: os desafios da era da colaboração e da gestão do conhecimento. São Paulo: Saraiva, 2008.

RAMONET, Ignacio. *O mercado contra o Estado*. Disponível em: https://vermelho.org.br/2007/01/28/ignacio-ramonet-o-que-e-a-globalizacao/. Acesso em: 27 nov. 2023.

ROCHA, Sílvio Luís Ferreira da. *Função social da propriedade pública*. São Paulo: Malheiros, 2005.

SADDY, André. *Curso de direito administrativo*. Vol. 2: anexo II: divergências doutrinárias. 2. ed. Rio de Janeiro: CEEJ, 2023.

SANTANA, Fabio Paulo Reis de. *A coisa pública em Otto Mayer e a PEC das praias*. Disponível em: https://www.conjur.com.br/2025-fev-20/a-coisa-publica-em-otto-mayer-e-a-pec-das-praias/ . Acesso em: 23 abr. 2025

SANTANA, Fabio Paulo Reis de. *O compartilhamento de recursos na Administração Pública*: limites e possibilidades. Curitiba: Appris, 2021.

SANTANA, Fabio Paulo Reis de; FERNANDES, Felipe Gonçalves. Reflexões sobre o princípio da eficiência à luz do regime jurídico administrativo. *In*: NIELSEN JUNIOR, Diogenes (Coord.). *Princípios Constitucionais*: diretrizes e aplicabilidade no direito. São Paulo: Toth, 2022.

SÃO PAULO (Estado). Poder Executivo do Estado de São Paulo. *Portal da Transparência*. Disponível em: https://www.transparencia.sp.gov.br/Home/Patrimonio. Acesso em: 16 out. 2023.

SILVA, Almiro do Couto e. *Conceitos fundamentais do direito no estado constitucional.* São Paulo: Malheiros, 2015.

TANENBAUM, Andrew; FEAMSTER, Nick; WETHERALL, David. *Rede de Computadores.* 6 ed. trad. Daniel Vieira. São Paulo: Pearson; Porto Alegre: Bookman, 2021.

TARTUCE, Flávio. *Manual de Direito Civil.* 10. ed. São Paulo: Método, 2020.

URUGUAY, Visconde do. *Ensaio sobre o direito administrativo.* t. I. Rio de Janeiro: Thypographia Nacional, 1862.

ZAGO, Fábio Bragança. *Posse em bens públicos desafetados*: a regularização de áreas públicas urbanas desfuncionalizadas pela Lei nº 13.465/17 e Súmula 619/STJ. Rio de Janeiro: Lumen Juris, 2021.

ZOCKUN, Carolina Zancaner. *Da terceirização na Administração Pública.* São Paulo: Malheiros, 2014.

ZOCKUN, Carolina Zancaner; CABRAL, Flávio Garcia; SARAI, Leandro; ZOCKUN, Maurício. *Manual de Direito Administrativo Digital.* São Paulo: Almedina, 2024.

Esta obra foi composta em fonte Palatino Linotype, corpo 10
e impressa em papel Pólen Bold 70g (miolo) e Supremo 250g (capa)
pela Gráfica Formato.